EL ESPÍA QUE ROBÓ LA BOMBA ATÓMICA

ANN HAGEDORN

EL ESPÍA QUE ROBÓ LA BOMBA ATÓMICA

SE INFILTRÓ EN ESTADOS UNIDOS.
ENGAÑÓ A OPPENHEIMER.
EXTRAJO EL SECRETO MÁS PELIGROSO
DE TODOS LOS TIEMPOS.

Título original: *Sleeper Agent*
© 2021, Ann Hagerdon

Esta edición se publicada con acuerdo de The Martell Agency, a través de Yañez, parte de International Editors' Co. S.L. Agencia Literaria

Diseño de portada: Planeta Arte & Diseño / Eduardo Ramón Trejo
Traducción: Rodrigo Pérez Montes
Formación: Moisés Arroyo Hernández

Derechos reservados

© 2023, Editorial Planeta Mexicana, S.A. de C.V.
Bajo el sello editorial PLANETA M.R.
Avenida Presidente Masarik núm. 111,
Piso 2, Polanco V Sección, Miguel Hidalgo
C.P. 11560, Ciudad de México
www.planetadelibros.com.mx

Primera edición en formato epub: septiembre de 2023
ISBN: 978-607-39-0583-1

Primera edición impresa en México: septiembre de 2023
ISBN: 978-607-39-0462-9

Impreso en los talleres de Impresora Tauro, S.A. de C.V.
Av. Año de Juárez 343, Col. Granjas San Antonio,
Iztapalapa, C.P. 09070, Ciudad de México
Impreso y hecho en México / *Printed in Mexico*

ÍNDICE

PARTE III
LA CACERÍA

En memoria de
Elizabeth, Dwight, Janet, Harry, Ethel y Cyrus

El poderoso drama continúa,
y puede que contribuyas con un verso.

Walt Whitman,
«¡Oh, mi yo! ¡Oh, mi vida!»,
Hojas de hierba

PRÓLOGO

Algunas veces las pistas que deberían haber sido advertencias se pierden en una niebla difusa, tan solo para emerger en retrospectiva. Atrapadas en la necesidad de moverse hacia adelante, la mayoría de las personas se apresura, como trenes de alta velocidad, y deja las verdades y las medias verdades incrustadas en el terreno que creía conocer. Y este sería el caso para un hombre y una mujer una cierta tarde de 1948 en el Grand Central Palace de la ciudad de Nueva York, cada uno a punto de descubrir el costo eterno de las pistas perdidas.

Era 19 de septiembre, el último día del Golden Anniversary Exposition que conmemoraba la consolidación de los cinco distritos en 1898, una celebración que había comenzado a finales de agosto con una de las ceremonias de inauguración más memorables en la historia de Nueva York.[1] Después de una cena con código de vestimenta formal en el Hotel Waldorf-Astoria, una procesión de invitados desfiló a la luz de las antorchas en dirección al este hacia la Avenida Lexington, donde por 10 cuadras, desde el norte de la Calle 42ª, todos los letreros eléctricos habían sido apagados y las lámparas callejeras habían sido atenuadas al nivel de los faroles de gas de 50 años atrás. Liderados por sus anfitriones —el alcalde de Nueva York William O'Dwyer y David E. Lilienthal, el director de la Comisión de Energía Atómica de los EUA—, al menos un centenar de hombres y mujeres se detuvo en la entrada al Grand Central Palace sobre la Calle 47ª, donde se unieron a miles de invitados a la noche de inauguración junto con 50 000 o más espectadores abarrotando las banquetas de la Avenida Lexington. Entonces, casi al mismo tiempo, todos miraron hacia arriba. En la cima del Empire State Building había dos telescopios del tamaño de un proyector de planetario apuntando a Alioth, la estrella más brillante del asterismo del Carro en la Osa Mayor.

Lo que sucedió a continuación fue el corte del listón de la nueva era atómica. Exactamente a las 8:30 p. m., la luz que se proyectaba desde Alioth activó células fotoeléctricas en el ocular de cada telescopio. Este pulso de energía se movió a través de los cables del telégrafo hasta el cuarto piso del Grand Central Palace donde excitó un átomo de uranio, lo que provocó que un interruptor girara y que la transmisión de corriente eléctrica prendiera en llamas una masa de magnesio entretejida en un listón del largo de una cuadra en la Avenida Lexington. El magnesio ardiente rompió el listón soltando sonidos crepitantes mientras que las luces brillantes regresaban al área y el alcalde anunció el comienzo oficial de la celebración: «Es sumamente adecuado que demos inicio a la presente Golden Anniversary Exposition con la energía del átomo de uranio. Uno de los mayores atractivos aquí es "El hombre y el átomo", la exhibición más completa de energía atómica jamás realizada».[2]

Sin duda, la exhibición multifacética en el cuarto piso del Palace fue extraordinaria, sobre todo en la forma en que explicó el tema erudito de la bomba atómica en lenguaje sencillo, demostrando cómo funcionaban los colisionadores de átomos y la fisión nuclear e incluso vinculó al arma cargada de miedo en la historia humana con la causa de la paz. A lo largo del mes del Golden Anniversary las encuestas a los recién egresados revelaron que la exhibición más popular fue la que llevó la narrativa de la bomba atómica desde el miedo hacia la fascinación. «"El hombre y el átomo": El mejor espectáculo en Nueva York»,[3] decía el titular de un periódico de septiembre.

Puede que estas críticas tan favorables hayan inspirado al hombre y la mujer que se reunieron para una cita en el Grand

Central Palace para visitar la exposición antes de que cerrara el día 19. O puede que su interés haya sido instigado por la relevancia actual de los temas de energía atómica, como los debates candentes sobre el control internacional de la energía nuclear o por las crecientes acusaciones de espionaje soviético durante la guerra en los laboratorios donde se desarrollaron las primeras bombas atómicas estadounidenses. Casi todos los días del mes de septiembre hubo noticias sobre los presuntos espías de guerra. Aquel sábado en que el hombre, llamado George Koval, invitó a Jean Finkelstein a la exposición, el artículo principal de *The New York Times* se centró en un informe que pronto se publicaría y que revelaría «un capítulo impactante del espionaje comunista en el campo atómico»,[4] además de exponer a individuos antes desconocidos supuestamente vinculados a una red de espionaje que tenía parte de su sede en la ciudad de Nueva York.

Koval le dijo a su cita que la razón por la que quería visitar las exhibiciones del Palace era encontrarse allí con unos viejos amigos, antiguos colegas de los años de la guerra cuando trabajaba en las plantas de energía atómica en Oak Ridge, Tennessee. Estaba seguro de que irían a ver «El hombre y el átomo», y lo verían con él. Por respeto al hombre con el que creía que podría casarse, Jean accedió a su sugerencia. Y después de leer reseñas de las exhibiciones, como el modelo a escala del laboratorio de difusión gaseosa de Oak Ridge y los paneles animados que mostraban cómo se producía el plutonio, un elemento altamente radiactivo; Jean estaba ansiosa por ir. Oak Ridge. Plutonio. Radioactividad. Estas eran cosas de las que su novio sabía mucho, pero ella no. Y quería saber todo sobre este hombre: sus intereses, su pasado y cualquier parte de su conocimiento científico que pudiera aprender.

Jean había conocido a George Koval una noche de marzo de 1948 en una pista de bolos cerca del campus del City College de Nueva York.[5] A sus 21 años, ella era una estudiante de medio tiempo en el CCNY y él era un miembro de 34 años de la misma fraternidad honoraria en la que su hermano Leonard estaba activo, ambos hombres habían sido compañeros de clase recientes en el departamento de ingeniería eléctrica en el CCNY. Esa noche la fraternidad estaba compitiendo por el título de la liga de bolos. Leonard quería que su hermana conociera a su «interesante y raro amigo»,[6] un ingeniero eléctrico que podía recitar versos de Walt Whitman y Henry Wadsworth Longfellow.

Años más tarde, cuando se le preguntó acerca de esa noche, Jean solo dijo: «Fue serio desde el principio».[7] Ella recordaría a Koval como un hombre esbelto con hombros anchos, de unos dos metros de altura, con un aspecto muy masculino. Tenía cabello castaño corto y lacio, ojos marrones y labios muy carnosos, lo que hacía que su amplia sonrisa fuera aún más atractiva. Un tipo pulcro, con solo dos años de haber salido del Ejército de los EUA, por lo general vestía una chamarra azul marino oscuro y pantalones caqui. Y aunque nunca parecía poner mucha atención en la ropa, se veía inteligente, refinado, más como un intelectual neoyorquino con experiencia que quien en realidad era: un exsoldado nacido y criado en Iowa. Aun así, debe de haber sido su educación del Medio Oeste lo que causó que rastros de inocencia se filtraran a través de su exterior callejero o tal vez fue su curiosidad por todos y todo lo que lo rodeaba. Koval era como un gato, siempre vigilante y listo para actuar, con una juguetona mezcla de entusiasmo y cautela.

Cuando se le preguntaba por Koval, Jean decía que era afable y lleno de vida, pero también de carácter fuerte y curtido. Pocas personas conocían su lado solemne, que ella creía que podía tener sus raíces en una infancia problemática. Eso también habría explicado por qué evitaba las discusiones detalladas sobre su pasado. Sin embargo, le dijo que nació en Sioux City el día de Navidad de 1913, que tenía 17 años cuando se fue de casa y que al poco tiempo sus padres habían muerto. Como hijo único, ese fue el final de su familia, le dijo. Ella escuchó y no tenía motivos para dudar de su historia. Además, había mucho más de qué hablar, como el beisbol, la mayor de sus pasiones. Koval podía contar la historia y las estadísticas completas de todos los lanzadores de las Grandes Ligas en 1948. Incluso fue reconocido entre sus amigos por sus habilidades como parador en corto.

Durante los meses de planificación de su vida en torno a él, Jean no estuvo a la caza de pruebas de nada negativo. ¿Por qué lo haría? Ocasionalmente notó que él se esforzaba por validar su sinceridad. También tenía una tendencia a guardar silencio de repente como si una parte de su maquinaria se hubiera apagado de manera abrupta. Él siempre era preciso, nunca se desviaba de la norma y nunca decía más de lo que pretendía decir. Y era muy puntual.

Pero el 19 de septiembre llegó tarde y parecía bastante inquieto al respecto. Desde el comienzo de la velada, no era el compañero amable y encantador que Jean había conocido hasta ese punto, y cuanto más tiempo se quedaban en el Grand Central Palace, más preocupado parecía estar. Quizá para aliviar su ansiedad, estaban en movimiento constantemente, visitando cada exhibición, pero siempre regresando a «El hombre y el átomo», probablemente para estar seguros de que no se habían perdido la llegada de sus amigos. Nada podía distraerlo, ni siquiera el popular modelo de un generador de 200 000 voltios, utilizado en experimentos atómicos, que tenía la capacidad de crear feroces energías eléctricas; estaba en exhibición en un compartimiento donde los espectadores podían entrar y ver cómo se les ponían los pelos de punta.[8]

Koval no estaba interesado. Parecía un actor que había olvidado sus líneas. Ansioso. Distante. Solo. La exposición cerró a la medianoche y la pareja se quedó hasta el último segundo. No llegaron amigos, ni antiguos colegas de Oak Ridge, ni compañeros de guerra. Luego, al tomar el metro de regreso al barrio del Bronx, donde cada uno de ellos vivía, tuvieron lo que Jean describiría más tarde como «una pelea de amantes, que nunca antes había sucedido».[9] Con el tiempo, la razón de la disputa se desvanecería, pero no el recuerdo de cómo él «parecía estar buscando pelea».[10] Cuando la acompañó al departamento donde vivía con sus padres, si le dijo «Hasta mañana» o «Hasta nunca» fue un detalle que ella jamás sería capaz de recordar.

En las semanas siguientes, siguiendo el consejo de su hermano Leonard y guiada por sus propios instintos, Jean dejó de buscarlo. Aquel corte de comunicación entre ellos debe de haber requerido una disciplina notable, en especial tomando en cuenta los intercambios que podrían haber tenido sobre las dos batallas enardecedoras que consumían las noticias de primera plana: una en deportes y otra en política. En beisbol, dos equipos opacados se dirigían a la Serie Mundial de 1948: los Bravos de Boston, que no habían ganado un banderín desde 1914, y los Indios de Cleveland, fuera del círculo de ganadores desde 1920. Era el tipo de competencia que Koval, como un incansable defensor de los opacados y los olvidados, seguiría de cerca. Y en política, hubo una ráfaga continua de titulares intrigantes sobre el espionaje soviético en Nueva York, incluidas las redes de espionaje de bombas atómicas. Un titular decía: «Los espías en EUA están "en fuga"».[11]

Aun así, Jean resistió el impulso diario de escuchar su voz. Y cuando finalmente tuvo que hablar con él e hizo la llamada, la propietaria respondió diciéndole que Koval no estaba allí y que no volvería por un tiempo, un largo tiempo, tal vez nunca más. Él ya no vivía allí, dijo, y en ese mismo momento estaba en un barco rumbo a Europa. Se había ido «ayer por la mañana, solo con una bolsa de lona».[12]

Para Jean debe de haber parecido un trueno repentino en un día despejado. Después de llamar a su hermano, quien dijo que no sabía nada acerca de la salida de la ciudad de Koval, se puso en contacto con el hombre que creía que era el amigo más cercano de Koval, Herbie Sandberg. Confirmó que Koval había partido de Nueva York el 6 de octubre con el plan de trabajar como gerente en el sitio de construcción de una planta de energía eléctrica en Polonia.[13] Sandberg no sabía cuándo regresaría su amigo ni tenía una dirección para ofrecerle. Lo que sí sabía es que Koval partió en un transatlántico llamado SS *America*, del muelle 61, y recordaba que había llovido ese día. Pero nada más.

Aunque los documentos y las entrevistas expondrían algún día parte de la verdad sobre la huida de Koval de Estados Unidos, algunas preguntas nunca serían respondidas, como lo que estaba pensando mientras veía los rascacielos neoyorquinos desdibujarse en el horizonte conforme se adentraba en la vastedad del océano. ¿Estaría recordando la última vez que salió de Estados Unidos, en mayo de 1932, con sus padres y sus dos hermanos en un barco que partía del muelle 54, con destino final a la Unión Soviética?, o ¿pensaría en los detalles de las historias de su padre, un inmigrante ruso que vio a los Estados Unidos por primera vez en 1910? ¿Mantuvo la conducta de un profesional, sin vacilaciones de última hora ni sentimentalismos, cuando el barco pasó junto a la gran estatua que simbolizaba las libertades de la patria donde fue su lugar de nacimiento? ¿Y luchó por hacer retroceder todos los pensamientos de qué y a quiénes estaba dejando atrás?

Para noviembre, Koval estaría viviendo en la Unión Soviética, en Moscú, con su esposa de hacía 12 años, Lyudmila Ivanova Koval, y pronto se reuniría con su padre de 75 años, Abram; su madre, Ethel, entonces de 58 años; e Isaías, uno de sus dos hermanos. Se desconoce lo que les contó sobre sus últimos ocho años en Estados Unidos en un «viaje de negocios» para la inteligencia militar soviética. Pero un hecho indudable es que George Koval se fue de Estados Unidos justo a tiempo. Y, como probablemente diría cualquiera que lo conociera, actuaba en el momento oportuno con una precisión casi perfecta.

EL SEÑUELO

Si fuera posible para cualquier nación desentrañar las experiencias amargas de otras personas a través de un libro, su destino futuro sería un tanto más fácil y podrían evitarse un sinfín de calamidades y errores. Pero es muy difícil. Siempre está presente esta noción falaz: «No sería lo mismo aquí; aquí semejantes cosas son imposibles».

ALEKSÁNDR SOLZHENÍTSYN,
Archipiélago Gulag

CAPÍTULO 1

EL SUEÑO EN VIRGINIA STREET

Los primeros residentes de Sioux City en encontrarse con Abram Koval debieron de ser los chicos que deambulaban vendiendo las últimas ediciones de los diarios de Iowa en el tono agudo típico de los vendedores de periódico mientras se abrían paso entre la multitud junto a las vías de tren.[1] Eran inicios de mayo en 1910 y Abram venía desde Galveston, Texas, donde había entrado a Estados Unidos por primera vez. Un mes antes, al romper el alba, había partido de la aldea rusa que lo vio nacer; dejó atrás a sus padres, sus hermanos y su futura esposa, que algún día sería la madre de sus hijos, entre los cuales estaría George Abramovich Koval. En un pueblo cercano, Abram había abordado un tren junto con docenas de hombres, mujeres y niños, todos presionados contra muros sin ventanas, hombro contra hombro, espalda contra espalda, por un trayecto de ocho horas hacia Bremen, Alemania. Allí se registró en el viaje transatlántico del 7 de abril hacia Estados Unidos en el SS *Hannover* y pasó dos noches en un dormitorio que se distinguía por sus paredes ennegrecidas con plagas de moscas y por sus filas casi ininterrumpidas de catres atestados de gente de ambos géneros y de todas las edades;[2] algo de práctica antes de su viaje de más de 8 000 km a Galveston en la sección más barata con cerca de 1 600 pasajeros alojados en extrema cercanía.[3]

El 28 de abril, Abram descendió por la pasarela del SS *Hannover* al puerto de Galveston,[4] conocido como la Isla Ellis del Oeste, donde se enlistó oficialmente como «Abram Berks Kowal» en un formato de inmigración y declaró «Sioux City, Misuri» como su destino.[5] Una semana más tarde llegó el tren a su nuevo hogar en Sioux City, Iowa (en el río Misuri), donde el canturreo y el vigor de los vendedores de periódicos debió de haber reavivado su propósito.[6]

Al momento de esta travesía Abram Berko Koval, de unos 27 años, era un carpintero con experiencia, cuya incansable ética laboral y reputación sólida lo habían convertido en la médula misma de lo que se conocía como el Movimiento Galveston.[7] Esta era una causa organizada en gran medida por judíos prominentes de la ciudad de Nueva York, como Jacob Schiff y Cyrus Sulzberger, quienes estaban intentando proteger los derechos de los inmigrantes judíos para entrar a Estados Unidos al redirigirlos a localidades lejanas al oeste de Nueva York.[8] Su meta era prevenir las restricciones de inmigración que estaban bajo discusión debido a prejuicios emergentes en respuesta al reciente influjo de inmigrantes judíos dentro de EUA: 100 000 al año, que se inició en 1905 y, sobre todo, con una conglomeración en el Lower East Side de Manhattan.

Para el verano de 1906 su plan había comenzado. Habían elegido Galveston porque estaba en el Oeste y tenía una línea de transporte de pasajeros directa, la North German Lloyd Steamship Company, desde Bremen. Además, Galveston era una gran estación terminal para las líneas ferroviarias desde y hasta cada ciudad grande del Oeste y Medio Oeste. Para 1910 Schiff y sus colegas habían colocado cerca de 10 000 inmigrantes rusos en 66 ciudades y 18 estados, todos habían entrado a través de Galveston, a menudo después de ser reclutados en su país de origen.[9]

Trabajando a través de la Sociedad de Emigración Judía, que era la organización de Schiff situada en Kiev, los reclutas rusos estaban buscando hombres jóvenes, como Abram Koval, que se ajustaran bien y contribuyeran a sus comunidades a lo largo de Estados Unidos: saludables, por debajo de los 40 años y con experiencia como herreros, sastres, carniceros, zapateros y carpinteros. Para atraerlos, la sociedad les ofrecía vales para cubrir la mayor parte de los costos de viaje, incluyendo el viaje de sus ciudades natales a Bremen, además de un alojamiento por dos noches ahí, y el pasaje en barco.[10]

Y lo que empujó a Abram a dejar la seguridad de su hogar tal vez fueron las visitas de los reclutas de la sociedad, quienes seguramente instigaron su esperanza de tener una vida mejor con una serie de oportunidades en Estados Unidos. Su aldea de Telejany, en Bielorrusia a las afueras de Pinsk, estaba ubicada dentro de la Zona de Asentamiento, una agrupación de provincias en la Rusia europea y Polonia ocupada por Rusia donde vivían alrededor de cuatro millones de judíos. En el Asentamiento había restricciones que reprimían la vida de los judíos, en especial su progreso económico, como la imposibilidad de comprar tierras, ser dueño de negocios y acceder a profesiones. Su educación estaba limitada por un 10% de ocupación judía en las escuelas seculares, de modo que reducía sus oportunidades de adquirir títulos universitarios que llevaran a tener seguridad financiera. Y a los hombres también se les requería haber servido seis años en el Ejército ruso, además de nueve años en las reservas.[11]

Si debían irse o quedarse era una pregunta ancestral, cuyo eco surgía del pasado de todos los oprimidos. Cómo escapar, adónde ir y cuándo. Las respuestas vendrían a Abram mientras los reclutas del Movimiento Galveston ofrecían esperanza y las realidades a su alrededor generaban terror. Dejar Rusia en 1910 implicaba escapar del persuasivo antisemitismo de la Rusia del zar Nicolás II y de la implacable ola de violencia en contra de los judíos.[12] Lo que motivaba en mayor medida la partida de Abram eran los mismos actos de brutalidad que habían impulsado el inusitado influjo de judíos rusos a Nueva York en 1905.

En octubre de ese año el zar había firmado un documento para terminar una huelga general que estaba paralizando su vasto Imperio ruso. Conocido como el Manifiesto de Octubre, requeriría, en caso de ser implementado, que el zar renunciara a los derechos básicos de su poder supremo y transformara su autocracia en una monarquía constitucional con las libertades de habla, asociación y conciencia. Ningún hombre podría por su propia cuenta hacer las leyes que gobernaran la vida de su gente. Habría un parlamento fuera de su control y elegido por todas las clases, incluyendo a trabajadores como Abram, cuya voz entonces sería escuchada, ya que el manifiesto les aseguró a los judíos el derecho a votar y a participar en las elecciones.

Al día siguiente, miles de rusos que veían al manifiesto como la primera constitución rusa salieron a las calles en cientos de pueblos y ciudades para celebrar el resultado triunfante de lo que sería conocida como la Revolución rusa de 1905.[13] Pero en el Asentamiento, el gozo fue momentáneo. Ya que, a media tarde, las masas regocijantes fueron silenciadas por turbas de rufianes y policías locales. Esto provocó que aquel día histórico fuera descrito en el Asentamiento no como una victoria para las masas, sino como un *pogrom*, una tormenta de violencia humana dirigida contra los judíos y el Imperio ruso.

Durante las siguientes semanas hubo 694 pogromos en 660 ciudades rusas; la mayoría ocurría dentro del Asentamiento. Al menos 3 000 judíos fueron asesinados y 2 000 malheridos. Los informes de los heridos llegaron a niveles de más de 15 000 hombres, mujeres y niños. En la mayoría de los pueblos afligidos, los hogares judíos fueron robados y quemados, las tiendas y las sinagogas fueron saqueadas, y los testigos reportaron asesinatos de bebés y violaciones de mujeres y niñas.[14]

Las autoridades rusas negaron la existencia de algún plan secreto para castigar a los judíos como secuela de la firma del manifiesto por el zar. En lugar de eso, declararon que los pogromos fueron una movilización de la gente rusa en apoyo al zar y que la violencia había brotado de la pasión de sus adeptos expresando lo que no querían perder: su zar y su rusia imperial. Pero con el paso del tiempo la verdad salió a la superficie: las masacres tuvieron que haber sido planeadas con anticipación por líderes antisemitas y contrarrevolucionarios. Y un día sería claro que la información falsa, creada para echarles la culpa a los judíos por los múltiples fracasos del régimen del zar, era un problema central en los pogromos; por ejemplo, el descubrimiento de una imprenta oculta en las oficinas de la policía en San Petersburgo produciendo panfletos antisemitas durante octubre y noviembre de 1905.

Este era un escenario inmemorial: reprimir a los indeseados y cuando se rebelen, culpar a las víctimas por la masacre subsiguiente a la vez que se permite que los delincuentes contrarrevolucionarios los maten y sean alabados por salvar el imperio. La ironía desapercibida debajo de la densa corteza de negación en la Rusia zarista era que la opresión fue y siempre sería el combustible para despertar la conciencia de las clases, incitar revueltas en contra de los opresores y aplastar imperios. Con el antisemitismo al alza, el radicalismo judío en Rusia solo se hizo más fuerte. Para 1906 muchos judíos en Rusia esperaban con ansias y trabajaban hacia el colapso de la autocracia rusa, algunos como parte de las organizaciones revolucionarias dedicadas al derrocamiento del zar e incluso entrenaban en la resistencia armada para defender las comunidades judías de la violencia de las hordas. Un factor importante en el auge del activismo político fue la Unión General de Labor Judía, conocida como el Bund. Abram Koval había sido un miembro desde su adolescencia tardía.

Lo que atraía a los jóvenes al Bund era su solidaridad alentadora.[15] Su etnicidad discriminada, sus raíces de clase trabajadora, sus condiciones empobrecidas ya no eran motivo de vergüenza. Estas no eran debilidades, sino cualidades que podrían empoderarlos mientras se comprometían a cambiar al mundo al poner fin a la opresión.

Otro miembro de esa briosa generación era la futura esposa de Abram, Ethel Shenitsky.[16] Nacida en Telejany, era la hija de un rabino que no quería que su pequeña se juntara con ningún grupo rebelde que promoviera el socialismo, como el Bund. Pero para la joven Ethel, el socialismo había reemplazado de lleno a la religión que su padre había pasado años enseñándole. Como su hijo George escribiría años después: «Mi madre era una socialista mucho antes de que la mayoría de las personas supieran el significado de la palabra». Esta era una desgracia para el papá de Ethel, cuyo enojo era tan profundo que en una ocasión agarró el cabello castaño y abundante de su hija y la arrastró de las greñas al patio de la sinagoga del vecindario. Ni el paso del tiempo ni la edad aligerarían las tensiones.

Las creencias de Ethel solo se hicieron más fuertes cuando las autoridades rusas reforzaron las reglas para los judíos. Año tras año, hubo más vigilancia, que trajo consigo peligros diarios a aquellos que estaban activos en lo que podría considerarse como actividades revolucionarias. El toque de queda era a las 8 p. m. No se permitía ningún tipo de reunión. Y hubo un número creciente de arrestos, sobre todo de supuestos revolucionarios. Peor aún, hubo viles intentos por sacar a los judíos del imperio. Por ejemplo, hubo relatos de familias arrebatadas de sus camas a la mitad de la noche y, con apenas suficiente tiempo para vestirse, llevadas a la estación central de policía, luego las acarreaban fuera de la ciudad en grupos por soldados montando a caballo. Para 1910[17] había reportes de que las autoridades locales «incluso tomaban a bebés de sus madres, dejándoles a los padres la decisión de abandonar sus casas o a sus hijos».[18] Tales expulsiones luego fueron llamadas «pogromos sin sangre»;[19] pero su poder para forzar a los judíos a dejar Rusia era tan dolorosamente imponente como los pogromos sin sangre.

No se sabe cuándo y dónde se conocieron Abram y Ethel por primera vez. Pero ya estaban juntos cuando los reclutadores del Kiev se pusieron en contacto con Abram. Y pronto tenían un plan. Alrededor de 10 meses después de que Abram llegó a Iowa, Ethel se le unió. Luego, el 3 de junio de 1911 se casaron en Sioux City, un centro de comercio emergente gracias a los inversionistas de inicios del siglo xx que vislumbraron su potencial como un segundo Chicago.[20] Para los Koval fue un excelente punto de partida.

Para 1911 un centenar de trenes de pasajeros se movía a diario a través de las tres estaciones de ferrocarril en Sioux City. Era hogar del segundo corral de ganado más grande de la nación y de tres plantas empacadoras de carne. Tenía una población de cerca de 50 000. Y para los judíos de la ciudad, alrededor de unos 3 000, Sioux City se había convertido en un núcleo regional. En este pueblo rodeado por los campos de maíz y las hierbas altas de las Grandes Llanuras de Norteamérica había cuatro sinagogas ortodoxas; más de 100 negocios de propiedad judía; cientos de comerciantes judíos que proporcionaban algunos de los mejores carpinteros, herreros, sastres, panaderos, constructores y electricistas; y docenas de vendedores de periódicos judíos que ayudaban a mantener a sus familias inmigrantes.

Hasta que llegó Ethel, Abram rentaba un cuarto pequeño apenas amueblado en una casa de huéspedes a unos 800 metros de lo que se conocía como East Bottoms, donde los nuevos inmigrantes, judíos y no judíos, a menudo vivían en edificios de departamentos. Después de casarse, los Koval se mudaron a una pequeña casa en Virginia Street, aún más lejos de los barrios tipo gueto y a cuatro cuadras del dúplex victoriano de tres pisos con estructura de madera y color hueso que pronto compartirían con una de las hermanas de Abram y su esposo, quienes también habían emigrado recientemente. Esta era la casa en el 619 de Virginia Street, que algún día sería propiedad de los Koval.[21] Fue en donde criarían a sus tres hijos: Isaiah, nacido el 22 de julio de 1912; George, el 25 de diciembre de 1913; y Gabriel, el 25 de enero de 1919.[22]

Por un tiempo, los Koval fueron el mejor ejemplo de lo que los reclutadores del Movimiento de Galveston habían concebido. Desde la Zona de Asentamiento hasta la casa en Virginia Street, estaban viviendo lo que muchos pensaban que era el «sueño americano».

CAPÍTULO 2

«NADA MÁS QUE LA VERDAD»

George Koval creció en una familia que creía que el aprendizaje era la clave para todos los sueños.[1] Sus padres, tías y tíos daban el ejemplo al leer, ejercer como aprendices, escuchar y contar historias. A menudo hablaban yidis en casa, aunque tanto Ethel como Abram habían enseñado a sus hijos a leer en voz alta e incluso a recitar poesía en inglés. También animaban a los niños a ir a obras de teatro, musicales, espectáculos de vodevil y a presentaciones de comedia, así como eventos deportivos en el Centro Comunitario Judío de Sioux City, que estaba a unas cuadras de su casa y al lado de un estadio de beisbol.

George pudo haber aprendido las reglas del beisbol en el callejón detrás de Virginia Street o en el campo de juego a menudo enlodado cerca del centro judío. Los fanáticos del beisbol de Sioux City todavía hablaban de la «serie mundial» de 1891 cuando los Cascareros Sioux City vencieron a los Potros de Chicago en un juego de desempate.[2] También hubo un momento en que el director de la escuela secundaria permitió que los estudiantes salieran temprano para asistir a una reunión al juego de exhibición de las 2:30 p. m. en el Stock Yards Ball Park de Sioux City, que albergaba a los «gemelos jonroneros» de los Yanquis de Nueva York, Babe Ruth y Lou Gehrig.[3] Al final de la séptima entrada, Ruth canceló el juego y luego, con Gehrig, indicó a los jóvenes fanáticos que se dirigieran a los jardines, donde los niños atraparon pelotas con sus héroes.

En un entorno de beisbol, repartidores de periódicos, parodias y obras de teatro, la infancia de George parecía bastante normal. Pero como se daría cuenta más tarde, como judío de ascendencia rusa que alcanzaba la mayoría de edad en Estados Unidos durante las primeras décadas del siglo XX, desde el principio hubo un flujo continuo de política y prejuicios en su vida que corrían en segundo plano como la cinta de una película.

Tenía tres años cuando las revoluciones rusas de 1917 ocuparon los titulares de los periódicos de Sioux City. En marzo hubo historias sobre el fin de la autocracia imperial, la desaparición del zar Nicolás II y la lucha sangrienta para definir una nueva Rusia. «Fin absoluto al reinado de la dinastía Romanoff en Rusia», decía el titular del *Sioux City Journal* el 17 de marzo. Aunque probablemente no recordaría ningún detalle, debe de haber sentido una ola discordante de altas emociones en la casa Koval, ya que el colapso del imperio significó el final de la Zona de Asentamiento. Luego, a principios de noviembre, finales de octubre en el calendario ruso, en lo que se conocería como la Revolución de Octubre, el partido socialista radical, los bolcheviques, tomaron el poder y marcaron el comienzo del primer intento mundial de crear un sistema comunista que, bajo el liderazgo de Vladimir Lenin, se comprometió a criminalizar el antisemitismo y permitir a los judíos la plena participación en la sociedad.[4]

Sin embargo, en Estados Unidos, solo unos meses después, los padres de George parecían estar atrapados una vez más en una maraña de prejuicios distorsionados, ya que después de la Revolución de Octubre los judíos rusos en Estados Unidos fueron rápidamente etiquetados como bolcheviques, los nuevos enemigos de Estados Unidos. La acusación era que los judíos en Rusia, como activistas por los derechos de los trabajadores y el socialismo, eran los malvados conspiradores de la revolución y ahora debían de estar conspirando para derrocar al gobierno estadounidense. La supuesta participación judía en la revolución bolchevique, y la equiparación de los judíos rusos con los bolcheviques, desencadenaría una nueva generación de odio antisemita en Estados Unidos que apuntaba a personas como los Koval, socialistas y firmes creyentes de que el capitalismo nunca podría eliminar la pobreza o la opresión.

A finales de 1919, cuando George cumplió seis años, la paranoia posterior a la Primera Guerra Mundial conocida como el Terror Rojo había comenzado a intensificarse. Esta nueva guerra fue contra bolcheviques, socialistas, comunistas, sindicalistas e inmigrantes. Y en la década de 1920 la histeria, como una niebla espesa, bloqueaba cualquier atisbo de la verdad. Estados Unidos estaba desequilibrado y nervioso, con las sospechas posteriores a la revolución afianzándose, y el antisemitismo y la xenofobia invadiendo Estados Unidos y no el bolchevismo.

Parte de la xenofobia tomó la forma que tanto habían luchado por evitar Jacob Schiff y sus colegas en el Movimiento de Galveston: cuotas de inmigración que podrían disminuir de manera significativa la entrada de judíos a los Estados Unidos. En 1924 los restriccionistas ganaron un terreno considerable con una ley que redujo radicalmente la llegada de personas que huían de la opresión de Europa del Este y Rusia.[5] En Sioux City, casi detuvo en seco el crecimiento de la comunidad judía. Y peor aún, el Ku Klux Klan estaba en ascenso en los estados de las Grandes Llanuras.

Pronto, hasta cinco millones de estadounidenses se sintieron atraídos por el dogma racista, anticatólico y antisemita del Klan. Vestidos con túnicas blancas y capuchas puntiagudas, los miembros del Klan hacían alarde de su supuesta superioridad sobre «otros» estadounidenses. Y en el corazón del nuevo «cinturón del Ku Klux Klan» estaba Iowa, donde el Klan advertía a los residentes de Des Moines y Sioux City que tuvieran cuidado con la conspiración judía que intentaba tomar control de Estados Unidos.

Para el verano de 1924, cuando George tenía 10 años, Iowa podía estimar unos 40 000 miembros del Klan en todo el estado en más de 100 *klaverns*, el nombre del Klan para las sucursales locales. En Sioux City, donde el número de nuevos reclutas estaba creciendo,[6] se podían ver cruces de pinos ardientes en las cumbres de las colinas donde se llevarían a cabo las ceremonias de iniciación poco después del anochecer. Un sábado de ese verano los miembros del Klan se reunieron en una carretera en el extremo este de Sioux City para un desfile gigante de carrozas, pancartas y participantes enmascarados, que se movieron por las calles principales de la ciudad, como lo harían varias veces en 1924.[7]

Así fue como la infancia de George lo introdujo a la ignorancia y los prejuicios que lo rodearían durante muchos años de su vida. En la década de 1920 los judíos estadounidenses fueron rechazados para trabajar en bancos, servicios públicos y grandes empresas locales cuyos dueños no eran judíos. Los periódicos publicaron anuncios de empleos que decían en específico: «Postularse únicamente cristianos».[8] Una serie de clubes les negaron entrada. Y estaba lo que los historiadores describirían como «el mayor bombardeo de antisemitismo en la historia de Estados Unidos»:[9] una publicación seriada de 91 partes sobre «la amenaza judía»[10] publicada en el *Dearborn Independent*, el periódico semanario personal del industrial Henry Ford.

Durante los casi dos años de duración de la serie, las historias de primera plana expusieron lo que la publicación definió como «maldad de inspiración judía». Las más tóxicas de estas supuestas «revelaciones» fueron reimpresas por Ford en un conjunto de libros de cuatro volúmenes llamado *El judío internacional*, que vendió aproximadamente 10 millones de copias en Estados Unidos y millones más en Europa, América del Sur y Medio Oriente. Cada volumen de 225 páginas costaba 25 centavos y se tradujo a 16 idiomas, incluso al árabe. Ford lo llamó su «crónica de la verdad olvidada».

Todo lo contrario: Ford se había dejado influir por un documento inventado llamado *Protocolos de los Sabios de Sión*, que se había utilizado años antes en Rusia como propaganda para incitar pogromos. Basado en gran parte en una novela francesa de mediados del siglo XIX, esbozaba un complot internacional judío para destruir todas las naciones arias. En el décimo artículo de la serie de *The Independent* se presentó a los lectores el libro *Protocolos*.

Para asegurar una gran cantidad de lectores para su periódico, Ford había informado a los distribuidores de la compañía que, si querían continuar vendiendo autos y camionetas Ford, tenían que distribuir su *Dearborn Independent* en sus salas de exhibición. El periódico, se les dijo audazmente, era un producto de Ford, al igual que los vehículos. Debido a este requisito, la circulación nacional de la publicación se disparó. Pero algunos distribuidores se negaron a cooperar, entre ellos los hermanos Barish de Sioux City, Iowa.

Los hermanos Barish cerraron sus salas de exhibición de Ford y publicaron un anuncio de página completa en el *Sioux City News* informando que lamentaban que Henry Ford considerara el periódico como un producto de Ford. Y si era un requisito vender todos los productos de Ford para seguir vendiendo automóviles y camiones, tomarían sus ahorros y lanzarían una nueva empresa. «Somos judíos y tenemos éxito.[11] Y el dinero es menos importante que la lealtad, la dignidad y la verdad. Deje las mentiras y volveremos. Pero hasta que lo haga, encontraremos otra forma de ganarnos la vida de manera honesta», escribieron los hermanos.

A finales de la década de 1920 Ford, como parte de un acuerdo en una demanda muy publicitada contra el *Dearborn Independent*, emitió una retractación de 600 palabras que se publicó en todos los periódicos importantes del país.[12] Para entonces el Klan había perdido su credibilidad después de que el Gran Dragón del Klan de Indiana fuera acusado de secuestrar, drogar y violar a una mujer. Pero las mentiras perpetradas por los miembros del Klan, así como los cuatro volúmenes de *The International Jew*, sobrevivieron y se hundieron hasta las profundidades más recónditas de la conciencia estadounidense, lo que afectó la vida de muchos judíos, incluido el joven George. Es posible que los prejuicios e incertidumbres de sus primeros años hayan alimentado su carácter especial, a la vez encantador y reservado, enseñándole cautela. Como dirían más tarde sus amigos de la infancia, era popular y extrovertido, pero siempre intensamente reservado sobre su vida personal.[13]

George asistió a la Central High de Sioux City, de 1926 a 1929. A principios de su último año fue nombrado miembro de la Sociedad Nacional de Honor, en la que los miembros eran elegidos por la facultad con base en su carácter y habilidades de liderazgo superiores. Fue secretario de la Sociedad Literaria Crestomática, que afirmaba que sus ideales eran «honestidad, lealtad y democracia». Participó activamente en el teatro; su papel más aclamado tuvo lugar en la obra de teatro de la clase de último año, «Nada más que la verdad».[14] En ella, George interpretó a un joven escéptico y efusivo que no creía que fuera posible que alguien tuviera la disciplina o el coraje para decir la verdad durante un día completo. «La honestidad no es la práctica más segura», advirtió su personaje.

El 13 de junio de 1929 George, de 15 años, se convirtió en la persona más joven en graduarse del «castillo en la colina», como se conocía a Central High. Fue un estudiante ejemplar. Un reportero local escribió sobre él: «Orador interescolar, estudiante de la Sociedad de Honor y miembro más joven del grupo que se gradúa en junio son tres honores adquiridos por George Koval, miembro popular del grupo de junio en la Central High [...] Jugó un papel importante en el debate interescolar el otoño pasado, considerado como uno de los mejores oradores del equipo [...] Es el hijo del Sr. y la Sra. Abe Koval».[15]

Por debajo de su nombre y su foto en el anuario de la escuela estaba su lista de afiliación a clubes y honores, y una cita: «Un hombre hercúleo es él».[16] La línea viene de la primera estrofa de «El herrero del pueblo» de Henry Wadsworth Longfellow.[17] En el poema, el herrero golpea el hierro sobre el yunque, simbolizando un mundo en el que las personas deben dar forma a su vida a través de sus acciones. El herrero es una metáfora de vivir una vida con propósito, aunque también está el hecho de que *koval* es la palabra ucraniana para «herrero».

Unos meses después de graduarse George se mudó a la ciudad de Iowa, donde se inscribió en la Facultad de Ingeniería de la Universidad de Iowa.[18] Luego, apenas dos meses después de su primer semestre, los precios de las acciones en la Bolsa de Valores de Nueva York se desplomaron durante cinco días seguidos, esto provocó el colapso que inició una depresión económica de 12 años que afectó a todas las naciones industrializadas occidentales. Pronto, George comenzó a dar conferencias en las esquinas de las calles de Iowa City sobre cómo la Gran Depresión no afectaría a la Unión Soviética, ya que no estaba conectada con la economía mundial. Le dijo a su audiencia que, de hecho, la URSS estaba entrando en un periodo de expansión industrial imparable y que el mundo socialista estaba despegando, mientras que el capitalismo parecía estar colapsando. Para los creyentes de las promesas soviéticas, este era un momento positivo, dijo.

Al año siguiente George fue elegido como delegado de Iowa para la Liga de Jóvenes Comunistas (YCL) en la Convención del Partido Comunista del Estado de Iowa. Celebrada en Chicago a mediados de agosto, la convención de YCL contó con una gran asistencia. Se enviaron informes detallados del evento a dos organizaciones: la sede del Partido Comunista de Iowa en Des Moines y la oficina de la Federación Estadounidense de Inteligencia Vigilante (AVI) en Chicago.[19]

George probablemente sabía poco sobre AVI, una organización anticomunista privada que compilaba extensos informes sobre personas y grupos considerados subversivos. Tampoco es probable que supiera del informante enviado para observar la convención y tomar notas detalladas.[20] La información del AVI se puso a disposición de las empresas, por una tarifa anual; y a cualquier agencia de inteligencia gubernamental o comité del Congreso que lo solicitara de forma gratuita. El AVI era parte de una red de fuentes de inteligencia financiadas con fondos privados establecida durante la Primera Guerra Mundial y activa en el Terror Rojo que le siguió. Durante la década de 1920 sus informantes voluntarios enviaban documentos mensuales a la Oficina de Investigaciones del Departamento de Justicia de Estados Unidos, precursora del FBI. Aunque se trataba de una actividad de inteligencia no oficial, el director de la agencia, J. Edgar Hoover, la había reconocido en un memorando que escribió al Departamento de Justicia en 1925:[21] «Cuando la información sobre las actividades comunistas en los Estados Unidos se proporciona de manera voluntaria a las oficinas locales de la Agencia, por partes ajenas a ella, la información se remite a esta oficina».

Eso seguía siendo cierto en 1930. Pero quién podría estar espiando para quién en la convención YCL de Chicago, y dónde se pudieron haber archivado los informes, eran asuntos de poca preocupación para George Koval, de 16 años, un entusiasta joven comunista en los Estados Unidos.

CAPÍTULO 3

EL ARRESTO

Una mañana a finales de julio de 1931 unas nubes masivas y oscuras bloquearon el sol naciente en Sioux City mientras enjambres de millones de saltamontes invadían el noroeste de Iowa, abatían casas y edificios como granizos, desnudaban los árboles y devoraban todo a su paso, desde arneses de cuero en las puertas de los establos y prendas colgadas en tendederos hasta los remotos sembradíos de maíz y alfalfa.[1] Más de 400 000 ha de cultivos fueron diezmados en una región que ya estaba al borde de una intensa crisis: una sequía interminable. Granjas en ejecución hipotecaria. Bandas de delincuentes aterrorizando las zonas rurales. Y una tasa de desempleo al 15.9%, que se elevó de 8.7% el año anterior. Este era el desalentador panorama de 1931.[2]

La causa de lo que constituyó, según afirmaron los expertos, el ataque de saltamontes más devastador en la historia del continente americano fue la sequía extrema y el calor en el cinturón agrícola de Estados Unidos. Cuanto más alta era la temperatura, más huevos ponían los saltamontes; cuanto más secos los días, más escasos los hongos que habrían matado los huevos. Y el impacto se sumaría a la devastadora nueva normalidad de la década de 1930: más ejecuciones hipotecarias de granjas. En Iowa, más de 1 000 granjas se perdieron solo en 1931 debido a impuestos e hipotecas sin pagar, lo que provocó que algunos agricultores tomaran acción directa, como bloquear las ejecuciones hipotecarias intimidando a los compradores potenciales o bajar el precio de la tierra y el equipo a un nivel en el que los vecinos y amigos más acomodados podían comprarlos y devolvérselos a los propietarios.[3] O unirse a grupos rurales radicales. Para los comunistas en Estados Unidos todo esto significó una oportunidad.[4]

A medida que comenzaba a desarrollarse una década de desesperación, las víctimas de un sistema capitalista parecían extenderse por un país frágil, donde burbujeaba una ideología opuesta al capitalismo. Una forma en que los comunistas aprovecharon el impulso fue organizar un movimiento de desempleo a escala nacional que crearía organizaciones para tomar medidas a nivel regional y local en nombre de los desempleados, como protestas ante los ayuntamientos y las legislaturas estatales. Se crearon los llamados Consejos de Desempleados para luchar contra las ejecuciones hipotecarias y los desahucios.[5] Los miembros de estos consejos organizarían marchas para defender a las personas sin hogar y, de ser necesario, para confrontar a los funcionarios locales y regionales.

Para el verano de 1931 el trabajo de Abram Koval como carpintero había disminuido en gran medida. George renunció a sus trabajos de Iowa City pelando papas en un restaurante local y trabajando como conserje, y regresó a casa durante varios meses para llevar dinero extra para la familia haciendo trabajos de mantenimiento. También se ofreció como voluntario para el Consejo de Desempleados de Iowa, que el *Sioux City Journal* describió en un artículo de primera plana el 4 de septiembre de 1931 como «un grupo comunista». Esta caracterización apareció en una historia sobre el arresto de George Koval por presuntamente incitar a una «redada» en la oficina del supervisor de los pobres del condado para exigir comida y alojamiento para dos mujeres sin hogar de mediana edad.[6]

En la tarde del 3 de septiembre arrestaron a George, lo acusaron de «amenazas de violencia en la oficina del supervisor» y lo encerraron en una celda de la cárcel del condado durante 24 horas. La orden de arresto presentada en la oficina del alguacil del condado de Woodbury en Sioux City decía: «Dirección 617 [sic] Virginia Street, sexo masculino, raza blanca, edad 17, altura 1.8 m, peso 80 kg, cabello castaño, ojos cafés, tez media, estado civil soltero, desempleado, nacido en Sioux City, Iowa, investigación de cargos criminales, fecha de arresto 3 de septiembre de 1931, aprehendido por el comisario Davenport, liberado el 4 de septiembre de 1931».

Al ser liberado, accedió a contarle al reportero del *Journal* su versión de lo que había sucedido. Y de ahí salió otra portada con el titular «Joven liberado cuenta su historia: afirma que no amenazó a nadie en la oficina del supervisor de los pobres». George fue citado diciendo que él y su grupo de 50 seguidores solo querían obtener un estipendio para mantener a las mujeres mientras buscaban trabajo. «No fue hasta que se enfrentó con una delegación masiva», dijo George al reportero, «que [el supervisor] dio alguna promesa de ayuda».

Para George, así como para sus padres, el único país del mundo en 1931 que se dedicaba a acabar con la pobreza y la opresión era la Unión Soviética. Para ellos la Rusia poszarista era la esperanza de la humanidad, la solución a los problemas de injusticia y desigualdad. El fascismo y el antisemitismo, aunque se extendían por todas partes, eran ilegales en el sistema soviético. Y si bien es probable que pocos de los otros residentes de Sioux City estuvieran de acuerdo con los Koval, sus creencias seguían fortaleciéndose día a día, reforzadas por las tragedias que los rodearon y también por la influencia de IKOR (Idishe Kolonizatsye Organizatsye in Rusland), la Asociación para la Colonización Judía en Rusia.[7]

Esta organización se formó en 1924, en parte para informar a los estadounidenses sobre el nuevo compromiso de la Unión Soviética de reubicar a los judíos en un área conocida como la Región Autónoma Judía (JAR), también llamada Birobidján, en el Extremo Oriente soviético, cerca de la frontera con China.

Su propósito era atraer a tantos judíos como fuera posible a esta nueva tierra de unidad judía y luchar contra el llamado sionista para que los judíos se mudaran a Palestina. En Estados Unidos, buscó informar a las masas judías sobre el significado de la colonización judía en la URSS y recaudar fondos para enviar maquinaria y herramientas estadounidenses a los sitios de colonización. También reclutó a líderes regionales en los EUA, uno de los cuales fue Abram Koval, quien encabezó el capítulo de Sioux City a partir de 1925.

Las publicaciones de IKOR, en inglés y en yidis, junto con sus conferencias en los EUA y sus representantes trataron de diseminar ideas llenas de esperanza en la desconcertante maraña de problemas actuales de Estados Unidos. Los artículos elogiaban los esfuerzos del gobierno soviético para proporcionar a los judíos una patria soviética y debatían las formas en que la colonización judía llevaría a cabo la «lucha decidida contra el fascismo sangriento»[8] en la Unión Soviética. En un panfleto de IKOR titulado «Por qué las masas judías deben unirse a la defensa de la Unión Soviética», el autor posicionó al capitalismo estadounidense como un enemigo de la URSS y enfatizó la importancia de la victoria de los trabajadores y campesinos que traían «a las masas judías libertad, igualdad y participación equitativa en la construcción socialista, una nueva vida de esfuerzo creativo y promesas incalculables».[9] En pocas palabras: la revolución te liberó, ahora regresa a Rusia y vive en esa libertad.

En la primavera de 1929 IKOR había enviado una comisión de científicos, sociólogos y especialistas en mercadotecnia, encabezada por el presidente de la Universidad Brigham Young de Utah, a Birobidján para estudiar sus condiciones y desafíos.[10] El informe de aprobación de la comisión, publicado en varias ediciones en 1931 y 1932, describió a Birobidján como un imperio en ciernes con suficientes recursos naturales para «una gran riqueza agrícola e industrial. No parece haber ninguna razón por la que esta región no deba convertirse en un área bien poblada y sus colonos en un pueblo próspero. La Comisión afirma esto con una confianza que surge como resultado de una investigación seria y de mente abierta».[11]

Se desconoce el número total de seguidores de IKOR en Sioux City para 1932 pero, según la mayoría de los informes, todos habían sido expulsados del Centro Comunitario Judío, incluidos los Koval, a pesar de ser ciudadanos trabajadores de la ciudad durante más de 20 años. Mientras que muchos judíos en Sioux City se esforzaban por proyectar una imagen como estadounidenses auténticos y leales, los Koval optaron por permanecer leales a sus creencias socialistas, que vieron como la única forma de terminar con la opresión de los judíos. Sus principios socialistas distinguen a los Koval de sus hermanos judíos en Sioux City. Deben de haberse sentido más protegidos por los credos de IKOR que por la americanización de su comunidad judía local. Un amigo que había sido presidente del Centro Comunitario Judío de Sioux City a principios de la década de 1930 recordó más tarde: «No era fácil estar a favor [de IKOR], para nada, pero los Koval lo estaban y lo decían, muy seguido».[12]

Y así, una vez más, la pregunta de si abandonar o no su hogar consumió a Ethel y Abram, influidos por las aplastantes realidades de la Gran Depresión y los crecientes peligros del fascismo en contraste con las promesas de una tierra mejor en la Región Autónoma Judía de la URSS. Ahora la pareja tenía tres hijos cuyo futuro debían anteponer al suyo: Isaiah, conocido como un talentoso artista con planes de inscribirse en la Universidad de Iowa; Gabriel, con calificaciones sobresalientes en Woodrow Wilson Junior High; y George, una vez la estrella de Central High, ahora un comunista autoproclamado con antecedentes penales.

Es posible que los Koval tomaran la decisión de irse unas semanas después del arresto de George cuando, según los registros

del condado presentados el 19 de septiembre de 1931, vendieron
una propiedad que poseían en el centro de Sioux City. Varios
meses después, en 1932, hubo otra transacción de bienes raíces, esta vez para su casa en Virginia Street:[13] una escritura de
garantía que transfirió la propiedad de la casa a una de las hermanas de Abram, Goldie Gurshtel, por un dólar. Luego, el 13
de mayo de 1932, en el Tribunal de Distrito en Sioux City,
Abram Koval solicitó «un pasaporte instantáneo», que recibió
al día siguiente. El pasaporte #499861 era un pasaporte familiar, lo que significa que fue archivado oficialmente solo a nombre
de Abram. En la solicitud escribió que tenía la intención de partir de los Estados Unidos «aproximadamente el 1.º de junio de
1932» «para viajar a Inglaterra, Polonia y Rusia con el propósito
de trabajar». El testigo identificador en el formulario fue Goldie
Gurshtel, y el solicitante fue descrito de la siguiente manera: «49
[años]; 1.8 m de alto; cabello castaño oscuro, canoso; ojos cafés;
ocupación, carpintero, 619½ Virginia Street, Sioux City, Iowa».

La decisión de Abram de abandonar Rusia en 1910 se debió
en parte a su confianza en que Estados Unidos sería un lugar
mejor, más amable y más libre para vivir que la Rusia zarista.
Ahora estaba dejando ese lugar de sueños, aunque todavía creía
en un mundo mejor; una creencia que, irónicamente, ahora
motivaba su partida.

La ruta más corta entre Estados Unidos y Birobidján en el
Extremo Oriente soviético era desde la costa del Pacífico, y en
1932 algunas compañías navieras, como la NYK Line japonesa,
ofrecían tarifas especiales en los anuncios de publicación de
IKOR para los pasajeros que salían de San Francisco para «Viajar a Biro-Bidján, URSS».[14] Otros anuncios de IKOR mostraban
una travesía por el Atlántico Norte que salía de la ciudad de Nueva
York, uno en la Hamburg-America Line de «servicio rápido» y
otro en la Cunard Line, que señalaba en su anuncio que estaba
respaldado por IKOR.

Los Koval, cuyo viaje fue organizado por Intourist, la agencia de viajes soviética oficial, tomaron la ruta transatlántica y partieron en la primera semana de junio desde el muelle 54 de Nueva York en el RMS *Majestic*, el barco más grande del mundo en ese entonces.[15] Después de una escala en Southampton, Inglaterra, arribaron a Hamburgo y el 16 de junio abordaron otro barco que se dirigía a un puerto de la Costa Báltica. Desde allí habían planeado visitar la ciudad natal de Ethel y Abram, Telejany, pero debido a que Abram tuvo un sarpullido severo, se les impidió ingresar a Polonia, que era donde ahora se ubicaba Telejany. Su próxima parada sería Moscú y, a principios de julio, la familia Koval llegaría a Birobidján, a unos 8 000 km al este de Moscú.

Habían pasado 22 años desde que Abram Koval se había bajado del tren de Galveston en Sioux City. Y aunque él nunca regresaría a Estados Unidos, su hijo George sí lo haría.

PARTE II

EL ENGAÑO

Las personas que se comprometen con los sistemas son aquellas incapaces de abarcar la verdad en su totalidad y que intentan atraparla por la cola; un sistema es como la cola de la verdad, pero la verdad es como una lagartija; deja su cola entre tus dedos y se escabulle a sabiendas de que le crecerá una nueva en un abrir y cerrar de ojos.

IVAN TURGENEV,
de una carta de 1856

CAPÍTULO 4

«EL VIAJE DE NEGOCIOS»

Nailebn, o «Vida nueva», fue el título de la publicación oficial de IKOR. Publicada mensualmente desde Nueva York, en inglés y yidis, ofrecía ensayos, poesía, ficción, sátira, fotos y cartas; todas mostrando la vida en la Región Autónoma Judía del Extremo Oriente soviético. Cada mes se dedicaba una página a las cartas enviadas por los colonos de Birobidján a sus familiares y amigos en Estados Unidos. En la edición de junio de 1935 la página incluía solo una misiva, bastante larga, presentada a los lectores de la siguiente manera: «Una carta de un joven que nació y creció en Sioux City, Iowa, y emigró con sus padres a Biro Bidján [*sic*] en 1932. Actualmente está en Moscú, adonde se le envió desde Biro Bidján para estudiar».[1]

La carta estaba fechada el 24 de abril de 1935 y comenzaba con una disculpa por no haber escrito antes. Luego pasó a grandes elogios para Rusia: «Tengo muchas ganas de expresarles el maravilloso país que es este: qué gran raza son los "BOLCHEVIQUES"». Y siguió: «A veces, cuando leo o tan solo estoy sentado y pienso en la Unión Soviética, un gran sentimiento de amor y orgullo llena mi corazón por el país [...] Cuando uno lee a Lenin y ve con qué claridad pensaba, lo bien que conocía el capitalismo, lo bien que veía todos los factores posibles en las luchas; cómo sabía cuándo actuar y qué hacer, cómo dirigía, luchaba contra la más mínima desviación, parece imposible que una persona pueda ser tan grande [...] Y ahora la victoria está ganada, Camaradas. Ahora nadie duda. Todos los que dominaron antes, no pueden encontrar palabras de elogio ahora. Aún queda mucho, mucho por hacer, Camaradas. Pero lo más difícil ha quedado

atrás. NOSOTROS vamos hacia adelante a pasos agigantados [...]
Nuestros ingenios, fábricas, minas, cada día rinden más y más
producción. ¡¡¡Hemos Ganado!!!».

Este era George Koval a los 21 años. Su carta continuaba
describiendo sus estudios de química en el Instituto de Tecnología Química D. Mendeleev en Moscú y su alojamiento en la
«Ciudad de los Estudiantes» en uno de los ocho edificios de departamentos de seis pisos que albergan a 5000 estudiantes, tres
por habitación. En la escuela, escribió, el lema popular era que
un ingeniero soviético «debe ser el mejor ingeniero del mundo»,
y por eso estudiaba día y noche «casi sin dormir». Debido a que
sus calificaciones eran «excelentes», el gobierno soviético lo estaba tratando bien al pagar su educación e incluso unas vacacio-
nes en el Cáucaso, en julio después de su último examen. Pronto
habría celebraciones del Primero de Mayo en Moscú, escribió:
«Si el clima es bueno, uno puede estar loco de alegría».

Si su nueva vida era tan optimista como su carta, ese espí-
ritu había tenido un alto precio después de sus primeros años
en la Unión Soviética en Birobidján. Porque el abismo entre
la realidad espartana de la vida en Birobidján en la década de
1930 y las visiones idealistas de sus dedicados pioneros, como
los Koval, era tan expansivas como la propia Rusia. El primer
grupo de colonos, 654 en total, se había asentado en 1928,
seguido de un número cada vez mayor, con el mayor número de
llegadas en 1932, aproximadamente unas 14000. Había esperanza de que hubiera hasta 25000 nuevos habitantes en 1933.[2]
Pero debido a los largos e intensos inviernos; las viviendas inade-
cuadas y sin calefacción, mejor descritas como «barracones»; los
caminos mal hechos y la escasez de alimentos, ese año partieron
más colonos de los que llegaron. Cansados de las penurias, regresaron a sus países capitalistas. La teoría de «el trabajo primero y
si estás o no alimentado y vestido no es importante»[3] no inspiró a los muchos miles que partieron. Algunos incluso comenza-

ron a creer los primeros rumores sobre Birobidján. Estas eran historias que habían descartado, de manera rotunda, por considerarla propaganda antisoviética: como la que afirmaba que el gobierno soviético reclutaba a miles de judíos para vivir a lo largo de la frontera entre Rusia y Manchuria para ayudar a proteger a la URSS de una invasión japonesa y fortalecer su punto de apoyo en el Extremo Oriente.[4]

En 1934 hambrunas masivas en toda la URSS obligaron a un número considerable de colonos a abandonar la Región Autónoma Judía, donde la comida ya escaseaba. Y a finales de 1935 solo quedaban 14000 residentes judíos, algunos viviendo en granjas colectivas; otros, en la capital de la región, la ciudad de Birobidján. «No todos los colonos que han llegado a esta provincia tienen madera de pioneros»,[5] escribió el periodista neoyorquino Paul Novick, después de una visita de dos meses a la Región Autónoma Judía en el verano de 1936. «De hecho, durante los primeros años después de que se abrió a la inmigración, muchos no pudieron superar las dificultades materiales y regresaron. Después de que la provincia tenga algunos años más de desarrollo, será una historia diferente, pero hoy no hay lugar [en Birobidján] para quien busque un paraíso hecho realidad».

Cuando se le entrevistó más tarde sobre su visión del futuro de la región, Novick,[6] que vivía en el Bronx y era editor asociado de *Morgen Freiheit*, un periódico judío de Nueva York, dijo: «Se deben desarrollar viviendas y caminos. Deben tener en cuenta que muchas secciones de la Provincia Autónoma Judía son todavía bosques densos y pantanos, y que la provincia todavía está prácticamente despoblada». Habló sobre los colonos judíos que había conocido, incluidas las dos familias de los Estados Unidos que vivían en el colectivo llamado IKOR Kóljos, una de las cuales eran «los Koval, de Sioux City, Iowa».

IKOR Kóljos fue una de las mejores comunas en la provincia, dijo Novick, y «Koval es uno de los hombres destacados de la provincia, honrado no solo como buen agricultor sino también como miembro del pleno de su distrito soviético. Dos de sus hijos están estudiando para ser químicos en el Instituto Mendeleev de Moscú. Un tercero [Isaiah], en la granja con él, es uno de los más destacados estajanovistas conocido en todos los colectivos judíos. Koval tiene una casa acogedora, su propio jardín, grano del año pasado, una vaca y otros animales domésticos».[7]

Los estajanovistas eran miembros de un movimiento para aumentar la productividad de los trabajadores, que lleva el nombre de Alekséi Stajánov, un minero de carbón que apareció en la portada de la revista *Time* en diciembre de 1935 por supuestamente establecer un nuevo récord por extraer 227 toneladas de carbón durante un solo turno. En un artículo de 1935 en el *Moscow News*, se hacía referencia a Isaiah como «Koval junior» y se hizo mención de sus habilidades como artista. Cuando el joven estajanovista no estaba conduciendo un tractor o pescando, estaba ocupado haciendo bocetos y dibujos. «Toda la comuna se enorgullece de este artista en ciernes», decía el artículo.

En el verano de 1936 la hermana de Abram Koval, Goldie Gurshtel, junto con su esposo, Harry Gurshtel, se aventuraron desde Sioux City hasta Moscú. Antes de emprender el viaje en tren de 16 días desde Moscú al Extremo Oriente soviético para visitar a los Koval en IKOR Kóljos pasaron 10 días en la capital soviética, donde a menudo se reunían con George, quien les contaba historias sobre los primeros años en Birobidján. Se había quedado durante dos años, dijo, en parte para ayudar a su padre, pero también para mejorar sus habilidades en el idioma ruso. Habló de su «gran dificultad» para aprender ruso, en gran parte porque no redoblaba las «erres» lo suficiente, dijo, y su «ch» no tenía la suavidad del verdadero ruso. Les contó historias sobre el periodo tortuoso de los primeros meses de los Koval allí y dijo que «solo los fanáticos dedicados», aquellos con una fuerte visión utópica, podían adaptarse al trabajo duro. Había sido un empujón hacia lo desconocido, dijo, en especial vivir en uno de los dos grandes barracones, pues cada uno albergaba al menos 150 personas. El hambre, la lluvia y el lodo interminables y las demandas de un trabajo constante hicieron que fuera una época desafiante mientras trabajaba en el aserradero del colectivo y luego trabajó como mecánico reparando maquinaria agrícola y finalmente como cerrajero.

Sin embargo, George habló principalmente sobre sus cursos académicos en el muy respetado Instituto Mendeleev, llamado así por Dmitri Mendeleev, el químico ruso conocido por inventar la clasificación periódica de los elementos químicos. George pudo inscribirse en parte gracias a un premio que ganó en Birobidján por su dedicado trabajo en el molino; usó los fondos para viajar a Moscú y, estando allí, tomó un examen en el instituto y fue aceptado de inmediato. El periódico local de Birobidján contó la historia de su traslado a Moscú en un artículo con el título «Koval Triunfador». Fue en el otoño de 1934 cuando se inscribió para obtener un título en química, que creía que podría completar para 1938 o 1939.

George también presentó a los Gurshtel a Lyudmila Ivanova, una compañera de clase en Mendeleev que se hacía llamar «Mila» y era su prometida.[8] Mila era una mujer joven y esbelta con el pelo castaño claro corto, de unos 1.6 m de alto y, como George, muy estudiosa y brillante.[9] Nacida el 25 de junio de 1912, Mila era exactamente 18 meses mayor que George. Fue bautizada en 1919 en una iglesia cristiana ortodoxa rusa y su familia, los Ivanov, habían sido parte de la aristocracia de la Rusia imperial. El abuelo de Mila fue uno de los fundadores de una fábrica de dulces en Moscú que era bastante próspera y aclamada por su chocolate, conocido, de hecho, como el chocolate favorito del zar y su familia. Y su padre había servido en el ejército imperial del zar durante casi cuatro años antes de unirse al Ejército Rojo en 1918. Mila ingresó a Mendeleev en 1934, el mismo año en que se le otorgó la membresía oficial en el Komsomol, el Partido Comunista de la Juventud.

En octubre de 1936 Mila y George se casaron en una pequeña ceremonia en la casa de Moscú de un amigo mutuo de Mendeleev. Asistieron su madre y el hermano menor de George, Gabriel, también estudiante de Mendeleev. Luego, George se mudó de su dormitorio para vivir con Mila, su madre y otras 11 personas en el departamento #1 en Bolshaia Ordynka #14, la espaciosa casa que alguna vez fue propiedad del abuelo de Mila.[10] Después de la revolución había sido dividida en varias viviendas comunales. El objetivo de los recién casados era completar sus estudios en Mendeleev para 1939, momento en el que George solicitaría el ingreso a la escuela de posgrado mientras que Mila conseguiría un puesto, de preferencia en una empresa química en Moscú.

Ese era el plan. Pero que un hombre y una mujer comenzaran una vida juntos en la Unión Soviética durante el otoño de 1936 debe de haber sido equivalente a pájaros alzando el vuelo en medio de una tormenta. Se casaron poco después del comienzo de lo que se conocería como la Gran Purga de Stalin: los años brutales en los que millones de rusos murieron a causa de ejecuciones o trabajos forzados en los campos de Siberia. Se desconoce el número exacto de muertes, aunque según la mayoría de los informes, durante los años de Stalin en el poder, entre 18 y 20 millones de personas fueron enviadas a los campos o gulags, y casi seis millones de esos hombres, mujeres y niños murieron por exceso de trabajo, hambre, exposición a sustancias o enfermedades. Solo en los años 1937 y 1938 las ejecuciones oscilaron entre 950 000 y 1.2 millones: entre ellos, funcionarios gubernamentales, comandantes del Ejército Rojo, contrarrevolucionarios y opositores políticos de Stalin, algunos del pasado y otros de posibles grupos de oposición.[11] Para Stalin cualquier crítica a sus políticas era una amenaza directa a su poder.

Teniendo en cuenta la campaña de propaganda de Stalin para ocultar la verdad a los ciudadanos comunes, Mila y George probablemente desconocían el alcance de las purgas. Estaban tan concentrados en sus estudios y objetivos y tan dedicados a defender su sociedad, sin importar el costo, que es posible que hayan cerrado los ojos a lo que sucedía a su alrededor. Pero sean cuales fueren sus creencias, las purgas en el Ejército Rojo (11 de 13 comandantes de ejército, 57 de 85 comandantes de cuerpo, 110 de 195 comandantes de división e innumerables espías) tendrían un inmenso impacto en sus vidas, pues de manera súbita barrió a un lado cualquier plan personal con la fuerza de una avalancha.

Para 1938 la traición de delatar a los vecinos se había convertido en parte de la cultura soviética: para evitar el gulag, para conseguir un trabajo o incluso para adquirir más espacio en un departamento pequeño se alertaba a la policía de las razones para arrestar a otros inquilinos. En algún momento a finales de 1938 o principios de 1939 George recibió una nota mecanografiada de un remitente anónimo que le decía que alguien en el departamento de la pareja había proporcionado información a las autoridades gubernamentales sobre ellos, detalles que podrían ponerlos en peligro. La nota decía: «Mi querido amigo, Zhora [apodo de George]. En su departamento vive alguien que tiene muchos vínculos con la policía y los órganos de investigación. Con su lengua habladora, le dice a la gente quién eres, qué haces y de dónde vienes. Ustedes son antiguos terratenientes y tienen una máquina de escribir. Con frecuencia organiza veladas con personas desconocidas. Ten cuidado. Quema esta carta».[12]

La inquilina con la «lengua habladora» era una mujer que, junto con su esposo y su hijo de tres años, vivía con George y los

Ivanov y todos los demás en el departamento #1 en Bolshaia Ordynka #14. Estaba embarazada y daría a luz a principios de 1939 y, por lo tanto, era posible, incluso probable, que hubiera atacado a Mila y George para instigar su arresto, mejorando así el espacio vital para su familia en expansión.

Pero para Mila y George el peligro de llamar la atención de las autoridades iba mucho más allá de la propiedad de una máquina de escribir. Estaba el hecho de que el padre de Mila no solo había sido un aristócrata terrateniente, sino también un oficial en el ejército imperial del zar. Peor aún, cuando se alistó en el Ejército Rojo después de la revolución, sirvió en una posición de alto mando bajo León Trotsky, el líder del Partido Comunista que fue el fundador y exjefe del Ejército Rojo y a quien Stalin había exiliado de la Unión Soviética en 1929. En opinión de Stalin, Trotsky era el archienemigo del Estado soviético.

Era igual de amenazante el hecho de que George y Mila no habían informado a las autoridades gubernamentales que una prima de Mila estaba casada con un austriaco que había regresado recientemente a su país natal. Aunque mudarse a Austria no era un delito, la prima no denunció la emigración de su esposo y, por lo tanto, fue arrestada por su silencio. Y Mila y George no enviaron un informe al gobierno sobre ninguna parte del drama, ni sobre la deserción del esposo de la prima ni sobre su arresto. Por ello los recién casados recibieron amonestaciones gubernamentales, las cuales quedaron archivadas en sus actas. Esto no estaba a su favor, ni tampoco el hecho de que los padres de este primo hubieran sido expulsados de Moscú en 1927 o 1928 por dedicarse a «trabajos de especulación con oro»,[13] según decían los expedientes.

De su lado, sin embargo, había algunos factores positivos que podrían complacer al gobierno soviético en lugar de provocar una alarma, incluido el hecho de que George era un excelente candidato para el trabajo de inteligencia soviético. Podría ocupar una de las muchas vacantes causadas por las recientes purgas del Ejército Rojo. Para 1939 casi la mitad del cuerpo de inteligencia militar de la Unión Soviética había sido liquidado o enviado a Siberia, incluidos los espías en Estados Unidos que se vieron obligados a regresar a Rusia.[14]

Ya sea debido a una búsqueda del Ejército Rojo de espías de reemplazo, o debido a la perversa alerta del otro inquilino a la policía secreta, en mayo de 1939 los funcionarios de inteligencia del Ejército Rojo tenían que haber sabido acerca de George Koval: un joven estudiante de química que pronto se graduaría con grandes elogios del prestigioso Instituto Mendeleev de Rusia, el cual podría ser entrenado con rapidez para el trabajo de espionaje en Estados Unidos. Hablaba inglés con fluidez, sin una pizca de acento ruso, y estaba familiarizado con la cultura estadounidense. Su conjunto único de habilidades podría eliminar al menos la mitad del tiempo de entrenamiento de un espía. Y fue así que a finales de la primavera de 1939 había comenzado un proceso para llevar a George a la inteligencia militar soviética, el GRU (Glavnoe Razvedyvatelnoe Upravlenie, Departamento Central de Inteligencia).

A mediados de mayo, un funcionario de Mendeleev le pidió a George que asistiera a una reunión en un edificio donde se sabía que trabajaba el Comité Central del Partido Comunista de la Unión Soviética. Como recordaría años más tarde: «Me dijeron que fuera a una sala donde había 100 personas como yo que eran graduados o que pronto se graduarían de las escuelas de educación superior tecnológica de Moscú. Llenamos formularios y nos entrevistaron y no entendíamos por qué estábamos haciendo esto. Alguien nos dijo que el [GRU] iba a convertir a los ingenieros ordinarios en espías extraordinarios».[15]

El 26 de mayo de 1939 el director de Mendeleev y el secretario del Comité del Partido Comunista en Mendeleev recibieron una solicitud «urgente» del GRU demandando «enviar características sobre el estudiante George Koval».[16] Estaba firmado por el vicepresidente de inteligencia militar. La escuela preparó de inmediato un informe fechado el 28 de mayo y lo envió al GRU al día siguiente. Incluía detalles tales como la llegada de la familia Koval de Estados Unidos en 1932, el lugar de nacimiento de George y lo siguiente: «Pronto terminará su carrera en Mendeleev en materiales no orgánicos.[17] Es un excelente estudiante. Diligente. Miembro de Komsomol [la organización Comunista de la Juventud]. Es versado en temas políticos. Participa activamente en el trabajo comunitario y es el mejor organizador profesional de su clase estudiantil. Fue presidente de la oficina de estudiantes del sindicato. Antes del instituto [Mendeleev], trabajó en una granja colectiva como ingeniero de taller o ingeniero de proyectos. Tiene parientes en el extranjero, pero no ha tenido contacto con ellos desde 1937».[18]

Poco después un oficial de Mendeleev le indicó a George que fuera a una dirección particular de inmediato. Como recordaría más tarde, «no me informaron por qué y quién me invitaba y, por supuesto, no pregunté. Llegué a la dirección, la puerta se abrió cuando presioné el botón y me dieron un pase para ver a un comisario.[19] La entrevista parecía ser más un interrogatorio que una entrevista. Tenía mi "caso" en su mesa, una carpeta con mi cuestionario completado y mi biografía. Después de escuchar mi historia, fue conciso. "Creo que encajas en el perfil", dijo. Eso fue todo. Luego recorrimos un largo pasillo y entramos en otra oficina donde estaba sentado un hombre con alfileres de diamantes en la solapa. Debe de haber sido un jefe de inteligencia. Reunirme con él cambió drásticamente mi vida». Aunque no hubo una referencia directa al espionaje en esa conversación, ni ninguna oferta, es probable que la decisión de reclutar a George para la inteligencia militar se tomara ese día. «Tenía 26 años y era enérgico y obediente. Yo era lo que querían», dijo después.

Durante el verano de 1939 George se reunió con miembros del GRU en varias ocasiones y discutió la posible oportunidad de comprometerse con la inteligencia militar con Mila. Pero todavía no se habían firmado papeles ni se habían hecho acuerdos finales; se le dijo en repetidas ocasiones que «estuviese a la espera». También se le informó que, si accedía a continuar con lo que llamaban su «viaje de negocios» a Estados Unidos, en algún momento enviarían a Mila para que se le uniera.

Desde el punto de vista de George, trabajar para la inteligencia del Ejército Rojo era una forma de proteger a Mila y a su madre de represalias por las acusaciones en su contra. En los últimos tres años George había sido testigo de las consecuencias para las personas que no parecían ser leales a Stalin. Unirse al GRU y comprometerse con «el viaje de negocios» le daría a su familia un mayor nivel de seguridad. Y si él muriera, Mila recibiría una pensión de viudez del GRU, lo que podría darle un futuro más seguro.

Además, George tenía una lealtad patriótica a su país. Quería confiar en el Partido Comunista y ser parte de su indagación. En la autobiografía requerida para su archivo del GRU, en octubre de 1939, escribió: «Creo que el Partido [Comunista] es sabio y resolverá todas las acusaciones falsas si no omites cosas y eres honesto».[20] Traducción: creeré en ti si haces lo mismo por mí.

Pero Mila lo vio como una proposición peligrosa. No confiaba en los funcionarios soviéticos y no quería que su esposo estuviera tan atado a un sistema que creía que podía sofocar o traicionar a sus seguidores en cualquier momento. Le aseguró a George que podría ganar suficiente dinero para mantener a la familia mientras él estudiaba. Y debido a que pronto se graduaría, no sería reclutado por el Ejército Rojo. Desde su perspectiva, no había ninguna razón lógica para que siguiera adelante con esto. Muchos años después, George dijo: «Sabía que Mila no quería que fuera, pero tenía que hacerlo».[21]

El 29 de junio George se graduó de Mendeleev con honores y obtuvo una licenciatura en Ingeniería con especialidad en tecnología de sustancias no orgánicas. Para el 8 de agosto había aceptado un trabajo en Moscú en el Laboratorio de Gases Raros del Instituto Técnico Eléctrico de la Unión, un puesto que planeaba mantener solo hasta que pudiera comenzar la escuela de posgrado en Mendeleev. A lo largo de agosto estudió para los exámenes de ingreso a la escuela, mientras que Mila fue asignada a trabajar para el Comisariado del Pueblo de la Industria Química de la URSS en Moscú como química en el laboratorio principal de la Fábrica Química de Stalin.

A finales de agosto no hubo solicitudes ni avisos oficiales para la colocación de George en la inteligencia del Ejército Rojo; y sin una oferta sólida, no parecía haber necesidad de que cambiara sus planes. Así que el 1.º de septiembre de 1939 presentó su solicitud para la escuela de posgrado. Pero ese mismo día, a las 4:45 a. m., 1.5 millones de soldados alemanes invadieron Polonia mientras los bombarderos alemanes atacaban los aeródromos polacos y los buques de guerra alemanes atacaban a las fuerzas navales polacas en el Mar Báltico. En dos días Gran Bretaña, Australia, Nueva Zelanda, India y Francia habían declarado la guerra a Alemania. Y la semana anterior a la invasión de Hitler los ministros de Relaciones Exteriores que representaban a cada nación, Joachim von Ribbentrop y Viacheslav Mólotov, respectivamente, habían firmado en Moscú un pacto de no agresión entre la Alemania nazi y la Unión Soviética.

Después del Pacto Ribbentrop-Mólotov, el bombardeo nazi de Polonia y el comienzo de una Segunda Guerra Mundial, las leyes de la Unión Soviética para el servicio militar obligatorio cambiaron. Hasta entonces se reclutaba a jóvenes de entre 18 y 20 años, con la excepción de estudiantes, científicos, profesores de zonas rurales e inmigrantes, incluidos los habitantes comunales de Birobidján. Los estudiantes varones debían inscribirse en clases de entrenamiento militar, que George ya había completado en Mendeleev. Su plan había sido cumplir con su deber militar con la URSS utilizando esos créditos de clase para servir en el cuerpo de reserva mientras asistía a la escuela de posgrado. Eso hubiera funcionado, hasta el 1.º de septiembre. Ahora no había escapatoria de la guerra.

Aunado al suspenso personal en la vida de la joven pareja, llegó el aviso de aceptación de George a la escuela de posgrado. Las clases comenzarían a principios de noviembre. Casi al mismo tiempo recibió una orden del Ejército Rojo para completar un formulario extenso, que incluía una biografía detallada. Entre esa fecha y su fecha de reclutamiento, el 25 de octubre, se le informó oficialmente que estaría trabajando para el GRU, algo que seguramente ya esperaba que sucediera. Su bajo rango militar, como soldado raso, fue elegido para permitirle desaparecer fácilmente de Moscú sin previo aviso y trasladarse para su nueva educación, como espía soviético. Se desconoce exactamente dónde fue entrenado, aunque hubo una escuela construida «en el bosque a las afueras de Moscú» en la década de 1930 que se sabía que empleaba espías veteranos como maestros para los nuevos reclutas de la inteligencia soviética.[22]

Su misión asignada en Estados Unidos por la inteligencia militar soviética fue sondear las últimas investigaciones sobre armas químicas en los laboratorios estadounidenses. Se le dijo que «reclutara fuentes de información sobre la química utilizada en el Ejército, en especial en el área de nuevos tipos de sustancias venenosas, sobre armas bacteriológicas en posesión del Ejército de los EUA, y que memorizara una lista de laboratorios, compañías y fábricas conectadas a la producción en masa de armas químicas».[23] Su nombre en clave aprobado fue «Delmar», mencionado en algunos documentos como «Agente D». ¿Por qué Delmar? En años posteriores habría muchas teorías. Pero si es que George lo eligió él mismo, la razón podría haber sido un novelista popular de su adolescencia, Viña Delmar, cuyos padres habían sido renombrados actores de vodevil en el Teatro Yidis, y por lo tanto probablemente era conocido en la comunidad yidis de Sioux City de la juventud de George.

Para diciembre de 1939 su entrenamiento había comenzado. Terminó a finales del verano de 1940. Antes de dejar la URSS, se le informó a George que su «viaje de negocios» en Estados Unidos no duraría más de dos años y, como le dijeron antes, enviarían a Mila para que se le uniera. Pero en tiempos de guerra no había garantía de que tales promesas pudieran cumplirse, como ambos debían de saber. En septiembre, Mila recibiría un mensaje escrito detallando que su esposo estaba en un tren militar que pasaba por Moscú a una hora determinada al día siguiente. Fue a la estación, esperó el tren y lo abordó al llegar. «Tan solo se vieron y se visitaron por un corto tiempo»,[24] dijo un amigo más tarde. «Fue su última oportunidad para estar con él». No había manera de que ella supiera que pasarían ocho años antes de que se volvieran a encontrar.

El primer viaje por mar de George Koval había sido en 1932 desde el corazón de América hasta el Extremo Oriente soviético. No había constancia de su salida en el barco de Nueva York porque el pasaporte de la familia Koval estaba registrado a nombre de su padre. Ahora regresaba a Estados Unidos, con un pasaporte falso, por lo que no habría ningún registro en la Aduana de EUA de un tal George Koval de Iowa, ya sea saliendo, entrando o regresando a Estados Unidos. Era como si nada hubiera cambiado. Pero eso no era cierto, ya que en 1932 George había sido un idealista apasionado y obsesionado con el comunismo, y ahora era un oficial de inteligencia militar entrenado, atrapado en un compromiso ineludible con la Unión Soviética para traicionar a Estados Unidos.

CAPÍTULO 5

INFILTRADO EN EL BRONX

Una noche de septiembre de 1940, en algún punto del Mar de China Oriental, unas olas colosales estaban abatiendo un pequeño buque de carga en el que George Koval iba a bordo desde Vladivostok, un puerto en el extremo sur de la Unión Soviética, hasta San Francisco. «Casi terminamos en el centro de un ciclón», le escribió a Mila en una carta.[1] «Las sacudidas eran tremendas. Y todos los libros y muebles se nos venían encima mientras nos caíamos de las camas». La travesía de 8 434 km tomaría más de tres semanas, sumadas a los seis días en tren a lo largo de 9 289 km que Koval tomó de Moscú a Vladivostok.

Durante los días tranquilos, «cuando los vientos eran una delicia absoluta», Koval escribió que jugaba ajedrez o dominó con el capitán del barco y le leía cuentos a la hija de nueve años del capitán, quien lo llamaba «tío Grisha». Vincularse con la familia del capitán en un viaje tan largo resultaría esencial cuando el barco atracara en Estados Unidos. Aunque llevaba un pasaporte falso, Koval planeó ayudar a descargar el cargamento y luego escabullirse, probablemente a un lugar de reunión en el área de la Bahía de San Francisco, donde le darían todo lo que necesitara para continuar sus viajes.

Debido a que era un buque de carga, la patrulla de aduanas no procesó los documentos de entrada para los miembros de la tripulación que regresaban pronto a Vladivostok. Aun así, los inspectores estadounidenses realizaron una inspección aparentemente exhaustiva del barco, durante la cual Koval se escondió en un banco de almacenamiento en el camarote del capitán.

Encima estaban sentados el capitán, su esposa y su hija. Los inspectores de habla inglesa pidieron ver los documentos de identificación del capitán y su familia, un proceso que al parecer tomó más tiempo del que la niña podía tolerar. Entonces miró a su madre y preguntó en ruso: «¿Por cuánto tiempo más tendrá que quedarse el tío Grisha debajo del sofá?». La madre sonrió, no dijo nada y siguió sosteniendo la mano de su hija mientras su esposo miraba a los inspectores. La respuesta tranquila de la madre y el padre, más el hecho de que los inspectores probablemente sabían poco o nada de ruso o tan solo no estaban prestando atención a la conversación de una niña con su madre, le salvó el pellejo al espía soviético. Poco después Koval estaba abordando un tren a la ciudad de Nueva York.

Durante al menos un mes tras su llegada usó un nombre falso y vivió en un departamento en Avenida Fort Washington en el norte de Manhattan.[2] Luego, el 2 de enero de 1941, presentó su registro en el servicio selectivo de EUA, y usó su nombre real, y dejó constancia de que George Koval de Iowa ahora era residente de la ciudad de Nueva York.[3] El día anterior se había mudado a un departamento en Cannon Place, una calle tranquila en Kingsbridge Heights en el Bronx. Este era un barrio de calles angostas y sinuosas, y pendientes pronunciadas, tan altas que a veces escaleras de concreto con docenas de escalones unían una calle al pie con otra en la parte superior. Un edificio grande ubicado en una colina con escaleras a un lado podría tener dos direcciones diferentes, una para la calle en la parte inferior y otra para la calle de la esquina superior, que era el caso para el nuevo hogar de Koval.[4]

Poco después de instalarse en el departamento de Cannon Place se mudó a una dirección en Giles Place, que resultó estar en el mismo edificio, parte de un complejo llamado Sholem Aleichem Houses. Su residencia estaba en uno de los 15 edificios de departamentos de cinco pisos construidos en 1927 con subsidios de miembros del Círculo de Trabajadores.[5] Iniciada por judíos de habla yidis de Europa del Este, esta era la misma asociación cuya división occidental Abram Koval había dirigido durante la infancia de George. Impulsados por visiones colectivas utópicas, los miembros de Nueva York querían salir de la lamentable vida del gueto del Lower East Side y así recaudaron dinero para construir viviendas cooperativas en el Bronx. Era una comunidad dedicada a preservar la literatura, el arte, la música y el teatro en yidis, y específicamente dedicada al renombrado escritor yidis y residente del Bronx Sholem Aleijem.

El hecho de que Koval estuviera en semejante oasis yidis debe de haber amortiguado la sacudida inicial de su regreso a una nueva vida en Estados Unidos. Creció en una familia que abrazó la cultura yidis. En la secundaria había actuado en una obra escrita por Sholem Aleijem. Y su casera de Giles Place, Tillie Silver, no solo vivía en el mismo edificio, sino que también tenía el mismo apellido que uno de sus tíos de Sioux City, aunque no tenía relación alguna. Aún más importante, estaba conectada a la red de contactos que ahora controlaba los giros y vueltas de la doble vida de Koval como espía. El hermano de Tillie, Benjamin Loseff,[6] un joyero del bajo Manhattan, a veces hacía negocios con Benjamin William Lassen, el oficial del GRU que supervisaba las operaciones de espionaje de Koval; su agente supervisor en el interior. Loseff, cuya tienda abrió en Nassau Street a finales de 1938, era una de las fuentes ocultas de fondos para Lassen, cuya red de espionaje había comenzado a operar más o menos al mismo tiempo. Los Loseff también eran primos de la esposa de Lassen.

Koval nunca estaría expuesto a los muchos miembros de la intrincada organización de agentes, mensajeros, banqueros, minoristas, agentes de viajes, científicos, profesores, diplomáticos y familiares de Lassen. Entrenado para seguir reglas estrictas, Koval no se asociaba con otros espías, a excepción de su agente supervisor. Y las conexiones de Lassen en el ámbito del espionaje soviético apuntaban a una fuerte posibilidad de que Koval pudiera haber estado operando en una estructura celular inspirada en grupos revolucionarios clandestinos de la Rusia zarista. Esto significaba, como señaló un historiador, que tenía un «líder de grupo de agentes» y que «cada miembro sabía poco o nada sobre su red, posiblemente solo el líder. Solo el líder conocía a todos los miembros».[7]

Aunque probablemente nunca conoció a los otros espías soviéticos que vivían en el Bronx, Koval debe de haber sabido que Lassen vivía en la Avenida Creston, no lejos del edificio Giles Place/Cannon Place, y que Tillie Silver estaba vinculada de alguna manera a Lassen; una situación que reforzó la seguridad de Koval, así como la eficacia de su trabajo en esta nueva vida secreta en la que nada era lo que parecía ser.[8] Ni la casera. Ni las tiendas encubiertas. Ni siquiera el agente, cuyo apellido original era Lassoff, no Lassen, y cuya vida era un misterio para muchos.

Cuando Koval se mudó al Bronx, el principal negocio encubierto de Lassen era Raven Electric Co., una tienda de suministros eléctricos en la Calle 23ª Oeste, media cuadra al oeste de Broadway. Según exempleados de Raven, su jefe pasaba mucho tiempo recaudando dinero en efectivo que no parecía tener nada que ver con el comercio diario de Raven. Además del joyero de Nassau Street, había un negocio de exportación en Avenida Madison y había al menos siete bancos en Manhattan donde Lassen tenía cuentas y visitaba de manera regular.[9] La compensación de Lassen desde Moscú se pagaba a través de uno de ellos, el Broadway Savings Bank, en Park Place 5.

Con sus anteojos sin montura y su rostro inexpresivo, Lassen, un hombre de mediana estatura, de alrededor de 1.7 m, parecía bastante normal. Su delgado cabello castaño mostraba mechones grises a una edad temprana, y cuando Koval lo conoció, las canas alrededor de las sienes eran una característica sólida, al igual que el alfiler de diamantes que siempre usaba en su corbata o solapa, lo que le ayudaba a camuflarse en un grupo de extraños y, aun así, sobresalir entre los conocidos fue el hecho de que rara vez sonreía.[10] Según la mayoría de los relatos irradiaba un aura de escepticismo y cautela. Un antiguo colega describiría a Lassen como «muy privado y discreto», un hombre con el que pocos querían pasar tiempo «debido a un miedo desconocido hacia él. Tal vez era solo su silencio. Miraba fijamente a la gente. Hablaba muy poco».[11]

Lassen, como Lassoff, nació el 6 de abril de 1882 en una ciudad ucraniana en las afueras de Kiev, posiblemente en la misma zona donde Sholem Aleijem había escrito sobre los brutales pogromos de octubre de 1905.[12] Fue poco después, a inicios de 1906, cuando Lassoff llegó a Estados Unidos a vivir con unos parientes en Brooklyn, Nueva York. Sus padres judíos podrían haber estado entre las víctimas de las turbas zaristas que solo tres meses antes habían proclamado en Kiev que «todos los problemas de Rusia provienen de los judíos y los socialistas».[13]

En los años siguientes, Lassoff se inscribió en la Universidad del Norte de Ohio para estudiar Ingeniería Eléctrica.[14] Allí se convirtió en miembro de la Sociedad de Ingenieros y de la Sociedad Literaria de Adelphian, además de ser un organizador que propició la entrada de la universidad en 1912 al Instituto Estadounidense de Ingenieros Eléctricos, la organización nacional para la profesión eléctrica. A todas luces un entusiasta de los clubes, Lassoff también estaba en el comité ejecutivo de la escuela para organizar el Club de Estudio Socialista, una etapa de la Sociedad Intercolegial Socialista nacional.[15] En marzo de 1912 un periódico de Ohio anunció el nuevo «capítulo floreciente» y su objetivo de «hacer un estudio inteligente de los pros y los contras del socialismo». Los planes de sus líderes estudiantiles, entre ellos «B. Lassoff», traerían oradores de renombre de organizaciones de todo el país. Esa primavera, Lassoff se graduó de la Universidad del Norte de Ohio y pronto se inscribiría en el Instituto Tecnológico de Massachusetts para obtener una maestría en Ingeniería Eléctrica.[16]

Mientras vivía en Boston durante sus cursos del MIT, Lassoff conoció a Gertrude Kaufman, a quien trató de persuadir para que se mudara con él a Rusia después de la Revolución de Octubre en 1917. Aunque Gertrude también nació en Rusia, en 1891, la revolución no la animó a regresar. Se había convertido en ciudadana estadounidense en 1914 y tenía la intención de estudiar en Estados Unidos para convertirse en médica, como lo había hecho con éxito uno de sus hermanos. Aunque se negó a abandonar Estados Unidos, accedió a mudarse a Brooklyn después de su matrimonio en septiembre de 1918. En ese momento Lassoff trabajaba para la firma Stone & Webster, mejor conocida en ese momento por operar sistemas de tranvías en ciudades a lo largo de los EUA. Pero pronto los Lassoff se mudarían a Oakland Place en el Bronx, y él comenzaría un nuevo trabajo como «ingeniero eléctrico júnior»[17] para el distrito de la Comisión de Servicios Públicos de Nueva York.

Para 1920 Lassoff no solo era un miembro activo del Instituto Americano de Ingenieros Eléctricos, sino que también se había unido al Partido Comunista de los EUA (CPUSA). Los contactos en una o ambas organizaciones debieron abrirle la puerta a su siguiente trabajo, que era un proyecto para expandir la electrificación de la vasta nación de Rusia. Esto significó diseñar una red de líneas eléctricas para el transporte de la industria. Para hacerlo, fue necesario analizar las fuentes de energía hidráulica, seleccionar sitios para construir estaciones eléctricas y líneas de transmisión, y evaluar el consumo potencial de electricidad en varios lugares. La información recopilada por Lassoff se envió al Comité Estatal de Electrificación de Rusia en Moscú y, en los EUA, a Charles P. Steinmetz, el ingeniero estrella de General Electric, reconocido por su desarrollo de la corriente eléctrica alterna.[18]

Steinmetz, un socialista devoto que creía en el progreso potencial instigado por la Revolución rusa, quedó impresionado con el trabajo que resultó del proyecto de electrificación de Rusia. A finales de 1922 publicó un artículo al respecto en la revista *Electrical World*.[19] No se sabe si Steinmetz y Lassoff se conocieron o no, pero el trabajo de Lassoff en el proyecto ganó reconocimiento en GE a través de Steinmetz. Y pronto se le asignó un trabajo de consultoría para introducir maquinaria eléctrica de fabricación estadounidense en Rusia, principalmente para GE. A principios de 1924 ganó el tira y afloja con Gertrude sobre Rusia, porque los Lassoff se mudaron a Moscú.

Tal vez las rígidas leyes de inmigración establecidas ese año o las frecuentes noticias sobre el Ku Klux Klan persuadieron a Gertrude de que vivir en Rusia podría ser más fácil para una pareja judía que quedarse en Estados Unidos, donde el antisemitismo parecía estar al alza. Durante los siguientes tres años Gertrude estudió medicina en Moscú, mientras que su esposo continuó trabajando como asesor para GE. Al mismo tiempo, fue contratado como experto en centrales hidroeléctricas para un fideicomiso del gobierno ruso. Y lo que resultó de toda esa experiencia fue una oportunidad en 1927 para que Lassoff fuera designado para un puesto gerencial en ARCOS Ltd., la Sociedad Cooperativa de Rusia en Londres.[20]

ARCOS era el agente de compraventa de la delegación comercial soviética en Inglaterra, y Lassoff estaba a cargo de su departamento de fabricación eléctrica. Como tal, proporcionó a las empresas británicas información sobre las perspectivas comerciales en la Unión Soviética y comenzó una nueva rama de trabajo: proporcionar a las industrias soviéticas detalles técnicos sobre los productos británicos. Los Lassoff vivirían en

Londres durante dos años, hasta que Benjamin fue enviado a Nueva York en 1929 para ser comprador soviético en la división de ARCOS en Estados Unidos. La división se conocía como Amtorg, abreviatura de Amerikanskaya Torgovlya (Comercio Estadounidense).[21]

En 1929 Amtorg, ubicada en la Quinta Avenida 261, era una cuasiembajada de la Unión Soviética, que aún no había sido reconocida como nación por Estados Unidos. Como tal, sirvió como único comprador de la URSS en Estados Unidos. Las empresas que querían hacer negocios con la Unión Soviética negociaban sus contratos a través de Amtorg, estableciendo con eficacia sus propias relaciones diplomáticas, aunque con la advertencia del Departamento de Estado de que estaban operando «bajo su propio riesgo». General Electric, Ford, International Harvester, DuPont y más de otras 100 empresas estadounidenses que buscaban vender productos a Rusia compartían cantidades exorbitantes de información industrial detallada con los representantes de Amtorg. Lo que los estadounidenses no sabían era que, a finales de la década de 1920, la lista de empleados de Amtorg incluía a miembros de la inteligencia del Ejército Rojo que usaban a Amtorg como fachada. Y, según algunos relatos, este fue el comienzo de la frase «ir de viaje de negocios» como eufemismo para el trabajo de los espías soviéticos que iban a Estados Unidos.

Estos fueron tiempos de mucha acción para los Lassoff. En 1929 Benjamin era un miembro activo del Comité Central del Partido Comunista, y la evidencia sugiere que fue uno de los artífices de una operación clandestina que vinculaba al CPUSA con agentes de inteligencia soviéticos. Ese fue también el año en que Gertrude y Benjamin tuvieron a su primer y único hijo, Seymour. Luego, el 7 de septiembre de 1931, en el condado de Bronx, Nueva York, Benjamin William Lassoff cambió legalmente su apellido a Lassen, al igual que Seymour y Gertrude.[22]

Poco antes de establecer esta nueva identidad Lassoff abandonó el Partido Comunista. Gertrude nunca se había unido, y el nuevo Benjamin William Lassen nunca sería miembro, aunque su lealtad nunca cambió como lo hizo su nombre.

Unos seis meses después del cambio de nombre los Lassen comenzaron a decirles a sus amigos en Estados Unidos que pronto Benjamin estaría operando un negocio de importación y exportación de cuero, centrado en gran medida en los mercados en el extranjero, y que la familia pasaría mucho tiempo fuera de los EUA. La verdad era que se estaban mudando a Varsovia, y poco después Benjamin fue reclutado por la inteligencia del Ejército Rojo: un espía del GRU con el nombre en clave «Faraday»,[23] en honor al renombrado pionero eléctrico británico del siglo XIX, Michael Faraday. En ese momento, en su pasaporte estadounidense, Lassen registró su dirección legal como Commodore Road 9 en Worcester, Massachusetts, el hogar del hermano de Gertrude, un médico muy respetado. Y mientras vivía en Varsovia, continuó usando la dirección del hermano para renovar su pasaporte estadounidense dos veces, para viajes a varias naciones europeas y a Inglaterra, en 1934 y 1936.

Lassen debe de haber sido oro para el GRU. Era un ingeniero eléctrico experimentado con fuertes vínculos con empresas estadounidenses, incluida GE, y trabajaba con Amtorg. Hablaba con fluidez ruso, inglés, francés, alemán, polaco y ucraniano. Y él era un ciudadano estadounidense. En su preciado pasaporte estadounidense, incluso tenía una dirección en un barrio exclusivo cerca de Boston, Massachusetts. Y lo que todo eso significaba era que Lassen podía viajar con facilidad a cualquier lugar que el GRU quisiera que fuera: para reclutar, infiltrarse, organizar y recopilar información.

En la década de 1930 establecer un domicilio legal mientras vivía en otros lugares parecía estar de moda entre sus coetáneos.

Cuando los Lassen regresaron a Estados Unidos en 1937 vivían en un departamento en Washington Heights, cuando él comenzó su asignación en el GRU en la «Cuarta Sección de Inteligencia Militar del Ejército Rojo, encubierta en Amtorg».[24] Luego, cuando estaba estableciendo una red como «Agente en jefe de Residentes Ilegales de la 4.ª Sección», su familia se había mudado a la Avenida Creston en el Bronx, y todo ese tiempo siguieron usando la dirección de Commodore Road del hermano de Gertrude.

Lo que se sabe sobre el trabajo de Lassen para el GRU en Estados Unidos es que se le ordenó organizar redes y establecer lugares en la ciudad de Nueva York —«cuarteles de conspiración»,[25] como los describió un informe— donde pudiera reunirse de manera segura con los miembros de la red y realizar sesiones con espías recién llegados. Su trabajo principal, sin embargo, era operar las redes, ser «un líder de célula» que transmitía fondos de fuentes rusas a aquellos que trabajaban para la inteligencia soviética y que asignaba espías a trabajos en tiendas encubiertas en varias ciudades del país, aunque sobre todo en Nueva York.

Por ejemplo, estaba Midland Export Corporation, que había abierto en Avenida Madison, entre las calles 43 y 44 en 1939. Era propiedad de Michael W. Burd. Burd y Lassen, nacidos en Rusia, se conocían desde la década de 1920, cuando ambos eran miembros del CPUSA. Aunque Lassen dejó de ser miembro del partido a principios de la década de 1930, Burd continuó con el suyo hasta 1940, más o menos cuando Midland se había convertido en una tienda concurrida. Fue allí donde Burd, como luego revelaría, recibió dinero «de fuentes rusas»[26] y lo envió a agentes soviéticos en América Latina y México. Burd también dirigió American Merchandising Co., que compartiría la dirección de Avenida Madison 347 con Midland durante varios años antes de cambiar su dirección a Calle 23ª Oeste, número 20, sede de Raven Electric.

Unos meses después de que Burd abriera su tienda, Lassen incorporó Raven Electric, el 17 de enero de 1940.[27] Durante el primer año de funcionamiento estuvo ubicada en Broadway, cerca de la esquina de la Calle 28ª, en un pequeño alquiler comercial de dos pisos. Luego, a principios de 1941, cuando Koval comenzaría su trabajo en Raven como empleado de una tienda, Lassen había trasladado el negocio a un edificio de cinco pisos en la Calle 23ª Oeste, número 20, a dos cuadras de una oficina que Lassen usaba en la Calle 25ª Oeste, y a media cuadra de la intersección de la Quinta Avenida y Broadway en la Calle 23ª. Convenientemente, en ese mismo cruce, a solo cinco minutos de la puerta principal de Raven Electric, estaba Madison Square Park, donde se sabía que Lassen hacía visitas ocasionales al mediodía. Un edificio que daba al parque era la famosa estructura triangular conocida como el Edificio Flatiron, que albergaba, en su séptimo piso, a World Tourists, Inc. Según algunos relatos, el primer «cuartel general conspiratorio» de Lassen estaba ubicado en el séptimo piso del Edificio Flatiron.

World Tourists abrió en 1927, aparentemente un negocio bajo contrato con Intourist, que era la agencia de viajes oficial soviética.[28] Hizo su dinero de las comisiones por la venta de servicios de Intourist, que incluían viajes hacia y desde, y dentro de, la Unión Soviética, además de alojamiento y cierta asistencia con los requisitos aduaneros, como la documentación adecuada para los pasaportes.[29] La mayoría, si no todos, de los empresarios estadounidenses que Amtorg animó a visitar la Unión Soviética utilizó World Tourists, y también lo hizo la corriente de comerciantes soviéticos que llegaron a Estados Unidos para recorrer la industria norteamericana. Por lo tanto, los vaivenes del comercio estadounidense-ruso dependían en gran medida de World Tourists, al igual que los miembros del Partido Comunista y los agentes de inteligencia soviéticos que necesitaban pasaportes falsos para sus «viajes de negocios» a los EUA.

Los pasaportes estadounidenses eran muy preciados debido a su credibilidad ante la mayoría de las autoridades fronterizas internacionales. Y, en ese momento, eran tan fáciles de fabricar como ponerse una máscara de disfraz. El personal de World Tourists rara vez, o nunca, cuestionó los hechos en los documentos que les entregaron los viajeros del CPUSA o los espías soviéticos. Y, sin embargo, algunos hechos eran claramente ficción, ya que habían sido derivados de los registros de muerte de niños en la sección genealógica de la Biblioteca Pública de Nueva York. Con una lista de dichas fechas de nacimiento, los certificados podían obtenerse con facilidad y los testigos falsos jurarían a los funcionarios de pasaportes que conocían a la persona que usaba el nombre del niño muerto. Sin saberlo, los trabajadores de aduanas aprobaron cientos de esos pasaportes falsos en la década de 1930.

Sin duda, World Tourists con su experiencia en pasaportes fraudulentos avanzó sin problemas durante varios años, aliviado en parte por la atmósfera que lo rodeaba. Durante la década de 1930 el espionaje soviético en los EUA se expandió considerablemente, con poco esfuerzo para detectarlo o exponerlo. El FBI apenas contaba con 300 agentes en 1933, en su mayoría sin entrenamiento en actividades de contrainteligencia.[30] Las investigaciones criminales eran su campo de especialidad y su enfoque de seguridad interna estaba en los grupos paramilitares fascistas, como la Legión de Plata de América, conocida como los Camisas Plateadas, una organización clandestina con sede en Carolina del Norte y modelada a partir de los Camisas Pardas de Hitler. A medida que avanzaba la década, las amenazas del espionaje alemán, japonés e italiano reclamarían una prioridad más alta que cualquier preocupación sobre posibles espías soviéticos invasivos. Como escribió un académico a mediados de la década de 1930, «el Departamento de Justicia tenía poco interés en perseguir el espionaje soviético y la prensa popular prestaba escasa atención».[31]

Aunque el anticomunismo nunca desaparecería en Estados Unidos, había disminuido algo en 1933 cuando Estados Unidos reconoció a la Unión de Repúblicas Socialistas Soviéticas como una nación con derechos diplomáticos. Pronto se abrirían embajadas y consulados soviéticos en todo Estados Unidos. Y lógicamente, a medida que el miedo al comunismo disminuía en la década de 1930, el poder soviético creció. Más estadounidenses que nunca supusieron que lo que estaba sucediendo en la Unión Soviética —en práctica un experimento de colectivismo, socialismo y comunalismo— podría ser la ola del futuro. Las condiciones en un Estados Unidos devastado por la Depresión de los años treinta alejaron a la gente del capitalismo y la pusieron en las garras de la ideología comunista, haciendo de aquella década los años de gloria para la afiliación al Partido Comunista, que aumentó a 66 000 en su apogeo en enero de 1939.

La mayoría de los miembros del partido en Estados Unidos no era espía. Y a veces facilitaba el trabajo de los que sí servían de mensajeros o intermediarios en las redes clandestinas. Con el CPUSA fungiendo como dispositivo de espionaje y como partido político, la inteligencia soviética no estaba sola en su trabajo en Estados Unidos. El entramado clandestino «no era, de hecho, un solo aparato, sino varias redes»,[32] como escribió un historiador. Algunas redes se centraron en la política estadounidense para doblegar a los burócratas de D. C. a favor de los intereses de la Unión Soviética. A otros se les ordenó recopilar secretos militares e industriales, como la investigación de armas químicas. Desde cada uno de esos puntos focales las redes se vincularon con la inteligencia soviética a través de conductos como Lassen y Jacob Golos,[33] cofundador de CPUSA. Golos, conocido por sus habilidades para reclutar espías, era uno de los principales accionistas de World Tourists. Su dueño encubierto era el CPUSA.

Lassen y Golos se conocían desde el lanzamiento de CPUSA en 1919 y ambos habían trabajado en Amtorg. Se sabía que los dos espías se reunían ocasionalmente en la oficina de World Tourists. Sin duda, según un relato, Lassen «tenía la costumbre de pasar por la oficina de Golos»,[34] en el séptimo piso del Edificio Flatiron.

A finales de 1938 Lassen tuvo uno de sus encuentros con Golos, que puede haber sido uno de sus últimos encuentros en World Tourists. Poco después de que la Alemania nazi y la Unión Soviética firmaran su alianza en agosto de 1939, el gobierno de EUA amplió su lista de posibles amenazas de espionaje para incluir empresas y actividades vinculadas a la Unión Soviética, el nuevo aliado de Hitler. Esto ayudó a dirigir las sospechas directo al CPUSA. En octubre su jefe, Earl Browder, fue arrestado por uso fraudulento de pasaportes. Siguió una serie de acusaciones y cargos contra Golos y World Tourists.[35] A principios de 1940 Golos recibió una multa de 500 dólares y una sentencia de prisión suspendida después de declararse culpable de no registrarse como agente de una potencia extranjera, la URSS.

Aunque World Tourists continuaría operando como una agencia de viajes, el séptimo piso del Edificio Flatiron se volvió demasiado caluroso para seguir siendo un lugar de reunión para espías. Por lo tanto, Golos y el CPUSA abrieron un nuevo negocio encubierto llamado U.S. Service and Shipping Corp. en la Quinta Avenida 212, una ubicación conveniente para todos los involucrados.[36] El edificio estaba situado en la esquina de la Quinta y 26ª Oeste, a pocos pasos de uno de los lugares favoritos de Lassen, Madison Square Park, y en la misma cuadra que Amtorg. Y, en el negocio del espionaje, donde las coincidencias rara vez existen, a principios de 1940 fue cuando Lassen estableció en la cercanía a Raven Electric. Lassen usaría el cuarto piso del edificio Raven para reuniones nocturnas, posiblemente estableciendo una nueva ubicación para su «cuartel general conspirativo» asignado. No habría más relatos de reuniones de Lassen en World Tourists después de 1940.

Durante los meses en los que estableció su nuevo negocio, Lassen se puso en contacto con colegas en el negocio de pasaportes en San Francisco; un movimiento que podría haber incluido arreglos para la nueva identidad discreta de Koval durante sus primeros meses en los EUA, aunque no hay prueba de ello. Sin embargo, la evidencia muestra que, a finales de 1940, poco después de la llegada de Koval, Lassen publicó un anuncio en un periódico de Nueva York donde ofrecía sus servicios y los de un «colega» como diseñadores de máquinas para la producción de armas. Ese «colega» bien pudo haber sido Koval, aún bajo su identidad falsa. Un corredor de empleo que respondió al anuncio y entrevistó tanto a Lassen como al «colega» dijo más tarde que los dos hombres eran bastante abiertos sobre su pasión por el «trabajo de diseño de armas y su creencia de que las mejores empresas para ellos serían las que tenían contratos con el gobierno».[37] Pero el corredor no los llamó de vuelta. «Su experiencia no parecía lo suficientemente profunda», dijo más tarde.

Al parecer Koval nunca encontró trabajo usando su nombre falso. Poco después de restablecer su identidad como George Koval en su registro preliminar y comenzar su trabajo en Raven Electric se inscribió en el programa de Extensión Universitaria en la Universidad de Columbia para realizar cursos de química.[38] Esta fue una decisión que podría haberse basado únicamente en la pasión de Koval por la ciencia, en especial por la química. Después de todo, se había graduado con honores de un instituto científico de renombre mundial y ostentaba un título en Ingeniería Química, después de lo cual había trabajado durante varios meses en el Laboratorio de Gases Raros del Instituto Técnico Eléctrico de la Unión en Moscú.

Cada vez que Koval enfrentaba los desafíos de las transiciones volvía a la escuela. Tal vez fue una distracción de los riesgos e inseguridades de una vida nerviosa. Para él, la universidad bien pudo haber sido un regreso a lo familiar en medio de lo desconocido. Lo hizo tras mudarse con su familia a la Unión Soviética; y ahora, después de su llegada al Bronx, estaba tomando clases de nuevo, algo que haría dos veces más mientras estuvo en Estados Unidos.

Sin embargo, esta vez, tomando en cuenta las razones de su «viaje de negocios», la inscripción a Columbia pudo haber sido idea de su agente. Porque este fue un movimiento que parecía tener menos que ver con el atractivo de tomar clases, en especial en una escuela de la Ivy League, y más con la ilustre facultad universitaria de 1941 en los departamentos de Física y Química.

CAPÍTULO 6

QUÍMICA GENERAL

Las clases de Química General de Columbia en su programa de Extensión Universitaria para la educación adulta[1] tenían lugar de 6:45 a 9:50 p. m. los martes y viernes en Havemeyer Hall.[2] Havemeyer estaba cerca de otros edificios de ciencias, como Pupin Hall, sede del Departamento de Física. Cada semana las clases comenzaban con un seminario en el enorme teatro de varios niveles en el tercer piso, seguido de trabajo de laboratorio en el quinto piso. Era impartido en equipo y, por coincidencia, uno de los profesores estaba bajo comisión en la División de Servicio de Guerra Química del Departamento de Guerra de los EUA; una posible inspiración para que Koval no solo pusiera atención en clase, sino para que también conociera a tantos instructores como pudiera. Para el momento en que Koval se inscribió en 1941, Columbia se había convertido en un imán para algunos de los físicos y químicos más prestigiados del mundo; algunos de los cuales estaban destinados a jugar un rol estelar en la producción subsiguiente de la primera bomba nuclear.

En enero de 1939 Enrico Fermi, el ganador del Premio Nobel de Física de 1938, y su esposa huyeron de la Italia fascista y llegaron a Estados Unidos, donde se unieron a la facultad del Departamento de Física en Columbia. Ese mismo mes, el 25 de enero, en el Club de Hombres de la Facultad, en el campus, Fermi cenó con un colega, el profesor adjunto John Dunning. Durante el curso de la cena discutieron los experimentos recientes hechos por físicos alemanes en Berlín a finales de 1938, basándose en un descubrimiento hecho por una científica austriaca, Lise

Meitner: cuando un átomo de uranio es bombardeado con neutrones, se divide, liberando energía y produciendo más neutrones
en un proceso llamado «fisión». Esa noche, en el sótano de Pupin
Hall, Dunning, que ya había publicado dos docenas de artículos
sobre neutrones, se reunió con otros cuatro profesores (Herbert
Anderson, Eugene Booth, G. Norris Glasoe y Francis Slack)
para conducir el primer experimento en Estados Unidos para
medir la energía liberada de la fisión.

Alojada en Pupin había una máquina llamada ciclotrón,
un destructor de átomos, que Dunning y su equipo de expertos habían construido en 1936 en el sótano de Pupin, cinco años
después de que Ernest O. Lawrence inventara el ciclotrón en
la Universidad de California en Berkeley. Usando el ciclotrón
Columbia, aquella noche de enero de 1939, Dunning y sus colegas bombardearon una placa delgada cubierta con óxido de
uranio. Si, durante el proceso de fisión, el uranio emitiera más
neutrones de los que absorbió, entonces aparecerían líneas verdes en una pantalla, indicando la liberación de energía. «Patadas
enormes»,[3] llamó Dunning a las muchas líneas verdes que efec-
tivamente aparecieron.

Aquel año habría muchos más experimentos, más descubrimientos y más genios en Pupin Hall, todos monumentales en
su impacto futuro. Fermi y un colega confirmaron que «cada
fisión produjo un promedio de dos neutrones». Esto demostró
que los neutrones liberados podían repetir dicho comportamiento,
lo que provocaría una reacción en cadena. Como Fermi escribiría más tarde, «si la fisión liberara suficientes neutrones, la
reacción en cadena sería casi imparable; y si fueran pocos, no
habría manera de arrancarla».[4] Este proceso requería una cantidad masiva de uranio-235, que era la forma refinada del mineral
de uranio, conocida como «uranio enriquecido». El U-235 tenía
que ser separado del uranio-238, más abundante. Solo el 1% del
uranio natural está compuesto por U-235. Un método para se-

parar el U-235 se denominó «difusión gaseosa» y se convirtió
en el foco principal de la investigación del profesor Dunning a
partir de 1939.

Fermi y Dunning eran parte de la vanguardia de la física
atómica, al igual que sus colegas, entre ellos Eugene Wigner,
conocido por introducir la mecánica cuántica en los EUA; el
físico estadounidense nacido en Budapest, Edward Teller; Eugene Booth, experto en investigación de difusión gaseosa, y Leo
Szilard, un físico húngaro-estadounidense. Desde principios de
la década de 1930 Szilard había imaginado encontrar un elemento que, al ser dividido por neutrones, emitiera dos núcleos,
de los cuales se conservara uno y el otro se liberara, y que diera
como resultado una gran masa que iniciara y mantuviera una
reacción en cadena. Pronto colaboraría con Fermi en el diseño de
una máquina para hacer precisamente eso: un reactor nuclear.

Esta ardua investigación dependía de un uso para las cantidades masivas de energía que se generarían. Una libra de U-235
contiene tanta energía como 15 t de TNT. En enero de 1939, en
la mañana posterior al lanzamiento de las «patadas enormes»,
Dunning se sentó en su oficina de Pupin Hall y escribió en
su cuaderno: «Creo que hemos observado un nuevo fenómeno
con consecuencias de gran alcance».[5]

En marzo de ese año, el mismo día en que Hitler anexó a Che-
coslovaquia, George Pegram, presidente del Departamento de Física de Columbia y decano de las Facultades de Posgrado, llamó
al subsecretario de Marina para concertar una reunión con Fermi
y hablar con él y entregar en sus manos una carta de Pegram. La
carta informaba al gobierno de los Estados Unidos sobre la importancia de los experimentos pioneros en Columbia. Pegram escribió que una reacción en cadena del uranio «liberaría un millón
de veces más energía por libra que cualquier explosivo conocido».[6]

Pero esta información despertó poco interés en Washington.
Unos tres meses después, en julio, Szilard, Teller y Wigner, tal

vez motivados por esa aparente indiferencia, visitaron a Albert
Einstein en su casa de campo de Long Island para preguntar-
le si estaría dispuesto a firmar una carta escrita por Szilard al
presidente Roosevelt sobre la reciente investigación en energía
atómica en Columbia, sobre su potencial, tanto bueno como
malo, y sobre la inquietante posibilidad de que se desarrollara
un explosivo tan poderoso en Alemania. Einstein, que entonces enseñaba física en Princeton, firmó la carta el 2 de agosto.
Decía: «El reciente trabajo de E. Fermi y L. Szilard, del que me
han informado en manuscrito, me lleva a sospechar que el elemento uranio ha de convertirse en una nueva e importante fuente
de energía en el futuro inmediato. Algunos aspectos de la situación que ha surgido parecen requerir una vigilancia cuidadosa y,
de ser necesario, acción inmediata de parte de la Administración
[...] En vista de la situación tal vez considere deseable establecer
contacto permanente entre la Administración y el grupo de físicos trabajando en las reacciones en cadena en Estados Unidos».[7]

El presidente Roosevelt recibió la carta el 11 de octubre y,
después de leerla, supuestamente dijo: «Esto requiere acción».[8]
Diez días después se reunió por primera vez el recién formado
Comité Asesor sobre Uranio. En 1940 se convertiría en parte
del Comité de Investigación de la Defensa Nacional del gobierno, cuyos miembros incluían a Dean Pegram y al presidente del
Departamento de Química de Columbia, Harold Urey. Pronto,
con presupuesto del Departamento de Marina de los EUA, el
gobierno federal ofreció el primer financiamiento para la investigación de la energía atómica: 6 000 dólares a la Universidad de Columbia.[9] Esto significó que el comienzo no oficial del
proyecto para construir una bomba atómica había ocurrido en
Columbia, un proyecto que pronto se convertiría en el Distrito
de Ingeniería de Manhattan del Cuerpo de Ingenieros del Ejército de los EUA, primero ubicado en Broadway 270 en Manhattan y más tarde conocido como el Proyecto Manhattan.

En abril de 1940 la investigación de Columbia sobre el enorme potencial energético del uranio enriquecido fue el tema central de un artículo en *Physical Review*, la publicación oficial para físicos estadounidenses, muy respetada por científicos de todo el mundo. Atrajo la atención de un reportero atento de *The New York Times* que, en la primera página de la edición del 5 de mayo del periódico, entregó la noticia y su significado en un lenguaje sencillo, con el titular «Gran fuente de energía en energía atómica es abierta por la ciencia». El artículo comenzaba: «Una sustancia natural que se encuentra en abundancia en muchas partes de la Tierra, ahora separada por primera vez en su forma pura, se ha descubierto, a través de experimentos pioneros en el Departamento de Física de la Universidad de Columbia, que es capaz de producir tal energía que un kilogramo de esta es igual en potencia a 2 267 962 kg de carbón o a 1 360 777 l de gasolina, se dio a conocer ayer».[10]

El artículo explicaba el desafío de extraer uranio purificado (U-235) del isótopo U-238 y revelaba que los físicos de Columbia habían hecho esto usando el ciclotrón de la universidad. *The New York Times* también hizo referencia a *Physical Review* varias veces, incluida una mención del trabajo de los científicos en los laboratorios de investigación de General Electric Company, que compartían sus hallazgos con Columbia. Los científicos de GE incluso construyeron una máquina para separar «una muestra relativamente grande de U235, que enviaron a los físicos de Columbia para realizar pruebas experimentales».

La noticia rondaba por las calles. Era un acontecimiento tremendo. Incluso la popular revista *Collier's* estaba informando al público lector estadounidense sobre los últimos descubrimientos en física.[11] *The New York Times* describió este evento como el comienzo de «la era soñada desde antaño de la energía atómica y, por lo tanto, como uno de los mayores, si no es que el mayor, descubrimiento de la ciencia moderna».[12] *The New York*

Times también advirtió que, a pesar del entusiasmo contagioso, muchos físicos y químicos se mostraron reacios a discutir los experimentos fuera de sus propias comunidades científicas, en gran parte debido al impacto potencial de los descubrimientos en el resultado de la guerra europea.

Y aunque debió de haber promesas de discreción entre los profesionales involucrados, en especial en el Pupin Hall de Columbia, aún no había reglas oficiales para censurar las conversaciones sobre el progreso de los experimentos y los hallazgos, como ocurriría una vez que se estableciera el Proyecto Manhattan del gobierno. Y allí, en el programa de educación de adultos de Columbia, estaba George Koval, capaz de entender los complejos lenguajes de la física y la química. Cualquiera que fuera el detalle técnico o la hipótesis esperanzadora que pudiera haber escuchado, mientras deambulaba entre conferencias y laboratorios en Havemeyer, o se sentaba en una banca en el pequeño parque entre Havemeyer y Pupin, o tomaba un café con sus compañeros de estudios, instructores o sus asistentes en uno de los cafés cercanos en Broadway, era capaz de comprenderlo con facilidad.

Para Koval, inscribirse en Columbia era parte de su trabajo como espía, de acuerdo con el modelo soviético de estudiantes espías especializados en ciencias, que había comenzado en el MIT en la década de 1930. El modelo de espionaje científico estableció una estrategia lógica y efectiva para adquirir las últimas investigaciones en los laboratorios más respetados de Estados Unidos y para reclutar a otros científicos. Los espías entrenados por el Ejército Rojo se inscribían en las universidades, se especializaban en física o química, se unían a clubes de estudiantes y sociedades profesionales, y se reunían con profesores y académicos en sus campos de espionaje asignados. Era una forma comprobada de conectarse con los círculos científicos internos de Estados Unidos ya que «la comunidad científica funcionaba como un club; una vez que estabas adentro, era fácil construir una red, solo necesitabas que te presentaran a las personas correctas».[13]

Hubo numerosos ejemplos, como Semyon Semenov, quien en 1937 se unió al NKVD, la agencia soviética de seguridad secreta (precursora del KGB) y luego se inscribió en el MIT, donde se graduó en 1940. Luego trabajó encubierto como ingeniero en Amtorg mientras se especializaba en espionaje científico. También estaba Stanislav Shumovsky, a quien se le atribuye la adquisición de extensos secretos de la aviación estadounidense, y que propulsó su búsqueda en las aulas del MIT mientras obtenía títulos de licenciatura y posgrado. También trabajó en Amtorg, a partir de 1936. Y estaba Gaik Ovakimian, a quien Lassen conocía de Amtorg y quien, después de que se abrieron los consulados en 1933, fue asignado como jefe de inteligencia de la NKVD en Nueva York.

Más tarde conocido como el «titiritero», Ovakimian impulsó las redes de espionaje científico en Estados Unidos de múltiples maneras: como uno de los primeros arquitectos de los modelos de estudiantes, como entrenador de Shumovsky para reclutar científicos y como diseñador de una estructura de célula de espionaje eficiente. Al fungir como un conducto entre las fuentes con información científica y el cuartel general de inteligencia de Moscú, jugó un papel decisivo en la configuración del nuevo concepto de un espía que se centraba de manera exclusiva en la ciencia. En 1938 cuatro hombres que habían llegado recientemente a Estados Unidos desde la Unión Soviética, junto con sus familias, se reunieron con Ovakimian en Amtorg para escuchar cuáles debían ser sus metas mientras estudiaban en el MIT: primero, perfeccionar su idioma inglés; segundo, «establecer la mayor cantidad posible de contactos y relaciones con la comunidad científica, tanto con los estudiantes como con el personal docente».[14] Cuando Koval llegó a Columbia en 1941, la inteligencia soviética favorecía a las comunidades científicas del MIT y Columbia.

Lassen tuvo que haber leído el artículo de *The New York Times* de mayo de 1940 sobre Columbia, o quizá sus contactos allí o en el MIT le informaron sobre los últimos descubrimientos. Por lo que, antes de inscribirse, Koval probablemente sabía sobre las actividades en Pupin Hall. Y aunque puede que su rostro haya brillado con la curiosidad de cualquier estudiante entusiasta, las lecciones de química general no eran lo que estaba buscando. Su misión en el campus de Columbia era llegar a conocer al presidente de su departamento, que trabajaba en estrecha colaboración con el presidente del Departamento de Física, aprender sobre los avances científicos que lo rodeaban y cumplir con su tarea de inteligencia del Ejército Rojo para aprender todo lo que pudiera sobre la investigación estadounidense en armamento químico. En especial, quería saber acerca de uno de los talentosos profesores de química en Columbia, Clarence Hiskey.

Tan solo un año mayor que Koval, Hiskey era un hombre alto y delgado que usaba anteojos con montura de carey marrón claro. Con su espeso cabello rojo y su personalidad estridente y autoritaria, era difícil pasarlo por alto.[15] No ponía mucho esfuerzo en su atuendo, a menudo usaba la misma camisa y los mismos pantalones durante varios días seguidos, y era un gran bebedor para quien la discreción a veces era un desafío, estuviera sobrio o no. Pero también se le consideraba un químico destacado, por lo que él y Koval tenían algo en común. En 1939 Hiskey obtuvo su doctorado en Química por parte de la Universidad de Wisconsin. Ese año también fue reclutado en la comisión de reserva del Ejército en el Servicio de Guerra Química, establecido en 1918, el cual se centraba en la investigación y el desarrollo de municiones químicas que podrían ser necesarias o útiles en la guerra. Antes de llegar a Columbia había enseñado química durante más de un año en la Universidad de Tennessee en Knoxville.

Hiskey se dio cuenta de que Koval compartía su apasionado interés por la química de vanguardia. Y había otro punto en común que Koval debió de haber percibido. Hiskey había estado estrechamente ligado al Partido Comunista desde sus días de estudiante en la Universidad de Wisconsin, aunque en años posteriores negaría haberse unido al partido. Miembro o no, Hiskey, al igual que su esposa, frecuentaban a miembros del Partido Comunista en Nueva York, aunque eso no era un hecho poco común en Estados Unidos en aquel momento. El tema en boga en los campus universitarios norteamericanos era el fascismo y el impacto de apaciguar a Hitler, y profesores como Hiskey, entre muchos otros en Columbia entonces, eran bastante abiertos acerca de ponerse del lado de los socialistas y comunistas contra las fuerzas de Hitler y Mussolini. Estos eran tiempos en los que el miedo y la esperanza impulsaban la lucha para destruir el fascismo, no el comunismo.

Es poco probable que Koval haya discutido sobre el comunismo con Hiskey. Estaba más interesado en el conocimiento de los profesores de física y química de Columbia, así como en el significado potencial de sus experimentos recientes. Tal vez incluso hablaron sobre el método de difusión gaseosa para separar U-235 de U-238.

Fue un golpe de suerte para Hiskey obtener un puesto universitario en un lugar como Columbia y para Koval tomar uno o dos cursos de química durante un periodo tan extraordinario en Columbia. Y pronto habría un individuo más afortunado en este escenario, un comunista dedicado que trabajó con Lassen. Su nombre era Arthur Alexándrovich Adams, nombre en clave «Aquiles».[16] Y, como lo confirman los documentos, «trabajó y recibió sus instrucciones y pagos a través de "Faraday"»[17] (es decir, Lassen), al igual que Koval, quien probablemente ayudó a reunir a Hiskey y Adams por primera vez. Esa reunión resultaría ser un momento axial en la historia del espionaje de bombas atómicas.

Al igual que Lassen, Adams había sido reclutado por la inteligencia militar soviética a principios de la década de 1930 en Moscú. Según algunos relatos, sin embargo, a pesar del momento en que fue oficialmente reclutado en el GRU, Adams había estado sirviendo a la inteligencia soviética desde una base en Estados Unidos desde el periodo posterior a la Revolución rusa. Desde 1919 hasta 1921 trabajó en la Oficina de Información Rusa Soviética en Manhattan, la embajada no oficial dirigida por Ludwig Martens, financiada por el gobierno soviético y ubicada en dos pisos del edificio World's Tower en la Calle 40ª Oeste. El trabajo del personal se centraba sobre todo en intercambiar cartas y realizar entrevistas con representantes de las principales empresas estadounidenses deseosas de hacer negocios con la nueva Rusia, considerada, como la describió entonces un periodista, el «mayor mercado del futuro» del capital estadounidense. Debido a la histeria antibolchevique y a los informes de inteligencia sobre espías plantados desde el primer día en la puerta de la oficina —conocida como la Misión Martens— el gobierno de EUA la cerró en 1921, una orden que obligó a Adams a partir hacia Moscú. Para entonces había unido fuerzas con una mujer estadounidense inteligente y de carácter enérgico, Dorothy Keen, que había trabajado con él en la misión desde su creación en 1919.[18] Más tarde etiquetado por los agentes estadounidenses como «una comunista empedernida», Keen también partió a Moscú, en agosto, en el SS *Adriatic*.

Durante los siguientes siete años Adams ocupó puestos de liderazgo en las industrias automotriz y de aviación soviéticas, mientras que Keen «después de su llegada a la Rusia soviética fue secretaria de Lenin por un tiempo».[19] Más tarde trabajó como traductora y dio clases particulares de inglés. Luego, a finales de la década de 1920, Adams se convirtió en representante de Amtorg y, en noviembre de 1932, él y Keen regresaron a Estados Unidos para casarse al poco tiempo. La tarea de

Adams en Amtorg era realizar pedidos de productos estadounidenses para la industria armamentista soviética, un trabajo que requería explorar los últimos avances de Estados Unidos en áreas como la ingeniería de radio y la química militar. Y la evidencia sugiere que fue en Amtorg donde Adams conoció por primera vez a Benjamin Lassen, en ese entonces aún llamado Lassoff, aunque la lógica sugiere que probablemente se conocieron en Nueva York en el momento de la fundación del CPUSA en 1919. Desde el principio tuvieron mucho en común, en especial como comunistas devotos cuyos caminos se cruzarían más de una vez en los años venideros.

Los viajes de Adams entre Nueva York y Moscú fueron un drama de espionaje digno de una novela, en especial en la década de 1930. Pero, como un «viejo bolchevique» que conoció a Lenin antes de la revolución de 1917, Adams tenía un pasado que podía usarse en su contra con facilidad durante el reinado de Stalin, como, por ejemplo, su momentánea relación laboral con Trotsky. No fue una sorpresa que lo acusaran de ser un trotskista que conspiraba contra Stalin y, por lo tanto, lo llamaran de regreso a Moscú desde Nueva York en el verano de 1937. Después de contratar a un abogado para defender su caso y probar su lealtad a Stalin y a la Unión Soviética, tomando en cuenta sus años de trabajo de espionaje en Estados Unidos, Adams fue absuelto a finales de 1937. Pero regresar a Estados Unidos fue más difícil de lo esperado.

El plan organizado por los camaradas en Nueva York había sido que Adams reingresara a los EUA a través de Canadá. El primer intento fue en diciembre de 1937, ideado por Sam Novick, quien figuraba en la solicitud de visa de Adams como propietario de Wholesale Radio Service Co. en la Sexta Avenida. En una carta al Departamento de Estado, Novick declaró que Adams había trabajado para él en Canadá durante 10 años y ahora necesitaba la ayuda de Adams en Estados Unidos. Pero la carta, que luego se reveló como llena de «declaraciones falsas en nombre de Adams»,[20] fracasó en su misión de justificar el regreso de Adams a Estados Unidos.

Después, Jacob Aronoff, un abogado conocido por trabajar para CPUSA, formó con rapidez una empresa llamada Technological Laboratories, que, en su registro corporativo, el 9 de mayo de 1938, nombraba a Adams presidente/tesorero, y a Aronoff, secretario. Adams llenó su formulario de visa como presidente de Technological Laboratories, con Aronoff como su respaldo. Luego, Aronoff abrió una cuenta en el Corn Exchange Bank and Trust Company en Manhattan a nombre de la empresa y depositó 4000 con el nombre de Arthur Adams como tesorero. En Canadá, Adams recibió una carta el 14 de mayo a una dirección de Toronto que mostraba los detalles de la cuenta.

Eso funcionó. Adams regresó a Nueva York el 17 de mayo de 1938. Su esposa se quedó en Moscú, donde trabajaría como secretaria del corresponsal de *The New York Times*, Harold Denny, mientras que Adams vivía en Manhattan usando dos negocios para encubrirse: Novick's Electronic Corporation of America, en la Sexta Avenida (misma dirección que Wholesale Radio Service) y una compañía discográfica cercana, Keynote Recordings Inc.

La reunión entre Hiskey y Adams, que probablemente organizó Koval, tuvo lugar en septiembre de 1941 en una tienda de discos llamada The Music Room, en la Calle 44ª Oeste entre Broadway y la Séptima Avenida.[21] Era propiedad de Eric Bernay, quien también había fundado la pequeña empresa independiente Keynote Recordings, en 1940. Los primeros lanzamientos de Keynote fueron discos de canciones de la guerra civil española y música de la Unión Soviética, como interpretaciones del Coro del Ejército Rojo. De 1936 a 1938 Bernay fue miembro del Partido Comunista y gerente de publicidad para *New Masses*, el órgano oficial del partido. La oficina comercial de Bernay para Keynote estaba en la Quinta Avenida 522, en la esquina de la 44ª y la Quinta, a unas cuantas cuadras de la tienda de discos y justo al otro lado de la calle del bufete de abogados de Jacob Aronoff en la Quinta 525. Entre otros negocios en el vecindario estrechamente conectados, estaban la tienda encubierta de importación y exportación de Michael Burd, a solo una cuadra de la oficina de Keynote; Electronics Corporation of America de Sam Novick, en Broadway, a solo una cuadra de The Music Room; y una joyería, a dos cuadras de la tienda de discos, cuya propietaria, Victoria Stone, trabajaba de cerca con Adams y Jacob Golos.

Y así fue como Hiskey y Adams se reunieron una tarde de septiembre en un pequeño espacio frente a The Music Room. El alto y joven Hiskey con su espeso cabello rojo y Adams, más bajo y de mediana edad, calvo, con anteojos, caminaba con una leve cojera, tantearon el terreno. Pronto entablarían una conversación sobre «temas laborales y sobre asuntos españoles», como revelaría más tarde un documento, en referencia a la guerra civil española. Luego la conversación pasó a la invasión de Hitler a la Unión Soviética unos meses antes, el 22 de junio, con lo que se rompió la alianza germano-soviética. Tres millones de soldados alemanes, en 150 divisiones con 3 000 tanques, habían atacado Rusia durante la operación Barbarroja. Cualquier creencia o retórica procomunista era ahora una parte aceptable del mosaico de la política estadounidense y podía hablarse de eso con soltura, en especial entre dos hombres que habían contemplado durante mucho tiempo al comunismo como una solución. Más tarde, Hiskey le diría a un amigo que fue en esa primera reunión donde Adams lo reclutó para el espionaje soviético. Su nombre en clave sería «Ramsey».[22]

Haya sido planeada o fortuita, una reunión de este tipo en septiembre de 1941 no habría figurado entre las preocupaciones de los agentes de contrainteligencia de Estados Unidos, que se concentraban en rastrear espías de Japón, Italia y Alemania, no de la Unión Soviética. Nadie estaba siguiendo a Adams o Hiskey. Y aunque algún día ambos serían el centro de atención de una feroz vigilancia, el día que comenzó su vínculo pasaron desapercibidos. Para un transeúnte, su reunión habría parecido tan común e insignificante como cualquier charla en un pasillo de cualquier tienda de discos en Manhattan.

Pero en la red de espías que incluía a Adams, Lassen y Koval, el vínculo con Hiskey rebosaba de un valor incalculable. Hiskey pronto renunciaría a su puesto de profesor en Columbia para comenzar un trabajo altamente especializado en el recién establecido Laboratorio de Material para Aleación Sustitucional de Columbia. La búsqueda incansable de SAM, como se le llamó, implicaría perfeccionar la difusión gaseosa como la solución para separar el U-235 del U-238. Hiskey podría hacerle saber a Adams los avances de esta investigación. Y había un detalle más relevante: Hiskey consiguió el trabajo en SAM a pesar de un informe de inteligencia del Ejército de EUA en 1942 que advertía al presidente del Departamento de Química de Columbia, Harold Urey, que lo observara más de cerca.

El ejército veía al joven y brillante químico como un riesgo porque lo catalogaron como un comunista activo. Urey, muy respetado en su campo, habiendo ganado el Premio Nobel de Química en 1934, escuchó la exhortación y le dio a Hiskey una severa advertencia sobre la importancia de ser discreto. Luego incorporó a Hiskey a su equipo. Tal decisión fue una señal temprana de que, en la tarea inmediata de desarrollar un arma atómica, la persuasión política sería menos importante para los estimados científicos y administradores del Proyecto Manhattan que la necesaria participación de expertos científicos.

Para el semestre de la primavera de 1942, Koval ya no se inscribía en clases de química en Columbia, tal vez, como muestran algunas pruebas, porque creía que regresaría a Rusia relativamente pronto. La entrada de Estados Unidos en la guerra en diciembre de 1941 y el hecho de que la Unión Soviética se convirtiría en un aliado oficial podría haber estimulado una reevaluación repentina en Moscú del «viaje de negocios» estadounidense de Koval, en especial después de que fue registrado como elegible para ser reclutado el 12 de febrero de 1942. ¿No querría el GRU que regresara?

Al igual que su jefe en Raven Electric, Lassen solicitó el primer aplazamiento de Koval en abril de 1942 utilizando como razón la exención de empleado «ocupacional, esencial para el esfuerzo de guerra». Koval había sido ascendido recientemente al puesto de gerente de la empresa y también había obtenido una plaza en la junta directiva de Raven, que había adquirido numerosos contratos de guerra, como los del Cuerpo de Ingenieros del Ejército de los EUA y el Departamento de Guerra de los EUA.[23] Así que, por lo menos en papel, parecía ser el director de una empresa patriótica que brindaba apoyo al esfuerzo bélico. No era de sorprender que se aprobara la solicitud de Lassen.

En paralelo a esa aprobación, Mila recibió una carta de su esposo en la que insinuaba que pronto regresaría a casa. Para entonces, Mila vivía en Ufa, una gran ciudad industrial a más de 1 600 km al este de Moscú pero al oeste de los Montes Urales. Tanto para Mila como para su madre, las fuerzas del cambio no deseado se habían intensificado de manera drástica después del ataque de Hitler contra la Unión Soviética en junio de 1941. En octubre de ese año, probablemente debido al trabajo de Koval en el GRU, las dos mujeres de Ivanova recibieron lo que se denominó «tratamiento especial» cuando fueron evacuadas de Moscú a Ufa. Allí les dieron una habitación en un departamento y enviaron a Mila a trabajar en una fábrica de productos químicos que producía explosivos a partir de los residuos del procesamiento del petróleo. Era la definición de libro de texto de un lugar de trabajo tóxico. Y debido al arduo trabajo y al duro invierno de 1941, Mila fue hospitalizada por una afección respiratoria de la que al parecer nunca se recuperaría por completo. Tampoco escaparía al gran impacto en su sistema nervioso causado por los tóxicos de la fábrica, a lo que más tarde atribuyeron su incapacidad para tener hijos.

En una carta sin fecha para Koval, probablemente escrita en enero de 1942, Mila expresó sus temores sobre los recientes acontecimientos de la guerra y describió algunos detalles del invierno hasta el momento y su enfermedad. Puede que Koval la haya recibido a finales de febrero o principios de marzo, ya que las cartas enviadas desde y hacia Nueva York, Moscú y Ufa a menudo demoraban dos meses o más. Es posible que Mila haya tardado hasta finales de abril en recibir su respuesta. Ella escribió a lápiz «Abril 27» en la parte superior de su carta de una página, una misiva que parecía haber sido escrita a toda prisa:[24]

¡Querida! Tengo exactamente cinco minutos en los que debo escribir una carta. Es muy poco tiempo, pero lo más importante se puede decir muy rápido y lo demás no importa. A menudo pienso en todos ustedes y en todo lo que están pasando. Me gustaría mucho estar allí contigo, Mila, pero sabes que en estos tiempos uno solo puede estar donde tiene que estar. Y esto lamentablemente no lo decide nuestro deseo. No debemos quejarnos ni enfadarnos más. Me asustaste con tu carta. Probablemente estés cansada y trabajando duro. Te ruego que te cuides, por mí, si no es que por tu propio bien. El tiempo se ha ido corriendo. Estoy sano, enérgico y muy ocupado. Extraño mi hogar, pero nos contaremos todo cuando nos volvamos a ver. Adiós por ahora. Besos hasta que nos encontremos en breve. Te veré pronto. Con cariño, George. Dale las gracias a TV [las iniciales de la madre de Mila] por las cartas. Muchas gracias y saludos a tus padres. George.

No mencionó nada sobre su aviso de reclutamiento, aunque es posible que él no quisiera preocuparla. O tal vez pensó que el reclutamiento resultaría en su regreso a la Unión Soviética antes de lo planeado, razón por la cual escribió que la vería «en breve» y «pronto». ¿Qué utilidad podría tener Koval para la inteligencia del Ejército Rojo si estuviera luchando por los estadounidenses en Europa? Después de invertir tanto tiempo y dinero en su espía científico, escuchar sobre su reclutamiento podría haberlos motivado a traerlo a casa; a menos que el GRU hubiera aprendido algo en 1942 o principios de 1943 que pudiera haber atenuado tales preocupaciones.

El 20 de julio de 1942 Lassen envió a uno de sus subordinados, William A. Rose, al Consejo Local 126 del Servicio Selectivo en el Bronx para solicitar una extensión del aplazamiento de Koval. Se aprobó el segundo aplazamiento. Luego, el 30 de noviembre, Rose viajó a Albany, Nueva York, para buscar aún más tiempo extra. Pero esa sería la última de tales solicitudes de Lassen y su asistente Rose para posponer la partida de Koval, posiblemente porque no se podían otorgar más prórrogas. Pronto, en la primavera de 1943, la llamada exención ocupacional se eliminaría. Pero también existía la posibilidad de que Lassen ya no necesitara preocuparse por si Koval podía ser útil para la causa soviética mientras estaba en el Ejército de los EUA.

Cada dos semanas, desde el 18 de agosto de 1942 hasta finales de abril de 1943, Raven Electric pagó a Rose una cantidad considerable para viajar a varios destinos en los EUA, como Chicago, D. C. y Boston. Luego, el 5 de diciembre de 1942, agregó Knoxville, Tennessee, a sus viajes. Regresó a Knoxville el 27 de enero de 1943.[25] Pero Raven no tenía contratos con empresas en o cerca de Knoxville.

Aunque no hay documentación que lo confirme, es posible que las inquisiciones de Lassen por los aplazamientos de Koval hayan sido parte de un plan para su «viaje de negocios». Quizá

William Rose en sus viajes ese año, en especial a Knoxville, averiguó algo relevante para la asignación de Koval por parte de GRU sobre investigar las armas químicas de Estados Unidos.

A mediados de junio de 1942 el presidente Roosevelt había recibido un informe del director de la Oficina de Investigación y Desarrollo Científico, Vannevar Bush, y James B. Conant, presidente del Comité de Investigación de la Defensa Nacional, sobre los resultados de un estudio centrado en las «consecuencias, desafíos, resultados esperados» de lo que pronto se convertiría en el Distrito de Ingeniería de Manhattan. Esta fue la iniciativa militar altamente secreta de Estados Unidos para militarizar la energía nuclear y construir una bomba atómica. Tres meses después, el 1.º de septiembre, el general Leslie Groves del Cuerpo de Ingenieros del Ejército de los EUA fue puesto a cargo del proyecto. El 29 de septiembre aprobó una directriz gubernamental para la adquisición de 227 km² de tierra en el este de Tennessee, 32 km al oeste de Knoxville, cerca del pequeño pueblo de Clinton al pie de las Montañas Apalaches. A finales del otoño de 1942,[26] en ese terreno, cuyo nombre en clave era «Sitio X», comenzó la construcción de lo que se llamaría «Oak Ridge».[27] Albergaría a 75 000 trabajadores y enormes fábricas con el fin de producir los combustibles para la bomba atómica. El día anterior a la adquisición del terreno se sacaron toneladas de uranio almacenadas en Staten Island (1 250 t de mena de uranio almacenadas en 2 007 bidones de acero) y se enviaron a Tennessee.[28]

El 4 de febrero de 1943 Koval fue llamado a filas en el Ejército en su comité de reclutamiento del Bronx, y llenó un formulario que incluía detalles como su curso de química en Columbia en 1941. Esta era información que podría resultar importante si quería que el Ejército supiera que tenía una formación científica. Después de todo, no podía mencionar que su título en química procedía del Instituto Mendeleev en Moscú.

CAPÍTULO 7

LAZOS Y MENTIRAS

Rose Stephenson y Marian Greenberg se conocieron en una celda de prisión en Newark, Nueva Jersey, a principios de 1943, y motivadas por esa extraña mezcla de desesperación y creatividad que induce la pobreza, idearon un plan para ganar dinero en Manhattan. Aunque su plan carecía de originalidad, de todas formas trabajaron en él durante varios días y tomaron en cuenta todos los detalles.

El plan era el siguiente: se acercarían juntas a un hombre en la calle —su elección sería la Calle 44ª Oeste entre Broadway y la Séptima Avenida— y le pedirían que se les uniera en un bar cercano. Después de al menos una bebida, Marian se levantaría y dejaría a Rose con su «cita». Luego caminaría a paso rápido a un departamento que ella y Rose habían alquilado solo para el trabajo de esa noche y se escondería afuera, lo suficientemente cerca como para ver a Rose y al caballero ingresar al edificio. Rose dejaría la puerta del departamento abierta y comenzaría a seducir al hombre en la sala de estar o en la cocina, donde se quitaría la ropa antes de que movieran su romance al dormitorio. Y mientras Rose procedía a seducirlo, Marian entraría en el departamento para robar su billetera, dinero y objetos de valor. Luego saldría del departamento y tocaría la puerta desde el pasillo diciendo que era la casera y tenía una carta de entrega especial para Rose. Esto obligaría a Rose a salir de la habitación para dejar atrás al hombre desnudo. Ella y Marian saldrían a toda prisa del edificio tan rápido como dos zorros en una cacería. Su esperanza era hacer esto dos veces por semana, siempre en un departamento diferente, nunca en un hotel, y alternar los roles como la ladrona y la amante.[1] Después de que fueron liberadas de la cárcel del condado de Essex, pusieron en marcha su conspiración. Se desconoce con qué frecuencia lo hicieron porque hay registros solo para el momento en que fueron atrapadas.

Una tarde de marzo de 1943, entre las 11:00 p. m. y la medianoche, en una de esas noches de lluvia en Manhattan cuando la precipitación es tan pesada que el agua forma charcos en las aceras y las personas se refugian en las puertas de edificios de departamentos y tiendas minoristas, un hombre de altura media que pesaba alrededor de 90 kg estaba de pie en la entrada de Whelan Drug Store en la Calle 44ª Oeste. El hombre, que tenía el escaso cabello ralo y grisáceo pendiendo de sus sienes y un bigote, llevaba un traje marrón y un abrigo gris oxford con mangas un poco deshilachadas. Para el par de jóvenes embusteras, el hombre se destacó debido a su corbata, engalanada por un alfiler de diamante: un detalle que no pudieron pasar por alto, ya que resplandecía bajo la tenue luz afuera de la tienda. Y no tenía ningún paraguas, lo que les dio una buena excusa para presentarse con él.

Lo llevaron a un bar cercano donde los tres bebieron y charlaron sobre cualquier cosa, hasta que Marian anunció que tenía que irse a casa. Luego caminó apresurada bajo la lluvia o tomó un taxi a un departamento en algún lugar de la Calle 61ª Oeste. Y debido al clima, entró en la habitación alquilada y se escondió en un armario. Pronto, Rose y su presa tomaron un taxi al departamento, donde dejó sus pantalones en una silla en la cocina. Luego, Rose enfrentó un doble desafío: cómo quitar el alfiler de diamante de su corbata mientras lo entretenía. En medio de ese dilema, Marian salió de repente del armario, tomó la billetera del bolsillo trasero de sus pantalones y robó un pequeño paquete envuelto en papel de seda del otro. Según lo planeado, dejó el departamento, solo para regresar segundos más tarde para llamar a la puerta, con el fin de darle la señal a su compañera, quien se disculpó y salió de la habitación, y luego huyó a toda prisa del edificio con Marian.

En la oscuridad de una puerta aislada a pocas cuadras de distancia, las dos mujeres revisaron la billetera de su víctima y encontraron 11 dólares, que se repartieron. Rose estaba decepcionada de que no pudo conseguir el alfiler de diamante. Luego, en su ansiedad habitual al terminar un saqueo, Marian se quedó con la billetera y el paquete mientras hacían un plan para encontrarse unos días después. Pero eso nunca sucedió, en gran parte por lo que Marian encontró en el paquete envuelto en papel de seda.

Como Marian le diría más tarde a la policía, regresó a su departamento en la Séptima Avenida y desenvolvió el pequeño paquete, despegando las capas de tela, y encontró 100 billetes de 100 dólares bien doblados.[2] Luego agarró la billetera de cuero desgastado y derramó su contenido en el piso, mirando cada detalle lo más rápido que pudo. Lo que vio fueron alrededor de dos docenas de pequeños pedazos de papel de seda con letras mecanografiadas «del alfabeto inglés en secuencia antinatural». Y a medida que los desdoblaba, cayeron al suelo una tarjeta de Seguro Social, una de registro de servicio militar y una más de presentación para Raven Electric con el nombre de un tal «Benjamin Lassen».

Poco después Marian y su novio gastaron alrededor de 4000 dólares: él, en un Cadillac Convertible Coupé de 1500, y ella gastó casi la misma cantidad en ropa y joyas. Otros 1000 se dividieron entre sus dos compañeros de cuarto, que habían observado cuando vació el paquete, como una precaución en contra de cualquier traición.

De los 5000 restantes, tan solo 1000 serían documentados y eso fue porque Marian intentó usarlos para sobornar a un policía encubierto que estaba investigando la red criminal de dos personas integrada por Marian y Rose.

Aconteció bastante en los días siguientes, incluyendo la ocasión en que los policías rastrearon y cuestionaron a Lassen, ¡quien les aseguró que en ningún momento le habían robado 10 000 dólares! Dijo que «alrededor del 1.º de marzo de 1943 había perdido su billetera en el restaurante Stewart's en Nueva York, pero que no se lo había reportado a nadie porque sabía que tenía a lo mucho 10 dólares dentro. Pero no tuvo tiempo de preocuparse por eso». En realidad, Lassen había eludido sus deberes con sus jefes soviéticos por varias horas, durante las cuales había perdido lo que debieron de haber sido fondos para distribuirse a espías en su red.

Cuando Marian fue interrogada, describió las tiras de tejido con las diferentes configuraciones de letras como «extrañas, como algo que tendría un espía», como la citó un artículo de periódico. Pero no hubo mayores consecuencias. En aquellos meses de 1943 los estadounidenses se estaban centrando en las noticias sobre los tanques norteamericanos que derrotaban a los alemanes en Túnez, sobre los bombardeos de la Real Fuerza Aérea en el valle de Ruhr en Alemania, y sobre el comienzo de las raciones de calzado en Estados Unidos; no en las sospechas de una prostituta sobre un espía soviético en la Calle 44ª Oeste.

En el momento en que Lassen fue reclutado, Raven Electric estaba bien establecida en el edificio de cinco pisos en la Calle 23ª Oeste.[3] El negocio minorista eléctrico, que proporcionaba una amplia gama de lámparas industriales y domésticas, piezas y servicios, se realizaba en el primer piso con la mayor parte del inventario almacenado en el sótano. En el segundo piso había un estudio de fotografía gestionado por uno de los sobrinos de Lassen; Lassen era un compañero silencioso. El tercer piso fue arrendado a un diseñador de serigrafía que parecía no tener conexión alguna con Lassen ni con ninguno de sus socios comerciales, a diferencia del quinto piso, que se alquiló a una compañía de la que Michael Burd, el conocido de Lassen, poseía una parte.

El cuarto piso era desconcertante. La puerta de la habitación principal siempre estaba cerrada, y aunque Lassen les dijo a los empleados del mostrador que usaba todo el cuarto piso para almacenamiento, el artista de serigrafía más tarde diría que sonaba como si tuvieran reuniones allí. En varias ocasiones escuchó múltiples pasos a lo largo del techo de su estudio, donde a veces trabajaba hasta altas horas de la noche. Pero solo una vez le preguntó a Lassen al respecto. Le dijo «con un tono áspero»[4] que debía haberlo imaginado y tal vez no debería trabajar hasta tarde tan duro.

Por lo general Lassen describía a Raven como una franquicia de General Electric. Pero el inventario al comienzo del negocio era bastante bajo, con un valor aproximado de 10 000 dólares, durante un periodo en que mucho más, alrededor de 35 000, era el mínimo requerido para lanzar una franquicia de GE.[5] Algunos de sus empleados creían que debía de tener un fuerte vínculo con GE, por lo que los requisitos eran más laxos para él, quizá. Y aunque en efecto vendía lámparas proporcionadas por GE en el envío, el inventario de la tienda muy rara vez excedió los 20 000 dólares. Curiosamente, como un exempleado recordó más tarde: «[Lassen] a menudo solo vendía artículos al costo o en una cifra no rentable y no parecía importarle».[6] El contador de Lassen, que colaboró con él por mucho tiempo, observó que «él [Lassen] no hacía negocios de la manera estadounidense, es decir, con fines de lucro. Vendía mercancía por menos de lo que pagaba». También estaba el hombre que jugó cartas con Lassen por varios años en un restaurante en la esquina de la Sexta Avenida y la Calle 23ª, a solo una cuadra de Raven. Dijo que Lassen trataba de actuar como «un propietario de tienda ordinario, solo un gerente de una tienda de electrónicos, pero era reservado: sobre su dinero y la forma en que dirigía su negocio y sobre la mayoría de las cosas. Siempre estaba ausente, fuera de la tienda haciendo algo y no podía entender cómo es que tenía tanto dinero, porque lo tenía, me consta, cuando no sacaba ganancias de sus ventas».[7]

Un día, un empleado de Raven visitó a Lassen en su oficina en la Calle 25 Oeste y vio un ejemplar del *New York Herald Tribune* debajo de la carpeta en su escritorio. Mientras el empleado esperaba, sacó el periódico para leerlo y descubrió una copia del *Daily Worker*, el periódico del Partido Comunista, enrollado adentro. En otra ocasión, en la oficina de Lassen, cuando el mismo empleado estaba regresando unas llaves y llegó un poco temprano, Lassen estaba leyendo el mismo periódico. Esa vez Lassen dejó caer todas las pretensiones y le pidió al empleado que nunca le contara a nadie lo que acababa de ver. El empleado dijo más tarde: «No tenía ninguna razón para exponer sus secretos, quien sea que fuera en realidad. Me dijo que venía de Rusia y lo escuché hablar en ruso con dos visitantes regulares a la tienda. Así que esa parte era verdad. Lo sé».[8]

Qué más era verdad o no, sus empleados y sus agentes probablemente nunca lo sabrían. Evitaba preguntas, y a veces incluso fingía que no había escuchado nada. Es decir, ¿cómo podía explicar sus actividades extraoficiales?: las reuniones nocturnas realizadas en el cuarto piso, o las muchas horas que pasaba fuera de la tienda, o su orden de enviar a uno de sus trabajadores a Knoxville, Tennessee, al menos dos veces entre diciembre de 1942 y febrero de 1943.

En los meses posteriores a que Koval comenzó su periodo en el Ejército de los EUA, Lassen, a través de sus muchos contactos, podría haber aprendido sobre los planes de un proyecto atómico altamente secreto, o al menos lo suficiente como para saber que alguien con la experiencia científica de Koval podría abrirse camino a uno de los sitios de investigación y producción del proyecto. Los superiores de Lassen en Moscú sabían que los científicos estadounidenses se estaban esforzando en fabricar un arma nuclear. Los físicos soviéticos estaban al tanto de esto, en parte, debido al artículo de abril en la *Physical Review* sobre lo que estaba sucediendo en el Pupin Hall de Columbia. En junio, la misma revista publicó un informe de dos asociados del físico nuclear soviético Igor Kurchátov anunciando que «habían observado una rara fisión espontánea en uranio».[9] Cuando no hubo respuesta en los Estados Unidos a ese anuncio, el silencio «convenció a los rusos de que debe de haber un gran proyecto secreto en curso en los Estados Unidos».

A finales de 1940 los jefes de sección de la NKVD en Estados Unidos, Inglaterra y Alemania recibieron órdenes de Lavrenti Beria, jefe de la policía secreta soviética, para recopilar «evidencia sobre el posible trabajo para crear armas atómicas».[10] Al poco tiempo, en agosto de 1941, los detalles de la investigación atómica inglesa del físico británico Klaus Fuchs se enviaron a la inteligencia soviética en Moscú. En la primavera de 1942 Beria envió un memorando a Stalin sobre la investigación de la bomba atómica en la que señaló: «En varios países capitalistas [...] se han lanzado investigaciones para la utilización de la energía nuclear del uranio con fines militares [...] Al diseñar la bomba, su núcleo debe consistir en dos mitades, cuya suma total debería exceder la masa crítica».[11]

Stalin luego le ordenó a su ministro de Relaciones Exteriores, Viacheslav Mólotov, que evaluara lo que la Unión Soviética debe hacer para ponerse al día, y en octubre de 1942 Mólotov había ordenado «la reanudación de las investigaciones previas a la guerra de elementos radiactivos».[12] En noviembre, el científico Kurchátov envió un informe a Mólotov en el que concluía que el trabajo para la creación de un arma atómica en la Unión Soviética estaba «significativamente atrasado» comparado con Occidente. En diciembre Mólotov envió al experto de la inteligencia soviética en investigación atómica extranjera, Leonid

Kvasnikov, a la ciudad de Nueva York «para investigar todo lo que pudiera sobre la bomba atómica».[13] El nombre en código usado por los soviéticos para el espionaje de la bomba nuclear en los Estados Unidos fue «Operación Enormoz».

Retrasado por las complicaciones de tránsito en tiempos de guerra, Kvasnikov llegó tres meses después y estableció una oficina en el cuarto piso del consulado soviético en Manhattan. Esta también fue la base soviética para los espías en Nueva York. Como tal, albergaba la oficina del jefe del GRU en Nueva York, Pável Mijáilov, el vicecónsul soviético: nombre real Melkishev y el nombre en código «Molière». Asociado tanto con Adams como con Lassen, Mijáilov pudo haber alistado a Lassen con el fin de enviar a sus activos en busca de detalles sobre el plan de Estados Unidos para construir un arma nuclear. Además, antes de que llegara Kvasnikov, uno de los espías científicos y técnicos con más experiencia de los soviéticos, Semyon Semenov, egresado del MIT, se había enterado de la reacción en cadena nuclear de Enrico Fermi, realizada el 2 de diciembre de 1942 en la Universidad de Chicago. A finales de enero de 1943 el cuartel general de inteligencia en Moscú había recibido su informe sobre el paso monumental de los estadounidenses hacia la fabricación de una bomba atómica.

De hecho, hacia finales de enero de 1943, como señaló un académico: «El gobierno de Stalin le pidió de manera abierta a la Administración de Préstamo y Arriendo de los EUA que enviaran 10 kg de metal de uranio y 100 kg de óxido de uranio y nitrato de uranio a Moscú».[14] El general Groves, que deseaba parecer tranquilo, incluso desinteresado, aprobó el envío del óxido de uranio y el nitrato de uranio, consciente de que la cantidad solicitada no sería útil para producir un arma. Ambos tenían aplicaciones limitadas, a diferencia del metal de uranio, que podría haber sido muy útil en la creación de combustible nuclear y cuyo envío no aprobó.

En febrero, Mólotov nombró a Kurchátov para dirigir un proyecto de uranio soviético. Y en marzo, Kurchátov le escribió a Mólotov sobre la información atómica que había recibido recientemente de Gaik Ovakimian, decía que los documentos que le habían enviado tenían «un valor inconmensurable para nuestro país y la ciencia soviética [...] Los documentos contienen indicadores vitales para nuestra investigación, que nos permitirán evitar muchas fases de ardua labor en el desarrollo y descubrir nuevas formas científicas y técnicas de resolver problemas».[15] En el verano de 1943, era «indiscutible que los soviéticos habían echado un vistazo al Proyecto Manhattan»,[16] como escribieron más tarde los historiadores estadounidenses Joseph Albright y Marcia Kunstel.

Si bien las noticias sobre el Proyecto Manhattan podrían haber llegado a Lassen a través de sus conexiones en Moscú, también tenía vínculos con fuentes gubernamentales bien informadas en Washington. Una conexión fue a través de la Junta de Producción de Guerra (WPB),[17] la agencia estadounidense establecida en enero de 1942, a la cual se le dio el nombre en código «Depot» por el espionaje soviético. La WPB dirigía la producción de armas y suministros militares de la nación, se aseguraba de que las fábricas que producían de todo, desde ametralladoras hasta tanques y paracaídas, tuvieran los materiales que necesitaban. Ciertas divisiones de la WPB estarían estrechamente involucradas en la asignación de suministros para el Proyecto Manhattan, como el uranio controlado por la División de Minerales Misceláneos. Entre las tareas de la WPB estaba equilibrar las demandas del proyecto nuclear con las necesidades de los programas que proporcionaban municiones para los frentes de batalla.

El comité de la WPB estaba integrado por prestigiosos líderes de la industria y el gobierno, como el presidente de General Electric; los secretarios de Guerra, Marina y Agricultura; y el presidente del Consejo de Economía de Guerra (BEW), quien era el vicepresidente de los Estados Unidos, Henry A. Wallace. Como integrante del BEW en 1942 estaba el economista Nathan Gregory Silvermaster, nombre en código «Pal», que había comenzado a enviar información a los soviéticos a través del asociado de Lassen, Jacob Golos, entre otros, en 1940. Según 61 telegramas descifrados enviados entre los Estados Unidos y Moscú, Silvermaster, que dirigía un anillo de espías soviéticos, entregó «grandes cantidades de datos sobre armas de la Junta de Producción de Guerra».[18] Además, el asistente del presidente del BEW, Frank Coe, nombre en código «Peak», estaba vinculado a Silvermaster.[19]

Lassen tenía otras fuentes valiosas en 1942 además de sus conexiones con la WPB. El contratista principal de la construcción masiva del Sitio X, Oak Ridge, que comenzó el domingo previo al Día de Acción de Gracias en 1942, fue Stone & Webster, la compañía de ingeniería con sede en Boston. Lassen, conocido como «Lassoff» en ese entonces, había trabajado en su oficina de Nueva York años antes. Tenía lazos duraderos con varios científicos del MIT, algunos de los cuales estuvieron involucrados en la investigación vinculada a los esfuerzos bélicos. Y ahí estaba Arthur Adams, cuya conexión con el químico nuclear Clarence Hiskey de debe haber sido invaluable para Lassen.

En 1942, un año después de que Adams y Hiskey se conocieron por primera vez, Hiskey había comenzado su trabajo de energía atómica en el Laboratorio de Material para Aleación Sustitucional, o SAM, en Columbia. Luego, en septiembre de 1943, fue transferido al Laboratorio Metalúrgico en la Universidad de Chicago, donde tan solo nueve meses antes Fermi construyó con éxito el primer reactor nuclear del mundo. Más tarde se sabría que desde el inicio de su asignación en Chicago, Hiskey se reunió con Adams (cinco o seis veces) para entregarle documentos sobre la investigación atómica del Laboratorio Metalúrgico y también sobre el Sitio X (Oak Ridge).[20]

Tal vez nunca se sepa quién informó a Lassen sobre el sitio X. Sin embargo, es irrefutable que tenía una vasta red de contactos y que Adams estaba bien conectado con partes del núcleo de investigación del proyecto. Lassen tuvo que haber sabido sobre Oak Ridge en 1943, a más tardar. Y en 1944 también alguien debió de informarle sobre la pérdida de Adams como un jugador útil. Ya que, en abril de ese año, los agentes federales allanaron la habitación de Adams en el Hotel Peter Cooper en Nueva York y encontraron «equipos fotográficos sofisticados, materiales para construir micropuntos y notas sobre los experimentos que se realizan en los laboratorios de bombas atómicas en Oak Ridge, Tennessee».[21] El 27 de abril Hiskey fue reclutado y enviado al norte de Alaska. Y en julio de ese año Hoover ordenó el comienzo de la vigilancia diaria de Arthur Adams.

El teniente coronel John Lansdale Jr., jefe de seguridad del Proyecto Manhattan, fue el primero en dirigir la atención del FBI hacia Adams, informando que «se sabe que Adams tiene contacto con varios científicos empleados en el proyecto, en particular dentro del Laboratorio Metalúrgico de la Universidad de Chicago». Sin embargo, la opinión de Lansdale de tal descubrimiento era que «sería indeseable que se le permita a Adams abandonar los Estados Unidos y partir a la Unión Soviética con la información que sin duda ha podido obtener sobre el DSM [Proyecto Manhattan]». Por lo tanto, Lansdale dejó en claro que el Ejército «no deseaba tomar acción contra Adams en este momento en relación con su actividad de espionaje en el [Proyecto de Manhattan] en la medida en que dicho enjuiciamiento pondría el proyecto a la luz pública».[22]

Adams probablemente desconocía su estatus de inmunidad extraoficial, en especial porque tenía que haber sabido que estaba siendo vigilado día y noche, después de que el gobierno había sacado a Hiskey de Chicago. Desde aquel momento, Adams estaba encerrado en un juego del gato y el ratón con los federales que limitaría su efectividad. Pero para el momento en que eso entró en efecto, lo que Adams había aprendido de Hiskey tenía que haber llegado a Lassen, ya sea de manera directa o a través de su contacto mutuo, Mijáilov, en el consulado soviético en Manhattan. Y esa información tuvo que haber sido parte de la razón por la que, el 11 de agosto de 1944, el espía soviético George Koval se reportaba al llamado del deber con su nueva asignación del Ejército de los EUA en el Destacamento de Ingenieros Especiales en Oak Ridge. No era cuestión de suerte.

CAPÍTULO 8

EL HOMBRE DEL JEEP

George Koval tenía un talento oculto para diseñar complejas tapicerías entretejidas con verdades, medias verdades y mentiras descaradas, en especial cuando se trataba de la historia de su vida. Su expediente de seguridad en Oak Ridge era prueba irrefutable de ello.[1] Gracias a este, sus superiores averiguaron que su madre y padre nacieron cerca de Pinsk «alrededor de 1888» y «alrededor de 1885», respectivamente. Ambos eran judíos: él, un carpintero; y ella, un ama de casa. Y ambos estaban muertos: su padre murió en 1933 y la madre en 1934, en Sioux City, Iowa, en el mismo lugar en el que nació Koval. En realidad ambos estaban vivos. También averiguaron unos cuantos detalles reales sobre Koval, como su afiliación a la Sociedad de Honor Nacional en la preparatoria y su asistencia a la Universidad de Iowa. Pero también había mentiras más grandes, como que trabajó por tres años, de 1933 a 1936, en la Square Deal Clothing Company en la Calle 4ª, Sioux City, administrada por su tío Harry Gurshtel, y que vivió en la ciudad de Nueva York en la Calle 72ª Oeste desde 1936.

El expediente decía que comenzó a trabajar en Raven Electric Co. en 1939, cuando en realidad ese fue el año en que se graduó del Instituto Mendeleev en Moscú, y comenzó su entrenamiento de inteligencia militar en algún lugar de las afueras de Moscú. Además, en algún lugar del archivo estaba su formulario de registro militar, que mencionaba su inscripción en el Departamento de Química de la Universidad de Columbia en 1941 «para obtener una licenciatura en ciencias», quizá la más útil de todas sus verdades a medias.

Sin embargo, el hecho más importante en el expediente podría ser que no hubo obstáculos para su avance en el Ejército de
los EUA, gracias a sus omisiones de la verdad completa. Tenían
en sus manos a un chico estadounidense de corazón que se había graduado de la preparatoria en Iowa a los 15 años; que estudió química en una universidad de la Ivy League; y que pareció
postergar su deber al Servicio Selectivo durante dos años debido a su arduo compromiso a una empresa con contratos gubernamentales que respaldaba el esfuerzo bélico de EUA. Como sus
formularios de aplazamiento decían, él era el «hombre clave»[2]
de Raven.

Nadie en Oak Ridge en 1944 debe de haber revisado o ana-
lizado a profundidad los formularios. Pero no parecía haber
ninguna razón para hacerlo, en especial teniendo en cuenta el
historial bastante impresionante de Koval en el Ejército de los
EUA desde que lo reclutaron en 1943.[3]

El 20 de julio de 1943, después de varios meses de entrenamiento en Fort Dix, Nueva Jersey, Koval fue enviado durante
tres semanas a la universidad militar The Citadel en Charleston,
Carolina del Sur. Allí fue puesto a prueba y evaluado para determinar su asignación en el futuro. La Prueba de Clasificación
General del Ejército, diseñada para identificar las habilidades
técnicas y evaluar los niveles de inteligencia, se utilizó para hacer coincidir las aptitudes de los reclutas con las necesidades de
las fuerzas armadas. Koval obtuvo una puntuación de 152, más
de 20 puntos por encima de una puntuación superior a la media.[4] Ese puntaje ayudó a ubicarlo en el Programa de Entrenamiento Especializado del Ejército (ASTP).[5] A partir de diciembre de 1942 el ASTP fue un programa de tiempos de guerra que
enviaba reclutas calificados a universidades y colegios de todo
el país para que recibieran capacitación técnica y científica
avanzada. Su principal objetivo era satisfacer la creciente demanda de científicos, matemáticos e ingenieros en proyectos

de guerra, como la creación de un arma atómica. Para ser aceptado, un soldado tenía que completar el entrenamiento militar básico, obtener una puntuación de 115 o más en la Prueba de Clasificación General del Ejército y superar con éxito una serie de entrevistas con oficiales del Ejército.[6]

De modo que el 20 de agosto de 1943 el cabo Koval de la Compañía A, 101.º Batallón de Ingenieros, se presentó a trabajar en la unidad del ASTP en el City College de Nueva York (CCNY) en la Calle 137ª y Broadway, junto con 39 de sus colegas de La Ciudadela.[7] Durante los siguientes 12 meses tomaría cursos de ingeniería eléctrica y se convertiría en lo que sus compañeros de clase describieron más tarde como «un estudiante modelo». Un compañero de clase de CCNY, Arnold Kramish, algún día señalaría: «No había mejor hombre que George. Era excelente en cualquier trabajo que tuviera».[8]

En ese entonces CCNY era famoso por su facultad progresiva y su cuerpo de estudiantes. Para Koval esto era terreno conocido, lo que pudo haber alentado una súbita sensación de seguridad, a su vez motivándolo a formar algunas amistades de por vida, como Kramish y Herbert J. Sandberg, mejor conocido como «Herbie». Sandberg y Kramish eran sus compañeros en casi todas las materias de ingeniería eléctrica que escogió, así como en las requeridas por el Ejército, como el curso de técnicas avanzadas de camuflaje.[9] Pero muy pronto entraría en lo que, para un espía soviético, debió de haber parecido como territorio enemigo. Había sido escogido para ser parte de un escuadrón élite llamado Primer Destacamento Provisional de Ingenieros Especiales, y al poco tiempo lo asignaron a Oak Ridge. Conocidos como «los SED», se trataba de soldados con antecedentes técnicos y científicos, desde mecánicos y maquinistas habilidosos hasta ingenieros eléctricos y químicos, elegidos para que se hicieran cargo de trabajos esenciales en la fabricación de un arma nuclear y a menudo asignados para trabajar como asistentes para los científicos con más experiencia del Proyecto Manhattan.[10]

El SED había comenzado a inicios del verano de 1943 con el propósito de permitirles a los científicos y técnicos quedarse allí después de ser reclutados por el Ejército.[11] Durante el siguiente año, conforme las instalaciones del Proyecto se expandían y se desarrollaban más plantas, la cacería de habilidades científicas en los rangos militares se convirtió en un asunto urgente. Muy pronto la búsqueda de científicos se había expandido a las universidades y a los muy codiciados miembros del ASTP.

Koval tenía una buena reputación en CCNY, en especial entre los mejores profesores del Departamento de Ingeniería Eléctrica, algunos de los cuales Koval incluiría como referencias en formularios y solicitudes posteriores. No obstante, lo más probable es que no supieran que uno de sus estudiantes estrella era un espía soviético entrenado por el Ejército Rojo. Y no habría explicación alguna de cómo es que Koval entró al SED. Tal vez la legión de espías de Lassen concibió un plan maestro para asegurar la posición de Koval en el SED, o quizá Koval era exactamente lo que el gobierno había estado buscando para el Proyecto Manhattan.

Once de los compañeros de Koval del CCNY en el ASTP habían sido escogidos por el SED, y la mayoría de ellos más tarde diría que no recordaba ningún tipo de proceso de selección.[12] Esto significaba, como señaló un compañero elegido, que si existía algún tipo de lógica interna, debe de haber sido «un secreto muy bien guardado». Otro compañero del ASTP que no logró entrar al SED más tarde dijo que no tenía conocimiento alguno de que nadie en CCNY hubiera sido asignado a un sitio para la bomba atómica, aunque, en retrospectiva, parecía bastante lógico «tomando en cuenta el extenso entrenamiento técnico que teníamos, como si nos estuvieran preparando para una cosa así».

Otros tenían recuerdos borrosos de un oficial adjunto en su programa que era responsable de «despachar las asignaciones» y que seguramente sabía algo sobre el golpe de suerte de Koval. Pero ese oficial adjunto luego diría que no estaba al tanto de ningún proceso de selección. Además, «no tenía conocimiento de que algún miembro de la clase del ASTP haya sido asignado a Oak Ridge» y añadió que si eso hubiera ocurrido, semejante acción «habría sido tan secreta que sin duda sería resultado de órdenes específicas enviadas desde algún lugar en Washington, D. C.».[13]

Pero otro de los compañeros de Koval en el ASTP estaba seguro de que el «oficial al mando de las unidades» conocía todos los detalles del ambiguo proceso. Ese era el coronel Raymond P. Cook, que negó saber algo al respecto. Sin embargo, al elegir a Koval, dijo, «podría haber sido el resultado de un plan preconcebido si [Koval] había confabulado con un miembro de la facultad del CCNY»[14] o si tenía algún vínculo con un «miembro en los altos rangos de las Fuerzas Armadas o alguien en el Departamento de Guerra» o si conocía a «alguien con dicho vínculo». Además, el coronel señaló que, durante y antes de 1944, «un buen número» de miembros de la facultad en CCNY había realizado alguna asignación relacionada al Proyecto Manhattan. Por lo tanto, era posible, según el coronel Cook, que la aceptación de Koval en el ASTP y su posterior asignación de ese programa al SED «pudieron haber resultado de la influencia de un miembro bien informado de la facultad de CCNY que sabía que las habilidades [de Koval] serían bienvenidas en Oak Ridge».

Irónicamente, la sugerencia más útil en años posteriores para resolver el misterio de cómo Koval terminó en Oak Ridge podría haber venido del exmiembro del SED que, cuando se le preguntó sobre el proceso de selección, simplemente recitó una melodía: «Éramos agentes especiales (GI). Pocos en verdad. Elegidos por intelecto y habilidad».[15]

La realidad era que, no importaba qué tan bien conectados estuvieran los camaradas y los mandos superiores de Koval a los núcleos de poder en Washington durante tiempos de guerra o cuán astutas fueran las maquinaciones internas de las redes de espionaje de los soviéticos dentro de Estados Unidos, o incluso cuánto deben de haber sabido los soviéticos sobre el Sitio X para 1944, Koval todavía habría estado entre los primeros en la lista de posibles reclutas para el SED en CCNY; era una excelente elección entre sus compañeros. Si otros eran elegidos, él también lo sería.

A menos que alguien haya descubierto las mentiras y las medias verdades en sus registros, no hay manera de que fuera rechazado. Era una estrella en un grupo que era tremendamente necesario en un país abatido por la guerra en 1944. A pesar de la amplia red de espías soviéticos en Norteamérica en ese momento, probablemente no había necesidad de un complot bizantino para garantizar que Koval estuviera en el lugar correcto en el momento correcto. Eso ya había sucedido cuando el GRU lo envió a Estados Unidos para trabajar como espía científico con un agente supervisor que tenía una red de contactos lo suficientemente grande como para estar informado sobre un proyecto de armas militares que recibiría con brazos abiertos la experiencia de Koval. Él era una excelente elección para el drama científico del que sería parte. Ese fue un acto de suerte, no un aterrizaje azaroso de un espía en uno de los sitios del Proyecto Manhattan.

El 15 de agosto de 1944 registraron a Koval como «un matemático» en Oak Ridge y tomaron sus huellas digitales en el Censo de Huellas de la Defensa Nacional. Para entonces el plan para el Proyecto Manhattan era construir dos bombas. Una, con nombre en clave «Little Boy», usaría uranio enriquecido como combustible: los neutrones golpean un núcleo de uranio, liberan energía y más neutrones que a su vez se dividen en más núcleos, y así consecuentemente, provocando una reacción explosiva en cadena nuclear. La segunda, apodada «Fat Man», usaba plutonio en una bomba de tipo implosivo, lo que significa que la fuerza explosiva se dirigía hacia adentro para aplastar un núcleo de plutonio rodeado por miles de kilos de explosivos. El plutonio, que se encuentra de manera natural en pequeñas cantidades de mena de uranio, se produjo por primera vez de manera sintética en 1941 por medio de un ciclotrón en la Universidad de California, Berkeley.[16]

Para diseñar, construir y alimentar las dos bombas, la investigación y la producción tuvieron lugar en más de 30 sitios en Estados Unidos, Canadá y Reino Unido. Como un científico escribiría más tarde, consistía en «una formidable gama de fábricas y laboratorios, tan grande como toda la industria automotriz de los Estados Unidos en esa fecha».[17] Había tres ubicaciones principales. Los Álamos, Nuevo México, nombre en clave «Sitio Y», fue donde se diseñaron y ensamblaron las bombas. En el sitio X, Oak Ridge,[18] también llamado «Clinton Engineer Works», se produjo uranio enriquecido con la pureza y la cantidad necesaria para la bomba Little Boy; un reactor piloto de grafito fabricó el plutonio para Fat Man, la bomba de implosión; y el elemento bismuto se irradió para producir el polonio esencial para los detonadores, o iniciadores, generados por neutrones, que iniciaban la reacción en cadena de fisión para cada una de las bombas. El sitio de Hanford, llamado «sitio W», en Washington, cerca del río Columbia, se dedicaba a la fabricación a gran escala de plutonio en reactores nucleares para los que el reactor Oak Ridge X-10 sirvió de modelo. Hanford, al igual que Oak Ridge, también irradiaba bismuto para sintetizar el polonio. El uranio enriquecido y el plutonio, se enviaban a Los Álamos, y el bismuto irradiado a las plantas de Dayton, Ohio, donde se producía y purificaba el polonio y luego se transportaba a Los Álamos para ser utilizado en los iniciadores.

En Oak Ridge había tres plantas principales cuando llegó Koval.[19] En el borde oeste del sitio estaba la «K-25», nombre en clave de la fábrica que usaba el novedoso proceso de difusión gaseosa, perfeccionado en el Laboratorio SAM de Columbia, para enriquecer uranio, es decir, para separar el uranio-235 fácilmente fisionable del uranio-238, que es más abundante pero mucho menos capaz de fisionarse. Inaugurado en el otoño de 1943, este edificio de unas 18 ha empleó a 14 000 o más trabajadores. La instalación era el edificio más grande del mundo bajo un mismo techo.

Ubicada en la parte sureste central del sitio de Tennessee, a lo largo de 333 ha, se encontraba la planta Y-12, donde trabajaban 24 000 hombres y mujeres y donde se usaba el método electromagnético para la separación del uranio. Este proceso forzaba al uranio a atravesar un campo magnético que provocaba que los átomos más ligeros del U-235 se alejaran de los más pesados del U-238. El método utilizaba lo que se conoce como *racetracks* electromagnéticas, construidas por Stone & Webster Engineering Co.

Alrededor de 16 km de la Y-12 formaban parte del complejo X-10, bajo la supervisión del Laboratorio Metalúrgico de la Universidad de Chicago. El X-10 convertía uranio-238 en plutonio-239. Era la fábrica más pequeña, con alrededor de 1 500 científicos y técnicos, más unos 100 soldados del SED. Pero su importancia fue inmensa porque su reactor de grafito se convirtió en el modelo a seguir para las plantas de plutonio mucho más grandes en Hanford. Y justo allí, en el X-10, es donde el elemento bismuto era bombardeado con neutrones, o irradiado, para fabricar polonio. El bismuto, un metal frágil conocido desde la antigüedad, parece estaño o plomo, y cuando se irradia, el bismuto-209 se convierte en bismuto-210, que, al poco tiempo, en cinco días, se descompone y forma polonio-210.

Según algunos relatos, Koval pasaba más tiempo en el X-10 que en cualquier otro lugar del sitio, aunque su trabajo le daba acceso a todas las instalaciones. Junto con otros SED, se convirtió en parte de un grupo científico con habilidades técnicas en el Departamento de Física de la Salud, que había comenzado en diciembre de 1942 después de la reacción en cadena nuclear de la Universidad de Chicago. Para cuando fue asignado a Oak Ridge, los peligros potenciales para la salud de todos los involucrados en la fabricación de una bomba atómica habían exigido nuevos tipos de tareas, como medir la tolerancia a la radiación de los trabajadores, proteger los niveles de exposición, inventar los instrumentos de monitoreo y realizar pruebas de laboratorio de química. Como escribiría más tarde el fundador de la profesión de física de la salud, K. Z. Morgan,[20] los físicos de la salud «instituyeron el manejo remoto de material radiactivo, el acceso controlado a las áreas "de alto riesgo" y el uso de ropa protectora, y diseñaron procedimientos de descontaminación para todos aquellos que fueron expuestos de manera inadvertida».[21]

El doctor Morgan, que trabajaba en Oak Ridge, comentaría más tarde que el trabajo de Koval lidiaba con «problemas matemáticos relacionados con la detección de radiación y la medición de instrumentos», y agregó que dicho trabajo requería «acceso a información secreta y confidencial»[22] de forma rutinaria. La mayor parte, si no es que toda, la información relacionada con la física de la salud durante la estancia de Koval en Oak Ridge era clasificada. Además, debido a que Koval pasó gran parte de su tiempo examinando la radiación en el complejo X-10, y debido a que su enfoque estaba en los problemas matemáticos, «debió de haber tenido acceso a información altamente confidencial», dijo el doctor Morgan.

Los físicos de la salud tenían que aprender las propiedades químicas básicas de todos los materiales radiactivos que estaban monitoreando. Se les pidió que estuvieran presentes cada

vez que se hicieran trabajos de reparación en cualquier equipo
de las plantas, y ningún envío podía salir del sitio sin la aprobación del Departamento de Física de la Salud. Además, los
físicos de salud realizaban inspecciones de rutina de todas las oficinas y laboratorios, mientras buscaban indicios de contaminación. En la «Hoja de desglose de trabajos» para capacitar a
los nuevos reclutas en la sección de física de la salud en Oak
Ridge, había listas de deberes como «determinar dónde existe
un peligro, decidir las medidas preventivas, informar eventos
relevantes al personal administrativo, en todos los lugares en
jurisdicción». Siempre se incluían tres pasos importantes para
los trabajadores de física de la salud en sus materiales de capacitación: «Conozca todas las operaciones en su área. Esté alerta
a los cambios. Haga inspecciones minuciosas».[23]

En una operación tan encubierta, donde la mayoría de los trabajadores operaba bajo una estricta división de labores para
evitar que se percataran del propósito más amplio de su trabajo, un puesto como el de Koval era único. No solo tenía acceso
a múltiples edificios, sino que también trabajaba mano a mano
con científicos de alto nivel en el proyecto y tenía acceso autorizado a información confidencial. Aunque un número muy pequeño de personas estaba al tanto de las operaciones completas
del proyecto, el personal científico, especialmente en física de
la salud, estaba al tanto de las metas en cada una de las plantas. Como diría más tarde uno de los compañeros de trabajo
de Koval: «Una persona en su posición debe de haber sabido
muchas cosas, como el hecho de que el uranio-235 se estaba
procesando en Oak Ridge y que se estaba enviando desde allí,
que la actividad en Oak Ridge estaba relacionada con el desarrollo de una bomba atómica; todos los miembros de nuestro
grupo estaban al tanto de esto».[24]

Debido a la obligación de Koval de visitar las plantas como
parte de su rutina laboral, el Ejército lo equipó con un jeep.

Y fue así que, en otoño de 1944, un espía del Ejército Rojo conducía su jeep del Ejército estadounidense todos los días a través de una franja de tierra en Tennessee, en un punto crucial para el proyecto militar ultrasecreto de los Estados Unidos. Al final de cada día, se dirigía a la zona de barracas y cuarteles donde vivían los soldados del SED y donde, con el fin de camuflarse, compartían la misma vivienda y cafetería con la policía militar, la MP.

Pareciera ser que la pericia de un espía podría medirse en parte por el nivel de seguridad del enemigo en la localidad asignada. En Oak Ridge, por ejemplo, ya en febrero de 1943 cuando la construcción de las plantas seguía en progreso, había guardias armados llamados «Fuerzas de Seguridad»[25] para proteger el sitio secreto de viajeros accidentales o intrusos curiosos. Trabajaban en cada una de las siete puertas de entrada, cuatro de las cuales daban acceso a las oficinas administrativas y a la comunidad de trabajadores, y tres a las áreas «prohibidas» de la fábrica. También había patrullas montadas que galopaban de manera rutinaria a lo largo de las orillas del río Clinch, en busca de intrusos. Y había cercas de alambre de púas en puntos estratégicos alrededor del sitio.

Durante los próximos dos años las Fuerzas de Seguridad se expandieron a 4900 guardias civiles, 740 policías militares y más de 400 en un cuerpo de policía civil. Para entonces, también había un intrincado sistema de placas y gafetes codificados que todos los residentes y visitantes debían usar, cada uno susceptible de ser detenido para verificar su identidad.[26] Cuando Koval llegó en 1944, se había establecido un nuevo tipo de seguridad, la División de Inteligencia y Seguridad, que afirmaba ser «la unidad principal para reforzar la confidencialidad en todo el Proyecto Manhattan».

Si bien el general Groves accedió a que el FBI se involucrara en pequeña medida en los asuntos de seguridad del Proyecto,[27] el Cuerpo de Ingenieros del Ejército tenía su propio cuerpo de inteligencia de agentes uniformados y civiles con sede en Oak Ridge. Y, con el fin de mantener el Proyecto en secreto, podían ser llamados al servicio en cualquier parte del mundo. Por ejemplo, cuando a un exempleado le salió un sarpullido en la piel en América del Sur y expresó su preocupación de que podría haber sido causado por un «rayo extraño» en Oak Ridge, la historia llegó de inmediato a la embajada estadounidense y un agente de Oak Ridge fue enviado para investigar la situación y anular la hipótesis del «rayo extraño». Abundaban historias similares. Incluso interrogaron a un ministro en la ciudad aledaña de Maryville, Tennessee, después de que mencionó un átomo en su sermón.

Lo que más debió de preocupar a Koval fue la estrecha vigilancia del personal militar y civil por parte de espías residentes colocados de manera estratégica, hombres y mujeres reclutados por la División de Inteligencia y Seguridad.[28] Funcionaba así: un oficial de inteligencia llamaría a un trabajador residente a su oficina y le recordaría la importancia del trabajo de Oak Ridge para el esfuerzo bélico. El oficial explicaría por qué era imperativa una estricta seguridad y por qué se debía denunciar cualquier conducta sospechosa o habladuría. Una vez que aceptaban los deberes de ser un agente de inteligencia extraoficial, se les pedía a los trabajadores que enviaran la información que descubrieran en forma de cartas «habladoras» dirigidas a una empresa falsa con el nombre Acme Credit Corp., en Knoxville.

Según algunos relatos, un número considerable de hombres y mujeres en Oak Ridge trabajaron como espías locales para el Proyecto en 1944 y 1945. Se les dijo a los residentes que incluso la guía telefónica era material clasificado y no se podía sacar del sitio. Binoculares, telescopios, armas de fuego y cámaras requerían registro. La consigna en la parte superior del periódico, el *Oak Ridge Journal*, advertía que las historias publicadas

«No deben ser sacadas del área». Y estaban los letreros y vallas publicitarias que les recordaban a todos del ambiente de alta seguridad, como «Lo que ves aquí, lo que haces aquí, lo que escuchas aquí, cuando te vas de aquí, que se quede aquí».

El *Manual de seguridad* oficial del Proyecto contenía consejos sobre la identificación de «personas cuyos antecedentes indican que pueden tener afinidad con un gobierno extranjero, como lo indican 1) visitas a un país extranjero, 2) un pariente que debe lealtad o reside en un país extranjero y 3) servicio en el Ejército de un país extranjero».[29] El manual pedía que los lectores estuvieran atentos a «individuos adscritos en organizaciones que hayan sido financiadas por el enemigo o subversivas de algún otro modo o comprometidas con el derrocamiento violento del Gobierno de los Estados Unidos, o con apego a los intereses de cualquier potencia extranjera en detrimento de los intereses de los Estados Unidos».[30]

Otras instrucciones en el manual incluían qué hacer con los «documentos restringidos», que debían ser hechos pedazos o quemados o destruidos de otra manera «por un empleado autorizado para volverlos inservibles».[31] También estaban las reglas para la eliminación de desechos: «Los desechos confidenciales, que incluyen todas las hojas de trabajo, borradores, papel carbón, notas estenográficas, copias imperfectas, esténciles, etc., deberán destrozarse en pequeños pedazos y resguardarse hasta que sean quemados bajo la supervisión de un empleado de confianza que ha sido debidamente autorizado para manejar información clasificada».[32] Las advertencias e instrucciones parecían interminables.

Al igual que sus compañeros residentes y colegas del SED, Koval utilizaba el tiempo permitido fuera de su trabajo de la manera más constructiva posible, a veces para avanzar en su ocupación en el campus como físico de la salud, impresionando así a sus supervisores y compañeros. Por ejemplo, investigó y escribió un artículo científico titulado «Determinación de la actividad de larga duración de las partículas transportadas por el aire», que se entregó a otros científicos, en forma de manuscrito, el 22 de junio de 1945. En el documento alertaba a los físicos de la salud sobre el hecho de que se debe hacer una corrección en el proceso de evaluación de los niveles de radiactividad en el aire contaminado. Lo que no se había considerado en tales pruebas, escribió, «era la presencia en la muestra recolectada de materiales activos encontrados en la atmósfera debido al contenido natural de radón y torón del aire».[33] Según explicó, el radón y el torón eran gases radiactivos incoloros e inodoros emitidos por el uranio presente en la corteza terrestre.

Era un artículo breve, muy técnico, con muchas ecuaciones, notas al pie y gráficas, que de inmediato se clasificó como «secreto». Fue su segunda pieza impresionante de investigación científica ese año. En enero su experiencia atrajo la atención en un artículo sobre los pros y los contras de los avances recientes en los métodos y las máquinas utilizadas para recolectar polvo para analizar los niveles de radiactividad. Koval fue uno de los dos científicos de los laboratorios de Oak Ridge reconocidos por descubrir una serie de problemas de seguridad con respecto a las técnicas de muestreo de polvo, como que la toxicidad del polvo radiactivo es «más alta que la de los materiales para los cuales [los instrumentos] fueron diseñados para detectar».

La experiencia científica y la naturaleza trabajadora de Koval deben de haber impresionado a sus supervisores en Oak Ridge. Pero la evidencia sugiere que usó al menos un permiso de ausencia de Oak Ridge para impresionar de igual forma a sus jefes soviéticos. Según un historiador del GRU, mientras estaba asignado a Oak Ridge, Koval se reunió con «Faraday» para brindarle detalles sobre el diseño del sitio de Oak Ridge, sus «tres sectores principales»[34] (K-25, Y-12 y X-10), su finalidad de producir uranio-235 y plutonio-239, y su cometido de enviar el material enriquecido «por avión militar a los laboratorios de Los Álamos». Koval también compartió observaciones de su trabajo en X-10. Y lo que confirma que tal reunión pudo haber ocurrido en una de sus ausencias es el hecho de que Koval y un colega de Oak Ridge, Duane M. Weise, tomaron un permiso de ausencia de una semana en la ciudad de Nueva York a finales de mayo o principios de junio de 1945.[35] Weise recordó más tarde que mientras visitaba a su familia en Nueva Jersey, «George desapareció en Nueva York. Nunca discutió los detalles de su semana. Pero estábamos acostumbrados a guardar secretos, a ser discretos. Así eran las cosas en Oak Ridge».

Poco antes del viaje de Koval con Weise o poco después de su regreso de Nueva York, le dijeron a Koval que sería transferido a un nuevo puesto, para unirse al equipo de físicos de la salud y SED en las instalaciones de Dayton, Ohio, dedicadas a la producción y purificación del raro y peligroso elemento polonio. Para entonces había 34 SED apostados en los laboratorios de Dayton dirigidos por Monsanto Chemical Co.,[36] conocida en Moscú con el nombre en clave «Firma K».[37] Después de su llegada, Koval firmaría una declaración jurada que certificaba que parte de su deber como miembro del Ejército de los EUA asignado a un proyecto altamente confidencial era proteger toda la información clasificada que llegaba a su conocimiento.

CAPÍTULO 9

EL SECRETO DEL TEATRO

Los motivos para albergar secretos nunca han cambiado; ya sea para proteger, traicionar u obtener poder. Ni el hecho de que mientras más tiempo pase enterrado un secreto, es más probable que nunca se reconozca su repercusión en la historia. Este fue el caso para lo que aconteció en Dayton, Ohio, dentro de un cuarto oculto en la mansión del Proyecto Manhattan, un secreto dentro del secreto, que permanecería en la oscuridad por muchas décadas, al igual que su espía soviético particular.

Si bien era reconocida como el hogar de Wilbur y Orville Wright y el lugar de nacimiento de la aviación, Dayton rara vez, si no es que nunca, fue reconocida por su larga línea de visionarios y sus docenas de inventos innovadores. En 1900 hubo más patentes per cápita en Dayton, Ohio, que en cualquier otra ciudad del país. Fue la capital que propulsó a Estados Unidos durante la primera mitad del siglo xx. Y era una base aérea militar bien establecida. Para 1944 Wright Field y Patterson Field, que pronto se fusionarían, se habían expandido de 2 500 trabajadores militares y civiles al comienzo de la guerra a más de 50 000. Y entre 1941 y 1944 Wright Field creció de 40 edificios a más de 300, mientras administraba más de 800 proyectos bélicos importantes, como refinar motores de avión y construir el primer jet de la fuerza aérea. En toda la ciudad había al menos 60 industrias de producción bélica que empleaban a 115 000 personas.

Así fue como el legado de Dayton de invenciones innovadoras y sus proyectos militares de alto nivel, en combinación con su imagen discreta y su relativa oscuridad a nivel internacional, la convertían en una opción ideal para el proyecto arriesgado y secreto de inventar un arma estadounidense alimentada por energía nuclear. La asignación en el sitio de Dayton era la producción y purificación de polonio, nombre en clave «Postum».[1] Y los desafíos eran abrumadores. Nunca se había producido suficiente polonio ni siquiera para verlo, y mucho menos para proporcionar la cantidad necesaria para alimentar a los iniciadores de las bombas atómicas. Desde el inicio de las tareas de polonio del Proyecto, el químico de Dayton, doctor Charles Allen Thomas, estuvo a cargo.

Inventor con casi 100 patentes a principios de la década de 1940, Thomas se había hecho de un renombre en los círculos científicos y tenía una reputación de energía ilimitada. Su biógrafo lo describió como «un visionario con capacidad pionera para predecir nuevas direcciones para la ciencia».[2] Con una maestría en Química del MIT, Thomas tenía años de experiencia codirigiendo el laboratorio de consultoría química más grande de Estados Unidos, con sede en Dayton. Cuando fue contactado por los líderes del Proyecto Manhattan era el director del Departamento Central de Investigación de Monsanto Chemical Company. También fue subjefe del Comité de Investigación de la Defensa Nacional (NDRC) de Roosevelt.

Fue en mayo de 1943 que el presidente de Harvard, James B. Conant, quien también era el jefe de la NDRC, y el general Groves se reunieron con Thomas en Washington, D. C., para revelar sus planes de construir, si todo salía como esperaban, la primera bomba atómica del mundo y para discutir las probabilidades del proyecto, así como sus preocupaciones. Querían que Thomas fuera codirector con el físico J. Robert Oppenheimer en el Laboratorio de Los Álamos, para que se encargara de supervisar y coordinar la química del proyecto en todos los sitios. Lo necesitaban mucho, le dijeron, porque «se había subestimado la cantidad de química en el proyecto».[3] Sin embargo, para hacer esto Thomas tendría que vivir en Los Álamos, por lo que Groves y Conant lo llevaron allí durante dos días para recorrer las operaciones y conocer a Oppenheimer, el profesor de Física de la Universidad de California en Berkeley, quien fue el científico principal del Proyecto.

No quiso alejar a su familia de Dayton ni abandonar sus responsabilidades en Monsanto, que incluían la supervisión de los contratos de guerra de la empresa, así que Thomas se negó a aceptar el trabajo. En respuesta, Conant y Groves se lo volvieron a ofrecer, esta vez para la base en Dayton. Además de dirigir la química del Proyecto Manhattan en todos los sitios, Thomas también estaría a cargo de la producción de polonio en las plantas de Dayton. Aceptó el puesto y el 24 de mayo de 1943 el contrato con Monsanto Chemical Company para la investigación y el desarrollo del polonio del Proyecto, dirigido por Thomas, lanzó lo que se conocería como el «Proyecto Dayton». Y con el fin de ocultar el trabajo de una misión tan secreta, Oppenheimer sugirió que el trabajo de Thomas no debería vincularse de manera oficial al Proyecto Manhattan.

Desde el principio esta sería una operación agitada, repleta de grupos de escépticos que expresaron sus dudas sobre la posibilidad de producir suficiente polonio a tiempo para hacer una diferencia sustancial en la guerra. Pero Thomas era un optimista. Al igual que Oppenheimer, Groves, Conant y todos los audaces miembros involucrados en el Proyecto Manhattan, estaba decidido a convertir las incertidumbres en realidades. Su trabajo comenzó en julio.

Un mes antes, Oppenheimer había escrito una carta a Groves explicando el papel crucial del polonio como generador de neutrones en la detonación de la bomba.[4] Uno de los técnicos de Thomas describió más tarde cuán vitales serían los laboratorios de polonio de Dayton para el éxito de la bomba,[5] y declaró: «Sin detonador, no hay bomba».[6] El polonio fue una parte clave del detonador, o iniciador (nombre en clave «Erizo»), que fue, como lo describió un erudito, «el componente minúsculo ubicado en lo más profundo de las bombas».[7] Ya sea a través de uranio o plutonio, la bomba tenía que incorporar un mecanismo productor de neutrones, el iniciador, que liberaría los neutrones con gran precisión en el momento adecuado para dar inicio a la reacción en cadena. Si los neutrones se descargaban demasiado pronto, la explosión caería por debajo del rendimiento designado, y si lo hacían demasiado tarde, la bomba podría no explotar en absoluto. Una mezcla de polonio y berilio,[8] dos elementos que producen neutrones cuando están en contacto entre sí, podría superar semejante desafío. En la bomba de plutonio la implosión obligaría a las partículas alfa a salir del polonio para golpear al berilio, liberando neutrones para comenzar la reacción en cadena. Y en la bomba de uranio una carga de pólvora convencional haría que el polonio y el berilio hicieran contacto.

El berilio, contenido en el mineral berilo y piedras preciosas como esmeraldas y aguamarinas, es un metal estable de color gris acero que se encuentra en la corteza terrestre y en rocas volcánicas. Su característica crucial en el delicado momento de iniciar la detonación de la bomba era que es tanto un moderador como un multiplicador de neutrones. Después de ser bombardeado por partículas alfa de polonio, tiene la capacidad de reducir la velocidad de los neutrones liberados al absorber una partícula alfa y emitir un neutrón. El polonio, por otro lado, con su «alta actividad alfa»,[9] carece de tal estabilidad.

Descubierto por Marie Curie en 1898 y llamado así por Polonia, su tierra natal, el polonio es una de las sustancias más tóxicas conocidas. Las partículas emitidas por el polonio pueden dañar el tejido orgánico si se inhalan o se ingieren, y los científicos y técnicos de Dayton en un futuro trabajarían con las mayores cantidades de polonio jamás producidas. Plateado y con un aspecto suave como el queso crema, el polonio, uno de los elementos más raros, era muy difícil de producir. En 1943, de hecho, nunca se habían aislado cantidades medibles del elemento puro. Como dijo más tarde el mayor general Kenneth Nichols, adjunto del general Groves, la producción de polonio fue «una tarea muy difícil, no solo porque nunca se había visto antes, sino también por la radiación involucrada».[10] Cada iniciador utilizó alrededor de 50 curios de polonio,[11] donde un curio constituye la unidad básica para medir la intensidad de la radiactividad.

Debido a que la producción de polonio aún era experimental, se estaban probando dos técnicas diferentes. Desde el principio se pensó que sintetizar el polonio mediante la irradiación de bismuto era la mejor manera de producir cantidades relativamente grandes del elemento. Pero en 1943 el método del bismuto estaba todavía en una etapa temprana, tanto en Oak Ridge como en Hanford. Por lo tanto, en un principio se le asignó a Dayton un método alternativo, que consistía en extraer el polonio de residuos de dióxido de plomo, en los que el polonio se encuentra de forma natural.

Tomados de minas de uranio canadienses y africanas en una refinería de radio en Port Hope, Ontario, en Canadá, los residuos de dióxido de plomo se enviaron en camiones de carga a Dayton: 31 750 kg entre noviembre de 1943 y mayo de 1945.[12] Sin embargo, solo podrían producirse 0.2 o 0.3 mg de polonio a partir de seis toneladas métricas de dióxido de plomo de Port Hope (hay aproximadamente 1 000 kg en una tonelada métrica).[13] Así que a finales de la primavera de 1945 Dayton suspendió este proceso y comenzó a usar solo el bismuto bombardeado e irradiado enviado desde Hanford y Oak Ridge.

Para junio de 1945, cuando Koval llegó a Dayton, había varios edificios dedicados al procesamiento de polonio, todos ubicados en vecindarios residenciales y comerciales, que era el ejemplo perfecto de la frase «oculto a simple vista». Desde un inicio, encontrar suficiente espacio de laboratorio y vivienda para el personal en Dayton había sido un desafío. Después de todo, este era un momento en el que los proyectos de guerra consumían gran parte de la propiedad comercial de la ciudad. La National Cash Register Company incluso había detenido las labores en dos de los edificios de su fábrica para prestar el espacio a otra misión gubernamental altamente secreta: emplear a casi 500 personas para descifrar los códigos alemanes.[14]

No había suficiente tiempo para construir nuevos laboratorios de investigación en Dayton y el espacio de alquiler era escaso. Por lo que en el otoño de 1943 se llevó a cabo el reclutamiento de personal y la planificación preliminar para el proyecto de polonio en el Departamento Central de Investigación de Monsanto, en un edificio denominado Unidad I, al suroeste del centro de Dayton. La Unidad II era un almacén alquilado en la Calle 3ª Este, en un distrito industrial. Y la Unidad III, que reflejaba la desesperación por encontrar espacios adecuados, era un edificio vacío de tres pisos y medio repleto de ventanas rotas y al que le faltaba una escalera entre el segundo y el tercer piso. En otro tiempo había albergado un seminario teológico y, más recientemente, el Departamento de Educación local la había utilizado como almacén. La Unidad III fue sometida a una extensa renovación para convertirse en un laboratorio de investigación química con un piso entero dedicado a experimentos de física de la salud y una lavandería especial para descontaminar la ropa de los trabajadores. El «campus» de la Unidad III se expandió con un ritmo acelerado a una docena o más de pequeños edificios en la cercanía.

Pero, a medida que crecía la magnitud del procesamiento de polonio, rápidamente superó la capacidad de las tres unidades de Dayton.[15] En menos de un año 200 técnicos, físicos, químicos y ayudantes de laboratorio habían llegado al Proyecto

Dayton de al menos siete estados. A principios de 1944 no había edificios de tamaño adecuado en Dayton que pudieran ocuparse con la rapidez que exigía el proyecto. Entonces, en febrero de ese año Thomas se adueñó de «la única estructura adecuada en Dayton lista para su uso inmediato»,[16] un pintoresco edificio de estilo italiano conocido como Runnymede Playhouse, aislado en un camino sinuoso y boscoso en la parte más lujosa del suburbio Oakwood, en Dayton.

El Teatro Runny de Thomas resolvería dos grandes problemas: encontrar un lugar con espacio suficiente para el laboratorio de polonio principal y, al mismo tiempo, conseguir alojamiento para la fuerza laboral en expansión. Los empleados podían alquilar habitaciones en las mansiones vecinas con facilidad, algunas con hasta 16 habitaciones. El Teatro Runny era una instalación recreativa privada construida en 1927 como parte del patrimonio de una prominente familia de Dayton, los Talbott. Había sido el escenario del matrimonio de Thomas con Margaret Talbott en 1928. Y fue Margaret quien accedió a arrendar el edificio al gobierno, para que lo utilizaran como «un laboratorio de cine para el Cuerpo de Señales del Ejército de EUA»,[17] como se describe en los documentos públicos.

Como parte del contrato de arrendamiento, después de que se completó el proyecto el gobierno estaba legalmente obligado a restaurar el edificio para que cumpliera su función original, una promesa que, debido a problemas de contaminación por radiación, no se cumpliría.

El palaciego Teatro Runny de dos pisos —una de las dos unidades donde trabajaría Koval— proporcionó algunas de las instalaciones más inusuales que jamás hayan sido parte de un laboratorio científico: una cancha de tenis bajo un techo de vidrio corrugado, una cancha de squash, vestuarios con duchas de mármol italiano, salas de juego, un amplio salón con una chimenea de piedra de dos pisos, un escenario de teatro con dos niveles de balcones a cada lado y bastante espacio para sentarse, dos invernaderos (uno en cada extremo) y una piscina al aire libre. En los últimos años el Teatro Runny se había utilizado sobre todo para representaciones teatrales comunitarias, eventos de caridad, recitales de música y cenas anuales de todo tipo. Pero a partir de marzo de 1944 se convirtió en la Unidad IV, rodeada de cercas con alambre de púas en la parte superior, reflectores las 24 horas del día, líneas eléctricas de alto voltaje y guardias armados (43 en total), algunos encargados de patrullar el sitio mientras otros observaban desde dos casetas de vigilancia. Todo lo que quedó del interior original fueron los balcones (sellados y utilizados como laboratorios de conteo de radiación), el techo de vidrio corrugado y los invernaderos, uno de ellos convertido en muelle de carga.

Todos los envíos grandes de materiales se entregaban primero a la Unidad III en el centro de la ciudad, en camiones comerciales sin marcas distintivas y luego, en un esfuerzo por limitar la atención del público, las cargas se transportaban por partes en vehículos pequeños a la Unidad IV. Si los vecinos interrogaban a los guardias o miraban a través de las cercas, les decían que se trataba de una instalación de los Cuerpos de Señales, tal como lo indicaban los documentos en el archivo.

Pero la mayor amenaza no fue la exposición pública del proyecto. Más bien fue la radiación del procesamiento. El polonio es el elemento más radiactivo.[18] El 250 000 veces más tóxico que el gas de ácido cianhídrico, conocido por su uso como arma química. Consciente de los peligros, Thomas, en la primavera de 1944, estableció una nueva subdivisión en la unidad médica del Proyecto Dayton para monitorear y evaluar los niveles de radiactividad en los laboratorios. Debido a que en ese momento se sabía tan poco sobre el impacto de la radiación en las personas o los animales, los métodos para detectar la radiactividad en el cuerpo humano se descubrieron a medida que el proyecto en sí evolucionaba, como fue el caso en cada uno de los sitios del Proyecto. La Unidad III estableció su propio laboratorio clínico en febrero de 1945, a partir del conocimiento obtenido en otros sitios, incluida la experiencia de Koval con los problemas de radiación en el reactor X-10 en Oak Ridge.

Cuando se transfirió a Dayton desde Oak Ridge, Koval se unió a un nuevo grupo de física de la salud. Como inspector del sitio, se le pidió que supervisara las pruebas de radiación de los empleados y examinara cada una de las unidades en busca de peligros potenciales. Esto le dio acceso a todas las instalaciones del Proyecto Dayton. Aunque su asignación oficial era «Unidad de inspección núm. 3», uno de sus informes mensuales mostraba «Inspecciones de rutina que consisten en treinta o más revisiones y seis muestras de aire en *cada laboratorio* todos los días».[19] Sin lugar a duda, confiaban en Koval, debido a sus 11 exitosos meses en Oak Ridge; su investigación recientemente publicada; su juramento de seguridad del 23 de junio de 1945; y su expediente de lealtad y trabajo duro.

En efecto, la vida de Koval en Dayton parecía enfocarse por completo en sus labores. Sus responsabilidades requerían una semana laboral de seis días y, a menudo, jornadas de 10 horas. Su compañero de habitación, John Bradley, era un colega del SED en Oak Ridge asignado a Dayton al mismo tiempo que Koval. Bradley era un supervisor general con base en la Unidad IV, y él y Koval serían los coautores de un informe especial sobre la contaminación potencial en el área que rodea la Unidad III. Como compañeros de cuarto, primero compartieron una pequeña vivienda en una pensión en Main Street, y luego se mudaron a cuartos más espaciosos en una casa de estructura blanca del siglo XIX con una amplia terraza en Grand Avenue, cerca del instituto de arte de Dayton.

Dayton no era como Oak Ridge o Hanford o Los Álamos, que eran sitios aislados de las áreas pobladas. En Dayton las unidades de alto secreto estaban ubicadas en el corazón de un área metropolitana, lo que hacía que las reglas de estilo de vida para los trabajadores fueran bastante restrictivas. No se permitían uniformes militares. Las conversaciones sobre el trabajo estaban prohibidas en lugares públicos. Y no se asignaron jeeps del Ejército a los técnicos. Esto no fue un problema para Koval porque los autobuses y tranvías de Dayton estaban lo suficientemente cerca de sus laboratorios y alojamiento para que pudiera funcionar con facilidad sin su propio vehículo. Y su vida social en Dayton era mínima. Más tarde Bradley comentó que Koval no tenía amigos fuera del trabajo.

Sin embargo, tenía una novia, como había sido el caso a menudo desde que comenzó su «viaje de negocios». Seguramente, le deben haber enseñado que el mejor camuflaje para un espía en los EUA era lucir lo más estadounidense posible. Y cortejar a una bella joven podría ayudar en la elaboración de tal imagen. También existía la posibilidad de que eligiera mujeres en función de la información que pudiera obtener de sus observaciones o conexiones. Por ejemplo, en Dayton, la mujer que complementaba su apariencia era Janet Fisher, de 22 años, quien, con su hermana Marge, trabajó en la Unidad IV, el Teatro Runny, durante el verano de 1945.

Las hermanas vivían en casa con sus padres en un antiguo vecindario de Dayton, aproximadamente a unos 400 m del departamento de Bradley y Koval. Se sabía que Koval pasaba las noches de los domingos jugando bridge en la residencia de los Fisher,[20] después de cenar temprano. Pero su encanto social de siempre no engañó a los padres de Janet. Años después la madre de Janet diría que no le gustaba Koval porque le molestaba que no hablara de su familia. No importa de cuántas maneras ella abordara el tema, él siempre lo evitaba. Esto, le dijo a su hija, no era normal. Incluso parecía sospechoso, aunque ella no estaba al tanto de ninguna razón para tal instinto; tan solo la hacía sentir incómoda.

Para junio de 1945, cuando Koval y Bradley llegaron a Dayton, se había establecido el hecho de que el polonio podía obtenerse con más facilidad y en mayores cantidades mediante el proceso del bismuto. El bismuto irradiado en Oak Ridge y Hanford se enviaba de manera regular a Dayton para la extracción y purificación del polonio. Luego, el polonio se transportó en camiones a Los Álamos, donde se armaron los iniciadores.

Para entonces también estaban en marcha los planes para probar la primera bomba nuclear, que habían comenzado, con optimismo y determinación, más de un año antes. El nombre en clave de la prueba era «Trinity». El sitio elegido fue en el desierto Jornada del Muerto, al suroeste de Nuevo México. El arma de prueba sería una bomba de tipo implosión a base de plutonio, cuyo nombre en clave era «Gadget». Se desconoce si Koval conocía el plan, pero la tensión en Dayton para enviar suficiente polonio a Los Álamos a tiempo para la prueba, programada para el 4 de julio, habría sido difícil de pasar por alto, en especial para un físico de la salud.

La importancia de los laboratorios de polonio en Dayton nunca fue más clara. El 15 de marzo Oppenheimer se había comprometido a utilizar los iniciadores de berilio-polonio, y el 1.º de mayo se seleccionó el diseño «más prometedor»[21] para el iniciador. Entonces, como dijo un historiador, «solo una prueba a gran escala que culminara en una reacción en cadena podría demostrar definitivamente que el diseño funcionó».[22] Al poco tiempo la solicitud anterior de Oppenheimer de envíos mensuales del polonio purificado de Dayton cambió a semanal, y la cantidad total por mes aumentó de 10 a 500 curis, nombre en clave «cases».[23] Se necesitaron cinco días para que el bismuto irradiado en X-10 se enfriara y fuera transportado a Dayton, y 10 días para que el material hiciera lo mismo desde Hanford. Aunado a los 25 días para los procesos de extracción y purificación de polonio, se necesitaba un mes para enviar el combustible a Los Álamos.

En junio hubo comunicación a diario entre Dayton y Los Álamos, ya que «se establecían las cantidades y fechas de entrega y luego se cambiaban», lo que demuestra «la inmensa importancia del polonio y la presión sobre los científicos en Dayton»,[24] como señaló el biógrafo de Thomas. «Algunos plazos eran tan cortos que se enviaba a un empleado a hablar con el mensajero para mantenerlo ocupado mientras se daban los toques finales a los paquetes»,[25] escribió un historiador del Proyecto Dayton.

El «viaje de pesca» del 4 de julio, como se le llamó a Trinity en varios intercambios oficiales, se retrasó casi dos semanas, en gran parte debido a problemas relacionados con los lentes de implosión de la bomba. La nueva fecha «no sería antes del 13 de julio y probablemente sería el 23 de julio», escribió Oppenheimer a mediados de junio. Luego, el 16 de julio, en el campo de bombardeo y artillería de Alamogordo en Nuevo México, Gadget fue detonado a las 5:29 a. m. Cerca de 425 personas estaban presentes, entre ellas Oppenheimer y Thomas. Y a pesar de conocer cada detalle de la composición de la bomba y las dificultades para construirla, los científicos que se encontraban entre los observadores ese día tratarían durante meses de describir su conmoción por lo que vieron. Oppenheimer diría más tarde: «Sabíamos que el mundo no sería el mismo. Algunas personas se rieron, algunas personas lloraron. La mayoría de la gente estaba en silencio. Recordé una cita de la escritura hindú, la Bhagavad Gita: Vishnu está tratando de persuadir al Príncipe de que debe cumplir con su deber y para impresionarlo asume su forma de múltiples brazos y dice: "Ahora me he convertido en la Muerte, destructora de mundos". Supongo que todos pensamos eso, de una manera u otra».

El día después de la prueba Thomas le escribió una carta a su madre, en la que decía: «Tomará algún tiempo para que la gente del mundo se entere de esta demostración, e incluso después de que se enteren, para que se den cuenta de lo que significa». Pero por razones de seguridad, la carta de Thomas no se enviaría hasta finales de agosto, varias semanas después de que se arrojaran las bombas sobre Japón. También por seguridad, se publicó una historia falsa para calmar la ansiosa curiosidad de las personas que vivían en las áreas periféricas de la prueba que habían visto la luz cegadora a la distancia o habían escuchado los sonidos no identificables. La historia era que una cantidad considerable de «pirotecnia» había explotado en la cercana Base Aérea de Alamogordo temprano esa mañana.

Dos semanas después, el 2 de agosto, en una isla a 2 400 km del territorio continental de Japón, la bomba de uranio, Little Boy, fue ensamblada y preparada para ser lanzada sobre Hiroshima. Retrasada por un tifón, la bomba fue detonada el 6 de agosto y mató a unas 135 000 personas. El presidente Harry S. Truman hizo su anuncio ese día: «La batalla de los laboratorios entrañaba riesgos fatídicos para nosotros, así como las batallas por aire, mar y tierra y ahora hemos ganado la batalla de los laboratorios, así como hemos ganado las otras batallas». El titular de un periódico de Dayton decía: «Los aliados ganan gran carrera científica, EUA lanza nueva bomba atómica sobre los japos». Y el intento de enterrar lo que había sucedido en Dayton, para mantener ese secreto en tiempos de guerra, comenzó ese día, como señaló un artículo de Dayton: «La bomba atómica es noticia para el personal militar en Wright y Patterson Fields, dijeron esta mañana.[26] No ha habido ninguna prueba de la bomba aquí en absoluto, mostró una encuesta. La planta de Dayton de la compañía Monsanto Chemical también negó tener conocimiento del desarrollo de la bomba».

La bomba de plutonio, Fat Man, se lanzó sobre Nagasaki el 9 de agosto y mató a 70 000 personas. Seis días después los japoneses se rindieron. Y ese día el general Groves escribió una carta al jefe de Monsanto diciendo que lo que había pasado en los laboratorios de Dayton debía permanecer en secreto, a pesar del éxito de las bombas y la celebración de la rendición. «Una descripción detallada de sus esfuerzos aún debe permanecer sin revelarse debido a los requisitos de seguridad»,[27] escribió, «pero quiero que sepa que el doctor C. A. Thomas y sus asociados hicieron una contribución importante a nuestro éxito. El doctor Thomas coordinó personalmente una fase muy importante de la investigación química relacionada con el proyecto; también completó investigaciones vitales y resolvió los problemas de producción de extrema complejidad sin los cuales la Bomba Atómica nunca podría haber existido».

Los científicos lograron su hazaña atómica y los Aliados ganaron la guerra, pero poco después de Nagasaki y antes de la rendición japonesa, Truman autorizó la publicación de un informe inesperado, uno que despertaría el debate de larga duración entre la seguridad nacional y el derecho del público a saber. El informe, emitido por el Ejército de los EUA, que al poco tiempo sería publicado por la Prensa Universitaria Princeton, se tituló *Energía atómica para fines militares: El informe oficial sobre el desarrollo de la bomba atómica bajo los auspicios del gobierno de los Estados Unidos, 1940-1945*, conocido en adelante como el Informe Smyth.

El sábado 11 de agosto la Oficina de Relaciones Públicas del Departamento de Guerra informó a los comentaristas de radio que podían transmitir las noticias del informe después de las 9 p. m., y a los periódicos que podían publicarlo en las ediciones del domingo por la mañana, el día 12.[28] Escrito por Henry DeWolf Smyth, presidente del Departamento de Física de Princeton, y bajo la dirección del general Leslie Groves, este informe fue, como se describe en su prólogo, «la historia del desarrollo de la bomba atómica» escrita para el público en general. «Incluso los albañiles con conocimientos científicos elementales entenderán el informe en general; científicos en cualquier campo lo encontrará fácil de leer».[29]

Sin embargo, su publicación conmocionó a muchos estadounidenses, en especial a los científicos atómicos, muchos de los cuales quedaron «perplejos»,[30] así lo afirmó el *Bulletin of the Atomic Scientists*. David E. Lilienthal, jefe de la Autoridad del Valle de Tennessee, quien pronto sería el presidente de la nueva Comisión de Energía Atómica, le dijo a un comité del Senado que el informe era una «principal violación de la seguridad».[31] El general Groves respondió públicamente en un artículo del *Saturday Evening Post* lo siguiente: «Podría haber sido posible mantener todo el proyecto en silencio en un estado totalitario, pero desde luego no en los Estados Unidos de América, donde la libertad de prensa es uno de nuestros conceptos básicos. No haber revelado ninguna información habría sido menospreciar por completo el temperamento del pueblo estadounidense y del Congreso de los Estados Unidos. Ningún funcionario del gobierno puede negarse a decirle al Congreso de los Estados Unidos lo que ha hecho con 2 000 millones de dólares de recursos públicos. Y, por supuesto, muchos, si no es que todos, los legisladores siempre se han atenido —y con buen motivo— al principio de que tenían derecho a saber cualquier cosa que sintieran que era necesario que supieran para cumplir con sus responsabilidades con el electorado».

En otras palabras, la información contenida en el Informe Smyth de una manera u otra llegaría al público estadounidense, entonces ¿por qué no tener control sobre su publicación? Groves también aseguró a los Estados Unidos que el informe no reveló ningún secreto útil a los enemigos potenciales. Respecto a los crecientes temores de la Unión Soviética, escribió: «Comenzamos a construir casi todas nuestras plantas mientras la investigación aún estaba en proceso para determinar cómo deberían diseñarse esas plantas. Tuvimos una tarea comparable a fabricar el reloj de campanario más grande del mundo con la precisión y la delicadeza de un fino reloj de pulsera para dama.

Rusia simplemente no está equipada con la tecnología para duplicar esto».[32]

Y en el prefacio, Smyth escribió: «Los requisitos de confidencialidad han afectado tanto el contenido detallado como el énfasis general para omitir muchos avances interesantes».[33] Groves lo respaldó diciendo que el objetivo del informe era, en pocas palabras, «seguridad, suficiente información para una discusión sólida».[34]

Así fue que el Informe Smyth solo contó la física de la historia de la bomba. Sin metalurgia ni química. No se menciona el polonio. Describió el desarrollo de los sitios de producción de Oak Ridge, Los Álamos y Hanford, pero nada sobre Dayton.

Cualesquiera que fueran las intenciones o los motivos para emitir el informe, se convirtió en la autoridad sobre la cronología y los principales actores del Proyecto Manhattan. Y la circulación fue amplia, e incluso fue traducido al ruso. La prueba de su extenso número de lectores en el momento de su lanzamiento se encontraría en las páginas de *Archipiélago Gulag* de Aleksándr Solzhenítsyn.[35] En una prisión, mientras era transferido entre gulags, un compañero de prisión le pidió que entregara un informe como parte del requisito para ser aceptado en lo que fue conocido como la Sociedad Científica y Técnica de la Celda 75. El recluso resultó ser un renombrado biólogo ruso que era experto en los efectos biológicos de la radiación. Entonces ¿qué informe pudo haber entregado Solzhenítsyn para dejarlo más impresionado si no ese?[36]

«En ese momento recordé que en el campamento recientemente había tenido en mis manos durante dos noches el Informe Smyth, el informe oficial del Departamento de Defensa de los Estados Unidos sobre la primera bomba atómica, que había sido traído del exterior. El libro había sido publicado esa primavera [...] Después de que se distribuyeron las raciones, la Sociedad Científica y Técnica de la Celda 75, compuesta por unas diez personas, se reunió en la ventana izquierda e hice mi informe y fui aceptado en la sociedad».

En Dayton, en los meses posteriores al final de la guerra y el Informe Smyth, el trabajo con polonio continuó y las responsabilidades de Thomas y su personal comenzaron a expandirse. Se hicieron planes para la construcción de una planta de producción de polonio más grande, a cargo de Monsanto, ya que toda la fabricación de polonio de EUA pronto se centraría en Monsanto.[37] Y la fabricación de los iniciadores se trasladaría de Los Álamos a Dayton, que tuvo que mantener su secretismo.

Tal plan fue probablemente la razón por la que Koval y Bradley habían sido transferidos de Oak Ridge a finales de junio de 1945. Obviamente, una mayor producción de polonio aumentó los peligros de la radiación y, por lo tanto, aumentó la demanda de físicos de la salud con amplia experiencia para establecer rutinas y diseñar programas. El número de instalaciones creció de cuatro unidades a siete, repartidas por Dayton. Y a medida que Monsanto se convirtió en el fabricante estadounidense de polonio y de los iniciadores de bombas por excelencia, también adquirió contratos gubernamentales para investigar futuros usos militares del polonio y aplicaciones de energía atómica en tiempos de paz. Siguió creciendo más y más, en especial después de que las siete unidades fueron reemplazadas por un sitio de 0.72 km² ubicado a 19 km al suroeste de Dayton, que incluía una estructura subterránea protegida contra la guerra biológica y química. Luego, las unidades anteriores fueron desmanteladas, renovadas y devueltas a sus propietarios, excepto el Teatro Runnymede.[38]

La Unidad IV, un punto clave para el procesamiento de polonio, sería totalmente desmantelada. Incluso los adoquines en el camino de entrada fueron arrancados y cavaron dos metros de tierra debajo del edificio. Los camiones estaban cargados con tiras irregulares de madera desprendida, grandes losas de mármol italiano e innumerables cajas llenas de vidrio corrugado. Luego, todas las piezas del Teatro Runnymede fueron transportadas, junto con piedras y tierra, en cientos de camiones a Oak Ridge para ser enterradas.

Lo que se logró en la Unidad IV durante la guerra no se revelaría hasta más de una década después de Hiroshima y Nagasaki, y tan solo a una audiencia de científicos en un informe altamente técnico de casi 400 páginas[39] emitido por la Comisión de Energía Atómica de EUA. Después de 24 años Monsanto publicó un folleto de 20 páginas, con fotos, dirigido al público y titulado «El Proyecto Dayton». Según el biógrafo de Thomas, nunca habló sobre su trabajo durante la guerra con amigos, compañeros de trabajo o incluso miembros de su familia. Y aunque recibió reconocimiento como científico de primer nivel en varias ocasiones durante esos casi 25 años de confidencialidad, rara vez se oía hablar sobre el crucial proyecto de polonio en Dayton.

Las capas y los años de secreto no solo causaron que el reconocimiento de Dayton en el Proyecto Manhattan se retrasara mucho, sino que también ayudaron a que su espía residente no fuera detectado. En la pequeña y aislada comunidad de expertos de las Unidades III y IV, Koval tan solo destacaba por su pericia científica. Incluso se había ganado el respeto suficiente para ser invitado como parte de un grupo de «especialistas respetados» para viajar a Hiroshima y Nagasaki en septiembre de 1945. Estos eran individuos enviados por el Ejército, la Marina y el Proyecto Manhattan para estudiar el impacto de las bombas atómicas y analizarlo entre expertos en radiación. Al principio Koval aceptó el honor. Pero según un académico ruso se retractó en el último minuto.

Casi al mismo tiempo alguien en Monsanto, probablemente Thomas, le ofreció a Koval un puesto que le permitiría continuar su trabajo como físico de la salud después de su desmovilización del Ejército. Pagaba bien y presentaba oportunidades para el avance profesional; además, desde su punto de vista y el de su supervisor, habría contactos invaluables para obtener la información más reciente sobre investigación nuclear.[40] Pero rechazó la oferta, tal vez tras recordar que cuando el hielo es delgado es mejor caminar rápido.

CAPÍTULO 10

EL ARTE DEL ESPIONAJE

El 12 de febrero de 1946 en Camp Atterbury, Indiana, el Ejército de los EUA dio de alta a George Koval y le concedió tres honores militares: la medalla por buena conducta, la medalla por la victoria en la Segunda Guerra Mundial y el galardón por el servicio de teatro estadounidense. Su registro de requisitos para la separación del Ejército reveló que había pasado un año estudiando química orgánica en la Universidad de Columbia, había trabajado como un agente de compras en Raven Electric por cuatro años y había sido un «asistente de ingeniero» en el «Proyecto de Ingeniería Manhattan» durante la guerra. En su entrevista de salida, ejecutada por un comandante del Destacamento de Ingenieros Especiales, Koval, así como todo el personal que había prestado sus servicios en el Proyecto Manhattan, aceptó los contenidos de un documento titulado «Información de salvaguarda».

El documento incluía lo siguiente: «Después de ser dado de baja de su asignación al Distrito de Manhattan, usted no hará ninguna divulgación no autorizada de ninguna información clasificada relacionada con este distrito a nadie, independientemente de su estado, grado o rango, bajo las sanciones previstas en los Artículos de Guerra y los Estatutos de los Estados Unidos. Cualquier violación se considerará de naturaleza grave».[1] Luego había una lista de características para la información considerada de alta seguridad, tales como «las características de la bomba, información que revele las tácticas defensivas que puedan emplearse contra el arma o sus efectos, e información sobre métodos de investigación, resultados o planes».

Al día siguiente, el 13 de febrero de 1946, parte de los secretos que Koval le había entregado a un mensajero, o a su agente supervisor, meses antes, comenzaba a circular en los cuarteles de la inteligencia soviética en Moscú. Esta era la segunda sección de un paquete de información de Koval que había llegado en algún momento de diciembre de 1945 al «Departamento S»,[2] que coordinaba la llegada de información de espionaje en relación con la bomba atómica desde el extranjero.

El «Departamento S» estaba dirigido por el teniente general Pável Sudoplátov, y su propósito era mejorar la eficiencia en la recopilación de información externa para ayudar al proyecto de la bomba atómica soviética. Entre otras cosas, el departamento era responsable de asegurarse de que los científicos soviéticos recibieran todos los informes de inteligencia en ruso, no en inglés. Una vez que comenzó a operar en febrero de 1944, el «Departamento S» se convirtió en el destino de los datos de espionaje atómico enviados por los agentes de inteligencia del NKGB y del GRU en el extranjero. Y eso significaba que, en Estados Unidos, los espías atómicos del NKGB y el GRU a veces trabajaban a través de correos y transportes comunes, a pesar de su competencia divisiva habitual.

El NKGB, antes conocido como el NKVD y más tarde como el KGB, fue parte de una sucesión de agencias de inteligencia interna y de la policía secreta soviética, que durante la guerra realizaron cambios organizativos y funcionales, entre ellos la implementación de trabajo de inteligencia en el extranjero; por lo general a cargo del GRU o del área de inteligencia del Ejército Rojo. Con total independencia de los funcionarios de inteligencia internos, el GRU era el principal servicio de inteligencia en el extranjero y, como tal, había sido la principal fuente de información confidencial de los líderes soviéticos en Estados Unidos durante las décadas de 1920 y 1930. El GRU operaba «rezidenturas»: espías «legales» en las embajadas y consulados soviéticos, e «ilegales» en tiendas encubiertas y agencias gubernamentales. Y tenía un programa de amplia duración para reclutar espías «ilegales», aquellos que trabajaban sin cobertura diplomática y vivían solos durante varios años en países extranjeros. Sin embargo, en la década de 1940 el NKGB ganó poder sobre el GRU en Estados Unidos, aunque el GRU se mantuvo firme.

Tanto el NKGB como el GRU asignaron oficiales para supervisar el progreso del proyecto de la bomba atómica de Estados Unidos, entre otras cosas. Había docenas de oficiales de inteligencia soviéticos apostados en los consulados soviéticos o trabajando encubiertos durante la guerra. Como escribió un académico del GRU: «El departamento de inteligencia del Ejército Rojo tenía agentes durmientes bien ubicados durante tiempos de guerra en Estados Unidos, cuyo objetivo era recopilar información técnica para fines militares».[3] Los soviéticos también reclutaron a un gran número de estadounidenses en puestos militares y diplomáticos para trabajar como mensajeros e informantes en las redes de espionaje soviéticas. A diferencia de Koval, estos eran «walk-ins»,[4] lo que significa que eran espías «por impulso e inclinación nacida por empatía en lugar de un entrenamiento riguroso». Es probable que nunca se sepa con exactitud cuántas personas en Estados Unidos tuvieron una relación encubierta con la inteligencia soviética, aunque los telegramas descifrados enviados entre EUA y Moscú durante la guerra revelarían más tarde las identidades de 349 personas.[5]

También se desconoce el número de reportes con información atómica enviados por Delmar o el Agente D. a Moscú desde el momento del reclutamiento de Koval en febrero de 1943 hasta su baja tres años después. Una carta escrita en junio de 1944 por un funcionario del GRU y enviada a los soviéticos en la rezidentura de Nueva York da una buena idea del alcance de la información enviada, pues condenaba la decepcionante cantidad de materiales útiles adquiridos desde el comienzo de la Operación Enormoz. La carta se quejaba de que el rumbo de la red de Nueva York «sigue siendo insatisfactorio, y para citar nuestro recordatorio frecuente, aparte del Agente D., no tenemos nada». Un académico ruso más tarde señaló en su interpretación de la carta que «los líderes de Moscú estaban valorando al Agente D. como un participante directo en el desempeño del programa nuclear».[6]

Mientras estaba en Oak Ridge, Koval le daba informes a «Faraday», un hecho que coincide con el recuerdo de Duane Weise sobre su viaje juntos a Nueva York a finales de mayo o principios de junio de 1945. Pero Koval también se reunió con un contacto identificado como «Clyde» al menos una vez mientras estaba en el sitio de Oak Ridge. «Clyde» pudo haber sido otro nombre en clave utilizado por Lassen, o por alguien que trabaja para Lassen, como su asistente William Rose, cuyo nombre apareció dos veces en los registros de visitantes de Oak Ridge en la primavera de 1945. Y Koval pudo haber usado un permiso de ausencia en febrero de 1945 para reunirse con Clyde fuera de Oak Ridge, como afirma un testimonio. Quienquiera que haya sido Clyde, Koval le entregó detalles sobre el sitio de Oak Ridge, incluida la producción mensual de plutonio en X-10.[7]

Luego, a finales de noviembre o principios de diciembre de 1945, Koval le entregó a Faraday datos sobre el trabajo del laboratorio de polonio en Dayton: «proporcionando acceso de primera mano a la investigación realizada sobre el polonio». Esa información estaba en un informe firmado el 22 de diciembre de 1945 por el mayor V. E. Khlópov, el «jefe de la primera dirección de inteligencia central en el cuartel general» en Moscú. Luego se envió a Sudoplátov en el «Departamento S». Y decía: «El polonio se envía al estado de Nuevo México, donde se utiliza para la creación de bombas nucleares. El polonio se produce a partir del bismuto. El 1.º de noviembre de 1945 el volumen de producción de polonio de la planta fue de 300 curis por mes, pero esa cantidad ahora se elevó a 500. Pronto se les enviará una breve descripción del proceso de producción de polonio». El informe del 13 de febrero de 1946 enviado por Khlópov a Sudoplátov describía el proceso de fabricación de polonio «que recibimos de una fuente confiable».[8] Esa fuente era Delmar.

Los testimonios de Koval llegaron a Moscú a través del vínculo de Lassen con el oficial del GRU, Pável Mijáilov, en el consulado de los soviéticos en Nueva York, que a veces usaba telegramas, el método más rápido, o paquetes postales o cartas, que tardaban al menos 10 días en llegar a Moscú y eran enviados a direcciones falsas para encubrir a la inteligencia soviética. Según un historiador del GRU, a menudo se usaban valijas diplomáticas de la embajada soviética en D. C. Y cualquier informe que saliera antes de agosto de 1945 podría haber sido metido en valijas diplomáticas enviadas en aviones con material de guerra de los EUA a la Unión Soviética como parte del acuerdo de Préstamo y Arriendo.[9] El programa de Préstamo y Arriendo de Roosevelt, aprobado por el Congreso a principios de noviembre de 1941, otorgó miles de millones de dólares en ayuda militar a los aliados anti-Hitler, lo que les permitía comprar a crédito aviones, armas, tanques, acero e incluso botas de combate. Y para la Unión Soviética, que recibió más de 17 millones de toneladas de suministros y acumuló una factura de casi 11 000 millones de dólares, proporcionó un conducto potencial para los envíos de inteligencia transportados por los aviones de Préstamo y Arriendo cargados en la enorme base de la fuerza aérea en Great Falls, Montana, con destino a la URSS. El último envío de Préstamo y Arriendo a la Unión Soviética fue en agosto de 1945.

El contenido de los informes de Koval de diciembre de 1945 y febrero de 1946 mostró en parte por qué su supervisor y otros estaban molestos por su decisión de rechazar la oferta de trabajo de Monsanto en Dayton, un puesto con acceso a información clasificada. El potencial de lo que podría aprender en Monsanto en los próximos años probablemente fue una visión esperanzadora para el GRU. Por ejemplo, para finales de 1946 todo el equipo y los diseños para la fabricación de detonadores de bombas atómicas se trasladaron a Dayton, donde el «personal de Monsanto obtendría información completa de Los Álamos y de los fabricantes de equipos»[10] sobre cómo hacer el iniciador. Para el GRU aquel puesto habría sido ideal: un científico astuto que hablara inglés con fluidez, muy respetado en Monsanto y ahora experto en espionaje al entrar en el sexto año de su «viaje de negocios» a Estados Unidos.

Pero los instintos afinados de Koval debieron de haberle advertido que rechazara la oferta. El control de seguridad en Monsanto ahondaría aún más en su pasado como nuevo empleado que quizá las incursiones recientes en sus archivos como miembro de la élite SED, en especial después de ser parte del Programa de Entrenamiento Especializado del Ejército en el CCNY. Cualquier verificación de antecedentes a profundidad revelaría las vulnerabilidades de Koval. Todo lo que se necesitaba era descubrir una mentira en sus registros, un vínculo con alguien en la red de espías soviéticos en tiempos de guerra en los EUA, ya sea el NKGB o el GRU, o un miembro de la familia en la Unión Soviética; tan solo una pista de su identidad secreta.

Al haber crecido en Estados Unidos, Koval tenía un historial de relaciones y actividades que podrían haber surgido en cualquier momento. Podría encontrarse casualmente con un antiguo compañero de clase de Sioux City o de la Universidad de Iowa, alguien que supiera que él y su familia se habían mudado a Rusia en 1932. Luego estaba el hecho de que, aunque su nombre no figuraba en el pasaporte familiar, definitivamente se podía encontrar en archivos oficiales, como los relacionados con la Convención del Estado de Iowa del Partido Comunista celebrada en Chicago a mediados de agosto de 1930, a la que Koval asistió como delegado de Iowa de la Liga de Jóvenes Comunistas. El reporte de la convención se presentó en Des Moines en la sede del Partido Comunista de Iowa. Un hecho aún más preocupante es que se había presentado un informe detallado de la convención en las oficinas centrales de Chicago de la Federación Americana de Inteligencia Vigilante (AVI), la vigorosa organización anticomunista repleta de informantes que cubren tales eventos y enumeran los nombres de todos los participantes. La AVI remitió su informe a la rama local del FBI, que a su vez se lo envió a Hoover, tal como les indicó que hicieran en la década de 1920. El documento de la AVI también se publicó en un reporte del Congreso en octubre de 1930.

Otro reporte público dañino, uno que el FBI descubriría posteriormente, fue su registro de arresto de septiembre de 1931 en la oficina del comisario del condado de Woodbury en Sioux City. Este reveló que fue arrestado por actos cometidos como miembro adepto de los Consejos de Desempleados, creados por la Liga de Unidad Sindical del Partido Comunista. La historia sobre el arresto de Koval que apareció en la portada del *Sioux City Journal* señaló que sus cargos consistían en presuntamente incitar una «redada» en una oficina del gobierno.

Además, estaba la extensa carta que escribió en 1935 a sus familiares y amigos en los EUA sobre su vida en Rusia y su amor por la Unión Soviética, publicada en la revista oficial de IKOR, *Nailebn* o «Nueva Vida». «¡Qué gran raza son los "BOLCHEVIQUES!"», escribió. En la edición de julio de 1932 de la revista también apareció la foto del pasaporte de la familia Koval. Y encima de eso, estaba el artículo de 1936 sobre los dos meses del editor y escritor neoyorquino Paul Novick en la Región Autónoma Judía en el verano de ese año, que incluía detalles sobre «los Koval de Sioux City, Iowa».

Todos estos registros podrían encontrarse si hubiera una razón para indagar, como el descubrimiento de una sola declaración falsa en un documento oficial durante un control de seguridad de los archivos de Koval en Oak Ridge o Dayton. Y durante el periodo posterior a la Segunda Guerra Mundial en los Estados Unidos, los vientos habían cambiado de dirección y soplaban con fuerza. Durante la guerra, un espía soviético sospechoso de espionaje de bombas atómicas podría ser seguido y denunciado, pero no arrestado ni procesado. Tal acción habría expuesto el secreto del proyecto de la bomba, particularmente si el sospechoso era un espía con experiencia científica. Para septiembre de 1945 ya nada de eso importaba y un espía como Koval tenía dos opciones: pararse en el acantilado en espera de ser empujado y rezar por un aterrizaje seguro, o hacer un plan oportuno para escapar con cautela.

Después de la guerra los temores de la nación se habían trasladado de Japón y Alemania a la Unión Soviética. El aliado de Estados Unidos en tiempos de guerra ya no era necesario y, por lo tanto, la Rusia comunista volvió a su estado anterior a la guerra como el enemigo declarado de Estados Unidos, con una pasión renovada e inflamada. La Madre Rusia ya no era una amiga.

Un organismo que ayudó a incentivar los puntos de vista anticomunistas era el Comité de Actividades Antiestadounidenses (HUAC),[11] formado en 1938, y alguna vez encabezado por Martin Dies Jr., el congresista demócrata de Texas que en 1940 dijo: «Dios nos dio América y los marxistas no nos la arrebatarán». La búsqueda inicial del HUAC, como comité de investigación de la Cámara de Representantes de EUA, fue exponer tanto a los grupos fascistas como a los comunistas que representaban una amenaza para la seguridad norteamericana al supuestamente infiltrarse en las escuelas, el gobierno e incluso Hollywood. Su legado, sin embargo, sería su incansable empeño por descubrir y desarraigar el espionaje comunista.

En 1944 Dies se jubiló y John Rankin, un congresista demócrata de Misisipi, se convirtió en el nuevo presidente del HUAC. Con una reputación como ferviente antisemita y racista empedernido, Rankin difundió la teoría de que el comunismo era un complot judío. Por lo tanto, utilizó la falacia *Reductio ad Stalinum* como estrategia para investigar lo que, según él, era la conspiración judía detrás de los liberales estadounidenses y el *New Deal*. Después de la guerra, el HUAC, bajo el liderazgo de Rankin, se convirtió en un comité permanente, que pronto entraría en su apogeo.

Pero además de los registros públicos arriesgados y del *Reductio ad Stalinum* en el Congreso, lo que debe de haber despertado la cautela de Koval lo suficiente como para que rechazara el puesto de Dayton fueron las deserciones y detecciones soviéticas que ocurrieron a finales de 1945 y principios de 1946; cada vez más cerca de Koval.

CAPÍTULO 11

DESERCIONES Y DETECCIONES

Como un funcionario de cifrado en la embajada soviética en Ottawa, Canadá, y un oficial de inteligencia del GRU, Igor Gouzenko tenía acceso a los comunicados secretos del GRU y el NKGB entre Canadá y las embajadas y consulados soviéticos en Gran Bretaña y Estados Unidos. Incluso era capaz de abrir la caja fuerte en el cuarto de cifrado de la embajada, que contenía documentos como informes y telegramas codificados. Los funcionarios de cifrado eran intérpretes que operaban tras bambalinas en el mundo del espionaje, donde los espías eran los actores principales. Pero a principios de septiembre de 1945 Gouzenko capturó la atención del público y atrajo el reflector sobre su profesión críptica cuando partió de su oficina para no regresar nunca más, tras haber atiborrado su camisa con 109 telegramas ultrasecretos y más de 100 documentos que exponían a espías soviéticos en Canadá, Gran Bretaña y Estados Unidos, algunos de ellos conectados con el espionaje de la bomba atómica. Fue una «cantidad alucinante de documentos robados del GRU»,[1] como un académico describió aquella hazaña más tarde.

En los días siguientes Gouzenko buscó asilo para él, su esposa y su hijo de 15 meses, mientras entregaba el rebosante contenido de su robo a la Real Policía Montada de Canadá (RCMP). Después de que la RCMP informó al FBI, el 12 de septiembre J. Edgar Hoover envió un mensaje urgente al presidente Truman sobre el desertor y sus declaraciones, una de las cuales era que Stalin había convertido «la obtención de información completa sobre la bomba atómica el Proyecto Número Uno del espionaje soviético».[2]

Gracias al topo soviético Kim Philby, que era jefe de la contrainteligencia británica, los soviéticos se enteraron casi de inmediato de la deserción. «Para los rusos la deserción fue nada menos que un desastre, lo que exigió una revisión exhaustiva de sus operaciones de inteligencia»,[3] escribió más tarde un académico. Lavrenti Beria, por entonces vice primer ministro de Stalin, su «primer teniente», envió al poco tiempo un telegrama a cada rezidentura en el extranjero, advirtiendo que «la deserción de G. ha causado un gran daño a nuestro país y, en particular, ha complicado en gran medida nuestro trabajo en los países americanos». Pronto se enviarían instrucciones, escribió, sobre formas de mejorar todas las redes de agentes y reglas para reforzar la seguridad. «El trabajo debe organizarse de modo que cada miembro del personal y agente no pueda tener conocimiento de nuestro trabajo más allá de lo que se relaciona de manera directa con la tarea que desempeña».[4]

Había motivos para entrar en pánico, ya que Gouzenko había expuesto las redes de espionaje canadienses y estadounidenses y desatado una tormenta de búsquedas de contrainteligencia de espías comunistas en ambos lados de la frontera. Entre los afectados se encontraban espías con los que Koval tenía vínculos, como Arthur Adams, que, entre otras cosas, había obtenido un pasaporte canadiense falso a través de Sam Carr, líder del Partido Comunista Canadiense y uno de los agentes soviéticos expuestos por Gouzenko. De hecho, entre los muchos secretos que reveló el agente de cifrado se encontraba el fraude de los pasaportes, lo que dejó al descubierto los mecanismos internos con los que operaba el funcionario de cifrado.

Gouzenko reveló numerosas estrellas en el escenario soviético de espías, entre ellos un asistente anónimo del subsecretario de Estado de EUA, más tarde identificado como Alger Hiss. También expuso a Fred Rose, miembro del parlamento canadiense. Considerado uno de los agentes soviéticos más importantes en Canadá, Rose era el jefe del grupo de espías del GRU en Montreal. Como tal, estaba conectado con Pável Mijáilov en el consulado soviético en Manhattan, lo cual vinculaba de manera indirecta a Rose con Arthur Adams, Benjamin Lassen y, por lo tanto, con Koval. Cuando Rose fue elegido para la Cámara de los Comunes de Canadá en 1943, Mijáilov envió un telegrama a Moscú: «Fred, nuestro hombre en Lesovia [código para Canadá] ha sido elegido para el parlamento lesoviano».

Fred Rose, al igual que Adams, Lassen y Jacob Golos, había trabajado alguna vez para Amtorg en Nueva York. Tanto Golos como Lassen, a través de Mijáilov o World Tourists, habían utilizado a Rose para obtener documentos de viaje canadienses para los agentes a los que ayudaban. Uno de los deberes de espionaje de Rose era ayudar «con documentación falsa para los ilegales soviéticos que buscaban ingresar a los EUA y más allá».

Se desconoce si Koval alguna vez conoció a alguna de estas personas además de Lassen. Pero en los meses siguientes los lazos organizativos de Fred Rose en las redes de espionaje canadiense y estadounidense comenzarían a surgir, a menudo en las noticias de primera plana en ambos lados de la frontera. Hoover enviaría un memorando urgente a los jefes de su oficina anunciando que el caso Gouzenko debe ser su «proyecto núm. 1» y que todos los recursos deben utilizarse «para analizar todos los ángulos de inmediato».[5] Fue en medio de tales exposiciones que a Koval le ofrecieron el trabajo de Monsanto en Dayton.

Como una réplica del terremoto de Gouzenko, unos meses después otro espía desertó, esta vez una estadounidense de nombre Elizabeth Bentley,[6] quien había sido la adjunta y amante de Jacob Golos. Después de su muerte en 1943 Bentley se hizo cargo de dos redes de Golos de informantes comunistas: ambas encabezadas por economistas, uno en la Junta de Producción de Guerra y el otro en el Consejo de Economía de Guerra. Ambos hombres tenían vínculos con personas conocidas por Lassen.

Aunque probablemente no conocía a Koval; Bentley debió de haber conocido a Lassen gracias a sus vínculos duraderos con Golos y porque Golos alquiló un departamento en el mismo edificio donde Lassen tenía su oficina principal. Los detalles que difundió no serían ampliamente conocidos por el público hasta el verano de 1948, pero el 6 de noviembre de 1945, cuando entró en la oficina del FBI en Nueva York y comenzó a divulgar los nombres y las operaciones de docenas de espías soviéticos que había conocido durante los siete años anteriores, Bentley sacudiría aún más los cimientos temblorosos del espionaje soviético en los Estados Unidos.[7] Sus entrevistas, que llenaron un dosier a interlineado sencillo de 115 páginas, revelaron los detalles de una gran infiltración de espías soviéticos en Estados Unidos, en especial durante los años de guerra. La deserción de Bentley se supo de inmediato en Moscú.

El siguiente ataque contra las redes de espionaje conectadas directa o indirectamente con Koval se produjo pocos días después de la última reunión de Bentley en noviembre en la oficina del FBI en Nueva York. Se trataba de una serie de cuatro partes sobre el espionaje soviético en Estados Unidos publicada en el *New York Journal-American*, un periódico muy conservador y de amplia circulación propiedad de William Randolph Hearst. El escritor Howard Rushmore fue editor del *Daily Worker*, el órgano oficial del CPUSA, y exmiembro del partido. Fue expulsado de ambos en 1939 cuando se rehusó a escribir una reseña desfavorable de la película *Lo que el viento se llevó*; una tarea ordenada por el Partido Comunista, según afirmó Rushmore. En el *Journal-American* Rushmore se especializó en artículos anticomunistas, y su jefe en el periódico era un exagente del FBI que reportaba directo a los federales, por lo que fugió como una excelente fuente de una gran variedad de detalles incriminatorios sobre espías soviéticos en los Estados Unidos. También era la conexión del periódico con Hoover, quien era un maestro en el uso de la prensa para sus propios fines. En el caso de la serie de Rushmore, Hoover quería humillar al presidente Truman para que adoptara una posición más dura contra los espías soviéticos. Arthur Adams fue el foco del primer artículo de la serie el 3 de diciembre de 1945.

Con el nombre ficticio de «Alfred Adamson», Rushmore presentó a un presunto agente soviético que estaba siendo investigado por el FBI y que utilizó un trabajo en una compañía de música ubicada en la Quinta Avenida para su identidad encubierta. La empresa era propiedad de la misma persona que dirigía una pequeña tienda de música en la Calle 44ª Oeste y que pagaba a «Adamson» 75 dólares a la semana. Esa persona era claramente Eric Bernay, en cuya tienda, The Music Room, Adams había conocido a Clarence Hiskey años antes. Rushmore afirmó que «Adamson» una vez había recibido secretos de la bomba atómica de un científico con sede en Chicago y que había llevado una pesada caja de documentos en un viaje en un sedán Plymouth negro que tenía la placa del consulado soviético, un número registrado bajo el nombre «Pável Mijáilov». También describió cómo Adamson envió telegramas a su esposa estadounidense en Moscú a través de la esposa de un médico de Manhattan que ejercía en el Upper West Side. Hizo hincapié en que habían pasado dos años desde que el FBI descubrió un paquete de papeles llenos de detalles de la bomba atómica en la habitación del hotel del espía y que, a pesar de la gran cantidad de información enviada al Departamento de Estado que probaba los delitos de espionaje de Adamson, no hubo «ninguna acción para su arresto».

El objetivo del artículo era avergonzar a la administración de Truman por no detener a Adams-Adamson. También fue una táctica para infundir miedo. Rushmore recordó a sus lectores: «El nombre real con el que opera [Adamson] y el nombre del hotel en el que se hospeda son conocidos por el *Journal-American*».[8]

Esta fue una advertencia para Adams y sus asociados: Miren lo que sabemos. Estamos pisándoles los talones. Los atraparemos pronto.

Debe de haber funcionado con Mijáilov. El 13 de diciembre el vicecónsul alto y delgado con un copete rubio[9] fue conducido en un sedán negro desde el consulado soviético en Manhattan hasta Jersey City, Nueva Jersey, donde abordó el SS *Suvorov*, un barco soviético que se dirigía a Múrmansk, Rusia. No está documentado qué efecto tuvo la serie sobre Adams o exactamente cuándo se percató de la atención que recibía las 24 horas del día por parte de los agentes del FBI. Sin embargo, definitivamente desde antes de la serie del *Journal-American*, sus instintos como espía experimentado deben de haber estado en alerta máxima. Meses después de que los federales comenzaran a seguirlo en 1944, Hoover ordenó que se intervinieran sus llamadas telefónicas y que se colocaran micrófonos ocultos en su habitación, la #1103 del Hotel Peter Cooper en la Calle 39ª Este. Los agentes del FBI seguían cada uno de sus movimientos, e incluso se sentaban detrás de él en las salas de cine.

A finales de la primavera de 1945 un caballero que visitaba a Adams en su habitación le informó que cuando entró al hotel fue fotografiado por hombres con cámaras en las ventanas de un edificio al otro lado de la calle y que luego fue seguido a pie por dos individuos en la cercanía cuando se detuvo para enderezar su corbata. El visitante le preguntó a Adams si sabía algo sobre esto. Adams le dijo que sí, y que solo se trataba de «algunos problemas» relacionados con su trabajo en el negocio de la grabación, en Keynote. Luego, Adams cambió rápidamente de tema al Laboratorio Metalúrgico de Chicago, donde su invitado había trabajado con Clarence Hiskey. Sin decir demasiado, Adams dejó claro que sabía sobre la investigación de la bomba atómica en Chicago y que quería saber más. «¿No sientes que esto en lo que estabas trabajando pertenece a la humanidad?», preguntó Adams. El hombre respondió que en principio estaba de acuerdo con Adams, pero con la reserva «solo si el mundo estuviera bien ordenado».[10] Luego, Adams comenzó a hacer preguntas sobre la fabricación de la bomba, con una sugerencia cortés y directa de que su invitado le dijera lo que debería saber. El invitado, consciente ahora de que esto debía de ser algún tipo de reclutamiento, dijo: «No, mientras exista la política general de confidencialidad, siento que debo respetarla, aunque pueda estar en desacuerdo con ella». Y luego la conversación pasó al tema de la guerra, y el invitado pronto se fue. Claramente, Adams era imparable, o eso parecía.

A raíz de los artículos del *Journal-American* y de la repentina partida de Mijáilov, Hoover envió un memorando a la oficina de Nueva York indicándole que citara a Adams y lo entrevistara «con el fin de obtener sus comentarios sobre los artículos y, en particular, con el fin de obtener de él declaraciones positivas sobre su estatus migratorio y ciudadanía. Desde la partida de su contacto en el Consulado, Mijáilov, Adams puede estar dispuesto a discutir en detalle su misión real en los EUA. Los agentes entrevistadores deben tener mucho cuidado para ocultarle a Adams el alcance de la información de la Agencia sobre él y sus compinches, ya que Adams podría intentar determinar lo que la Agencia sabe».[11]

Esa entrevista nunca sucedió. En cambio, tuvo lugar un intercambio entre Adams y el agente especial Leonard Langen en una parada de autobús en la Calle 53 Este y Madison, el 12 de enero de 1946, a las 9 p. m., durante el cual Adams trató de hacer exactamente lo que Hoover temía: manipular a un agente para que revelara detalles sobre lo que la agencia sabía mientras mantenía las apariencias. Cuando Langen vio a Adams corriendo hacia un autobús de la Avenida Madison que estaba bastante lleno, consciente de la propensión de Adams a lanzarse de manera repentina entre una gran multitud y desaparecer, se movió a una posición cerca de Adams para asegurarse de abordar el autobús con él, y así lo hizo. Entonces, de repente Adams saltó del autobús, al igual que el agente, mientras el vehículo se alejaba, dejándolo solo con el agente en la parada de autobús. Y durante la siguiente hora y 15 minutos, de pie en el frío, hablaron. Adams se quejó del artículo del *Journal-American* y negó con vehemencia que fuera un agente de espionaje soviético. Él nunca había estado en Rusia, enfatizó. Dijo que esperaba permanecer en los EUA por el resto de su vida y que estaba ansioso por convertirse en ciudadano estadounidense tan pronto como pudiera reunir los documentos apropiados.

La última vez que los agentes que rastreaban a Adams lo vieron fue el 23 de enero de 1946. Aquel día, a la 1:30 p. m., visitó la joyería de Victoria Stone en la Avenida Madison, llevó una pequeña bolsa negra y una caja de cartón. Stone fue uno de los intermediarios de Adams con Eric Bernay, Pável Mijáilov y otros. Luego caminó hasta la Biblioteca Pública de Nueva York en la Calle 42ª y la Quinta Avenida, donde leyó una revista sobre maquinaria. A las 4:35 p. m. regresó a su oficina en Keynote Recordings y nunca más lo volvieron a ver. Aunque los agentes observaron el edificio y un informante confidencial les dijo que a las 5:05 p. m. Adams todavía estaba en su oficina, la agencia de Nueva York no pudo encontrarlo. A la 1:00 a. m. del día 24, 10 agentes más lo buscaban a lo largo de Manhattan.[12] Se notificó a otras oficinas locales. El personal de inmigración y aduanas en todos los puertos de salida de los EUA se puso en alerta máxima. Se descubrió que la mayoría de las pertenencias de Adams en el Hotel Peter Cooper había sido retirada. La única evidencia de que todavía estaba vivo sería una postal enviada unos días después a Victoria Stone. Con sello postal de Nueva York, Nueva York, del 26 de enero a las 7:30 a. m., decía: «Mi querida Victoria: Esto es para informarte que todo está bien.

Saludos a mis amigos y mucho amor para ti. A. A. Enero 25, 1946».[13]

El 16 de febrero *Journal-American* publicó un artículo de primera plana escrito por Rushmore con el titular: «Espía atómico rojo elude al FBI mientras que Canadá atrapa a 22; Ottawa toma acción sobre la filtración de información confidencial». Comenzaba: «El cabecilla de la red internacional de espionaje soviético, cuyos esfuerzos para robar secretos de la bomba atómica fueron expuestos en el *New York Journal-American* el pasado 3 de diciembre, huyó a toda prisa de su habitación de hotel en el centro de la ciudad hace tres semanas, se supo hoy. Un hombre identificado en el *Journal-American* como Alfred Adamson está vinculado con las 22 personas que ahora están siendo interrogadas por funcionarios canadienses, acusadas de proporcionar información atómica secreta a Rusia». Luego, el artículo discutió más detalles sobre «Adamson» y sus vínculos con la red de espionaje canadiense, su sistema de envío de documentos por correo y su vínculo con el jefe de una compañía eléctrica que, según el artículo, «ahora también está bajo vigilancia».[14] No está claro a quién se refería la historia.

Dos semanas después, el 5 de marzo, *The New York Times* publicó su primera historia sobre la deserción de Gouzenko. *The New York Times* había esperado la publicación de los informes oficiales canadienses sobre la investigación de la «red de agentes encubiertos organizada y desarrollada por miembros del personal de la embajada soviética en Ottawa bajo instrucciones directas desde Moscú».[15] El primer informe dejó en claro que la información sobre el proyecto de la bomba atómica era de alta prioridad para los espías soviéticos.

El segundo informe de la investigación estaba programado para ser publicado a mediados de marzo, el día en que Fred Rose fue arrestado en su domicilio en Ottawa, luego de regresar de la primera sesión del parlamento canadiense de 1946. Fue el primer funcionario público de Occidente en ser acusado de espionaje para la Unión So ca. Debajo de una foto de Rose en la portada del *Journal-American* estaba el pie de foto: «¿Cuántos de estos hay en los EUA?».[16]

CAPÍTULO 12

EL RECLUTA

Cuando Koval regresó a Nueva York en febrero de 1946 el comunismo parecía ser una plaga imparable. A inicios de la primavera, mientras los medios arrojaban más detalles sobre espías y secretos atómicos, el Comité de Actividades Antiestadounidenses estaba buscando pistas en Oak Ridge. Esta investigación en parte fue detonada por un artículo de primera plana a mediados de marzo en el *Journal-American* sobre un empleado en una planta de Oak Ridge que supuestamente estaba proporcionando información sobre los «avances atómicos» a espías en la red de Arthur Adams. El 24 de marzo Hoover envió un memorando por teletipo de D. C. a la agencia de Nueva York, marcado como «urgente»[1] y que contenía una reimpresión de la historia. Alrededor de esas fechas el Ejército de los EUA «ordenó que todos los oficiales con puntos de vista "subversivos" se removieran de posiciones de confianza».

Para entonces Koval debe de haber sabido lo inteligente que fue al rechazar el trabajo en Dayton, un puesto en estrecha cercanía con el Ejército y con la investigación de bombas nucleares en curso. Parecía estar a salvo de las deserciones recientes, ya que no se pudo trazar una línea directa entre la lista de nombres de Gouzenko y él. Además, una vez que la ola de detecciones pasó, él estaba en el Ejército de los EUA, una cobertura a prueba de balas. Aun así, tenía vínculos indirectos con la red canadiense del GRU, así como con Adams, y ya no tenía el refugio de su puesto de física de la salud con autorización de máxima seguridad. La ironía era que había estado más a salvo de ser expuesto durante la guerra. Ahora, su plan debía ser tratar de mantener un perfil bajo, solicitar su regreso a Moscú y, mientras espera órdenes, evitar ser detectado. Aprovechando al máximo los desafíos que le presentaba la historia, solicitó la ley de soldados GI para regresar al CCNY y completar su licenciatura en Ingeniería Eléctrica que había comenzado mientras estaba en el Programa de Entrenamiento Especializado del Ejército.

Durante varios meses Koval vivió en un departamento en Washington Heights. Puede que haya sido el mismo lugar en la Avenida Fort Washington que Lassen había estado usando como alojamiento temporal cuando recibía nuevos reclutas de espionaje del extranjero, donde Koval había vivido después de su llegada en 1940. Luego, para el verano, se mudó de regreso al Bronx, esta vez a la Avenida Valentine en un vecindario con un ambiente diferente al de los edificios de Sholem Aleichem. Su nuevo hogar estaba en un edificio de departamentos de cuatro pisos en una calle concurrida llena de autos estacionados, donde nadie, excepto quizá la dueña, sabía nada de nadie y donde no había vínculos directos con Lassen. No había indicios de idealismo comunista, ni red de espionaje, aunque el departamento de los Lassen estaba a tan solo cuatro minutos a pie. Y mientras el mundo continuaba haciendo sus ajustes de posguerra y Estados Unidos seguía incrementando el temor a los soviéticos, Koval pronto estableció una rutina en el ccny, su isla rodeada por arenas movedizas.

No hay pruebas contundentes de que Koval participara en actividades de espionaje en 1946. Como escribió más tarde un académico estadounidense: «El desastre canadiense por sí solo fue motivo suficiente para congelar las operaciones de espionaje [soviéticas] en Nueva York durante la mayor parte de 1946».[2] La información que había proporcionado previamente al «Departamento S» había sido enviada a Moscú a finales de 1945.

Sin embargo, para 1946 Koval tenía suficiente experiencia en su oficio como para no dejar rastros. Parecía seguir de manera diligente las reglas básicas: nunca socializar con miembros de la red celular.[3] Nunca reunirse en la casa de un mensajero o supervisor. Nunca conectarse con el Partido Comunista. Nunca elogiar a la Unión Soviética ni predicar los ideales comunistas. Siempre contactarse en lugares públicos, como parques o cafés. Y otro consejo vital: unirse a clubes. Para adquirir contactos útiles, así como las últimas noticias en el campo asignado de un espía, se le instó a convertirse en un miembro activo del club. Esta fue una lección de los modelos de espionaje científico del MIT y seguramente del entrenamiento de espionaje de Koval, así como de la experiencia pasada de su supervisor: Lassoff, entusiasta de los clubes. Convertirse en un recluta. Mejor aún, convertirse en el presidente de un club, que, según algunos relatos, es exactamente lo que hizo Koval.

En 1946, cuando Koval regresó a la escuela, la fraternidad honoraria nacional de ingenieros eléctricos, Eta Kappa Nu,[4] abrió un nuevo capítulo en el CCNY, bajo la dirección docente de Henry Hanstein. Pronto, Koval se comprometería con el nuevo club y, al año siguiente, parecía estar dirigiéndolo. «Estaba muy interesado en los asuntos de la fraternidad y entablamos muchas conversaciones»,[5] recordó Hanstein más tarde. Eso no era de sorprenderse considerando que los dos científicos compartían un interés especial en la energía nuclear. De hecho, un antiguo colega comentaría más tarde que, aunque Hanstein no era oficialmente parte del Proyecto Manhattan, «es correcto decir que fue uno de los diseñadores de la bomba».[6] Y en una edición de octubre de 1945 del periódico estudiantil del CCNY, *The Campus*, Hanstein figuraba en la «Lista de docentes en el proyecto de la bomba atómica».[7]

Hanstein, que era muy respetado en el campo de la ingeniería eléctrica, había sido alumno de Enrico Fermi durante los primeros años de trabajo en fisión nuclear. Obtuvo su doctorado en Columbia en 1942, con una disertación centrada en el ciclotrón de Columbia. Es probable que Koval haya conocido a Hanstein en Columbia en 1941 o durante sus cursos del CCNY en el Programa de Entrenamiento Especializado del Ejército, momento en el cual Hanstein estaba enseñando en CCNY.

Debido a que el capítulo Eta Kappa Nu del CCNY acababa de comenzar oficialmente el 16 de febrero de 1946, Koval y Hanstein deben de haber tenido reuniones sobre la planificación del programa y la elección de los docentes. Después de todo, el artículo número seis en la lista de 20 servicios de Eta Kappa Nu en su manual aconsejaba: «Planificar y organizar una serie de conferencias de oradores externos sobre temas oportunos y provocativos relevantes para los ingenieros estadounidenses». Para Koval, dicha instrucción podría haber sido un eco de su entrenamiento de inteligencia soviética.

Sin duda, Koval pudo haber permanecido en contacto con su supervisor. Su casera de la Avenida Valentine, la señora G. Gardner, comentó más tarde sobre el «único visitante regular» de Koval.[8] Ella no sabía el nombre del hombre porque nunca lo conoció, lo que no la sorprendió ya que Koval «era una persona muy reservada». Pero sí observó que el visitante tenía el pelo fino y gris, una barba corta moteada y una complexión robusta. Probablemente tenía sesenta y tantos años y medía 1.7 m. Y, como ella recordó más tarde, era un caballero, siempre «vestido con pulcritud y de buenos modales». También hablaba con acento extranjero, por lo que ella pensó que podría ser francés. Esta descripción encaja con Lassen, quien a finales de la década de 1940 tenía sesenta y tantos años y hablaba francés con fluidez, entre otros idiomas.

A pesar de los consejos de espionaje sobre evitar la actividad política, Koval asistió a un evento de este tipo en agosto de 1947 en Old Westbury, Long Island. Fue en la propiedad de Michael Whitney Straight, quien entonces era el editor de la revista *The New Republic*, propiedad de su familia. El propósito del evento fue reunir apoyo para el exvicepresidente Henry A. Wallace en su próxima candidatura a la carrera presidencial de 1948. Wallace había sido secretario de Agricultura en los dos primeros mandatos del presidente Roosevelt y vicepresidente en el tercer mandato. En ese puesto trabajó en el Top Policy Group de Roosevelt, que asesoraba al presidente sobre el desarrollo de armas nucleares, que al poco tiempo se centró en la producción de la bomba atómica y evolucionó al Proyecto Manhattan. Y en ese papel, Wallace, al menos desde finales de 1942, había estado al tanto de los planes e informes del proyecto, presupuestos, sitios y construcciones. También fue miembro de la Junta de Producción de Guerra.

En el cuarto mandato de Roosevelt, Wallace fue nombrado secretario de Comercio de los EUA, un cargo que siguió ocupando después de la muerte del presidente en abril de 1945 durante más de un año bajo Truman. Pero luego, en septiembre de 1946, Truman despidió a Wallace por dar un discurso que proclamaba fuertes puntos de vista prosoviéticos. Después de que Wallace dejó la administración de Truman, Michael Straight lo contrató para ser editor de *The New Republic*. Y al anunciar el nuevo puesto, la revista publicó una declaración de primera plana escrita por Wallace: «Como editor de *The New Republic*, haré todo lo posible para despertar al pueblo estadounidense, al pueblo británico, al pueblo francés, al pueblo ruso y, de hecho, a las personas liberales de todo el mundo, a la necesidad de detener esta peligrosa carrera armamentista».[9]

Se desconoce qué atrajo a Koval al hogar de Straight ese día. Koval seguramente sabía que Wallace nació en Iowa, y es probable que Koval estaba de acuerdo con las opiniones de Wallace sobre la clase trabajadora. Como dijo Wallace en el Hotel Commodore de Nueva York en mayo de 1942: «Yo digo que el siglo en el que estamos entrando, el siglo que nacerá después de esta guerra, puede ser y debe ser el siglo del hombre común».[10]

Y además estaba el propio Straight, con quien Koval compartió conocimientos sobre espionaje y posibles conexiones soviéticas. En la década de 1930, mientras estudiaba en Cambridge, Inglaterra, Straight había trabajado con espías soviéticos en una red conocida más tarde como «los Cinco de Cambridge». En Estados Unidos en la década de 1940, durante la guerra, desarrolló una estrecha asociación con un oficial del NKGB que dirigía dos redes vinculadas a Adams y a Lassen.

El motivo de Koval para asistir a la conferencia de Long Island también podría haber sido tan solo una necesidad durante su séptimo año en Estados Unidos de conectarse tranquilamente con personas de ideas afines, en especial en 1947, una época en la que aquellos con tendencias políticas de izquierda estaban bajo una presión sofocante. O bien podría haber estado siguiendo una pauta de espionaje para hacer contactos en lugares públicos.

Años más tarde, un agente del FBI que le preguntó por Koval a un hombre que había asistido a la misma reunión, y le dijo que recordaba aquel evento como un mitin político en una propiedad en Long Island y que estaba sorprendido de ver a George Koval, su excolega de Oak Ridge en física de la salud. El hombre y su esposa habían hecho el viaje desde el Laboratorio Nacional de Broojaven, que entonces estaba bajo autoridad de la Comisión de Energía Atómica, en Long Island, y su lugar de trabajo. Con la misión de explorar los usos pacíficos de la energía atómica, Broojaven había abierto recientemente y estaba construyendo el primer reactor nuclear en los EUA después de la guerra. El hombre le dijo al agente que la visita de la pareja al evento fue «por mera curiosidad con el interés de ver la propiedad», que les habían dicho que era «bastante fabulosa». No sabían nada acerca de un mitin de Henry Wallace programado para ese día. En consecuencia, él y su esposa, subrayó, habían permanecido en el evento «poco tiempo».

Sin embargo, continuó diciendo, vio a Koval parado solo entre la multitud, con las manos en los bolsillos de los pantalones y luciendo muy serio. Y después del discurso de Wallace, el hombre trató de iniciar una conversación con Koval. «Lo busqué solo para saludarlo». Pero intercambiaron pocas palabras, Koval solo dijo que estaba «continuando sus estudios de ingeniería en la ciudad de Nueva York». Eso fue todo; el hombre estaba bastante seguro, dijo, en su recuerdo del día. Y le aseguró al agente del FBI que nunca más volvió a ver ni hablar con su «amigo de Oak Ridge».[11] Dijo eso dos veces.

Las clases de Koval en CCNY comenzaron en la primera semana de septiembre de ese año, casi hasta el día del segundo aniversario de la deserción de Gouzenko. Para entonces, en 1947, 10 acusados descubiertos a través de la exposición de 1945 habían sido declarados culpables y sentenciados a prisión, y otros 16 fueron absueltos o estaban en espera de apelación. Allan Nunn May, un físico británico que había enviado pequeñas muestras de uranio a Moscú y que fue el primero de los espías de la bomba atómica de Moscú en ser capturado, fue sentenciado en mayo de 1946 a 10 años de trabajos forzados en la prisión de Wakefield en West Yorkshire. Fue May quien abrió la caja de Pandora sobre espías soviéticos que robaban secretos de bombas atómicas, que dio inicio a una cacería que continuaría al menos durante la próxima década. May no se arrepintió de lo que había hecho. Como dijo su abogado al tribunal: «Todo el conocimiento científico debería convertirse en propiedad de toda la humanidad».

Pero esta era una visión apenas visible en el otoño de 1947, bloqueada por crecientes oleadas de paranoia y crecientes errores de histeria. Meses antes, en mayo, el HUAC había trasladado su guillotina a Hollywood, lanzando testimonios de alta publicidad para atacar la supuesta infiltración comunista en la industria cinematográfica. Incluso algunas de las películas recientes más populares sufrieron ataques brutales, como *Canción de Rusia*, un éxito taquillero de 1944 protagonizado por Robert Taylor, que incluía escenas de granjeros de trigo bailando en colectivos y diálogos sobre Estados Unidos y la Unión Soviética como «dos grandes países reunidos para esta gran lucha por la humanidad» contra Alemania. Pero en octubre de 1947 la autora Ayn Rand testificó que la película era una pieza de propaganda prosoviética, «un encubrimiento deliberado de la terrible realidad de la vida bajo el comunismo»[12] en su país natal.

A pesar de una petición firmada por 80 estrellas, como Gene Kelly, Humphrey Bogart y Lauren Bacall, para denunciar y bloquear el asalto del comité a la privacidad política y personal, al menos 40 ejecutivos de estudios, actores, escritores y directores fueron citados. De repente, Hollywood se dividió entre lo que se llamaría testigos «amistosos» y «antipáticos». Los primeros estaban integrados por quienes responderían todas las preguntas formuladas por el HUAC; e incluía personalidades famosas como Ronald Reagan, Walt Disney, Gary Cooper y Robert Montgomery. Luego estaban los otros 19 —todos hombres, en su mayoría guionistas, algunos directores y un actor—, que afirmaron que la búsqueda del comité era una invasión de la privacidad inconstitucional y antiestadounidense. De ellos, 11 fueron llamados a testificar, incluido Bertolt Brecht, el aclamado dramaturgo alemán que salió de los EUA el día después de su testimonio y nunca regresó.

Los 10 restantes, en nombre de los derechos constitucionales, tomaron la Primera Enmienda como su defensa, se negaron a responder preguntas sobre sus creencias políticas y personales, y no participaron en «dar nombres». El HUAC no reconoció sus derechos constitucionales y, por lo tanto, en las próximas semanas los 10 serían declarados en desacato al Congreso: los «Diez de Hollywood». Y el 27 de octubre la revista *Time* citó al director de cine Sam Wood, que dijo: «Si tengo alguna duda de que lo son [comunistas], entonces no tengo cabeza. Estoy convencido de que estos comunistas de Hollywood son agentes de un país extranjero. Estos comunistas se golpean el pecho y se llaman a sí mismos liberales, pero si los desnudas, encontrarás una hoz y un martillo en sus traseros».[13]

Pero Hoover había estado cazando presas grandes en el campo equivocado. En febrero de 1948 un oficial capacitado profesionalmente de la Inteligencia del Ejército Rojo, George Koval (también un cabo desmovilizado del Ejército de los EUA), se graduó, con honores, del CCNY con un título en Ingeniería Eléctrica. Ocupó el cuarto lugar en una clase de 186 ingenieros y el segundo en una clase de 66 ingenieros eléctricos. Luego, el 15 de marzo, el Departamento de Estado de EUA emitió el pasaporte #170092 a George Koval (no se usó su segundo nombre, Abramovich), que indicaba que lo necesitaría para hacer negocios en el extranjero para una empresa con sede en Nueva York llamada Atlas Trading Corporation, por una duración de cuatro a seis meses, durante los cuales visitaría Francia, Bélgica, Suiza, Suecia y Polonia. En el formulario de solicitud había indicado que era ingeniero eléctrico de profesión y que su testigo de identificación era «Herbert J. Sandberg», a quien Koval conoció por primera vez en septiembre de 1943 cuando ambos estaban en el Programa de Entrenamiento Especializado del Ejército en el CCNY. Sandberg anotó con precisión en el formulario que había conocido a Koval «por un periodo de aproximadamente cinco años».[14]

En el archivo de la solicitud también había una carta dirigida a la oficina de pasaportes del Departamento de Estado en papel membretado de «Atlas Trading Corp., Battery Place 17, Nueva York 4, Nueva York». Fechado el 8 de marzo de 1948, decía que «George Koval» actuaría como representante de Atlas, una empresa de importación y exportación, operando a comisión en Europa. La carta fue firmada por Pedro R. Rincones, quien se identificó como el «presidente de Atlas».

Pero Atlas solo hacía negocios en América del Sur y nunca en Europa; no comisionaba a sus representantes de ventas; y no tenía registro de un empleado bajo el nombre de George Koval. Además, fue el dueño de Atlas, Francisco Petrínovic, quien ordenó al presidente de la empresa, Rincones,[15] que escribiera la carta. Nativo de Yugoslavia, Petrínovic era ciudadano naturalizado de Chile, donde, según algunos relatos, había tenido bastante éxito en el negocio del salitre. Vivió en la ciudad de Nueva York durante los años de la guerra, donde mantuvo estrechos vínculos con los canales diplomáticos soviéticos. Prueba de ello fue un telegrama que envió en julio de 1944 a «Viktor», nombre en clave del teniente general Pável Mijáilovich Fitin, en Moscú.[16] Cuando se envió el telegrama, Fitin, a quien se le atribuyó el nombre del proyecto de espionaje atómico soviético Enormoz, era el jefe de la inteligencia exterior del NKGB. En el telegrama, Petrínovic escribió: «Permiso denegado; no hay posibilidad de irse por el momento».[17]

Para Koval debe de haber sido un alivio colosal haber obtenido un pasaporte estadounidense, en preparación para su escape de Estados Unidos. Cuándo lo usaría, probablemente no lo sabía, mientras continuaba su «viaje de negocios», ahora en su octavo año. Y antes de finales de marzo conocería a Jean Finkelstein, la encantadora hermana de uno de sus hermanos de fraternidad, el momento perfecto para un espía soviético que en los próximos meses estaría rodeado por las sospechas y la histeria del creciente anticomunismo. Como acompañante de Koval, Jean podría ser el lastre perfecto en lo que resultaría ser un año volátil para los espías soviéticos en Occidente; una época en la que las diferencias de opinión no podían mantenerse dentro de límites razonables, cuando las pistas sobre la verdad se veían borrosas por el miedo y cuando los oportunistas florecieron en Estados Unidos, más de lo habitual.

CAPÍTULO 13

EL ESCAPE

Desde el punto de vista de su casera, la mejor descripción de George Koval era un estudiante honesto y un «lobo solitario». Desde que se mudó a la Avenida Valentine en 1946, la señora Gardner había observado su rutina diaria: salía temprano por la mañana, regresaba varias horas después de la cena y subía de manera sigilosa los cuatro tramos de escaleras hasta su departamento. Ella asumía que pasaba el resto de la tarde haciendo lo que todo buen estudiante haría. El hecho de que obtuvo su título del CCNY en dos años no le sorprendía, en gran parte porque sus estudios eran el centro de su vida; por lo menos desde el punto de vista de la señora Gardner.

Para ella, Koval era un hombre tímido y distante que parecía estar agobiado por un triste pasado. Esto probablemente se debía a que, como él le dijo, había perdido a ambos padres a una edad muy temprana y se crio en un orfanato en Cleveland, Ohio. «Supuestamente tenía una tía que nunca se interesó mucho por él», dijo más tarde, «y parecía estar en una situación financiera precaria».[1]

Sin embargo, cuando estaba lejos de la Avenida Valentine, Koval no era un introvertido melancólico al borde de la pobreza. Como diría más tarde uno de sus amigos del CCNY: «Era muy popular en la escuela».[2] A todo el mundo le caía bien George. Y debido a que era más grande que la mayoría de sus compañeros de clase, tenía «una influencia moderadora en casi todas las formas de discusión». También tenía la reputación de ser «todo un donjuán»,[3] como señaló más tarde uno de los hermanos de Jean Finkelstein, y agregó: «Antes de salir con Jean, traía a las fiestas a mujeres exóticas, atractivas, con aspecto de inmigrantes, desde Manhattan. Siempre alguien diferente».

Aunque sus calificaciones eran consistentemente buenas y su participación en clase notable, no era raro que Koval faltara a clases, o incluso que, ocasionalmente, se quedara dormido en clase como si hubiera estado despierto toda la noche. Pero esto, como muchas cosas sobre él, se consideraba de lo más normal en el tejido de la vida estudiantil y pasó casi desapercibido. Un antiguo compañero de clase comentaría más tarde que no lo pensó dos veces cuando vio por primera vez a Koval fumando un cigarrillo hasta la última mota visible, apretando la colilla hasta el punto de quemarse ambos dedos. «Pensé, no es precisamente la típica forma estadounidense de hacerlo. Daba un aire más europeo o de alguna parte».[4]

Otro de sus compañeros del CCNY describió a Koval como «una persona bastante misteriosa».[5] Por un lado, era bastante sociable, pero por el otro «nadie sabía mucho sobre él y mucho menos sobre sus antecedentes». Y aunque evitaba preguntas sobre sí mismo, sí compartía sus puntos de vista políticos. «Koval era muy conservador en temas políticos y te lo hacía saber. En una ocasión, cuando la Juventud Estadounidense por la Democracia (AYD) tomó el control del Consejo Estudiantil, Koval lideró un grupo de ingenieros en oposición a las tácticas y políticas de la AYD en el consejo», dijo el compañero de clase. La AYD, anteriormente conocida como la Liga Juvenil Comunista, fue una ávida promotora del comunismo y participó activamente en las luchas de la clase trabajadora.[6] Estaba en la lista negra de Hoover.

Pero cualquier cosa que fuera un poco enigmática acerca de Koval nunca ahuyentó a sus amigos, y parecía tener muchos. Estaban sus compañeros de clase en el CCNY; instructores en Columbia; miembros de Eta Kappa Nu; colegas del Proyecto Manhattan, tanto en Dayton como en Oak Ridge; y empleados en la tienda de suministros eléctricos en Manhattan donde trabajaba medio tiempo. Incluso tenía algunos compañeros de tenis en Boston, donde iba de vez en cuando «por negocios», como le dijo a Jean. Entre sus amigos cercanos estaba Herbie Sandberg, ahora profesor de física en el CCNY. Diez años más joven que Koval, Sandberg pudo haber sido un aprendiz, en especial tomando en cuenta que sus inclinaciones políticas coincidían con las de la vida secreta de Koval. Sandberg era un miembro registrado del Partido Laboral Estadounidense y del Sindicato de Maestros, ambas organizaciones bajo sospecha por Hoover en 1948 de estar «dirigidas por comunistas».

Ese año, 1948, Sandberg vivía en una casa de ladrillos en la Calle 98ª Oeste, a media cuadra al oeste de Broadway, en un departamento del primer piso con un amplio ventanal. Jean a menudo acompañaba a Koval a fiestas en las que se reunía con egresados e instructores de los departamentos de física, química e ingeniería eléctrica tanto del CCNY como de Columbia. Más tarde los describió como «intelectuales que vestían y actuaban como bohemios». Desde físicos, químicos, proveedores de electricidad y agentes de viajes hasta jugadores de tenis, académicos, miembros de la liga de bolos y más, la matriz de la vida pública de Koval era mucho más amplia de lo que la señora Gardner podría haber imaginado o de lo que Koval jamás reveló.

Ocurría lo mismo con su trabajo, del que rara vez hablaba, ni siquiera con Jean. Solo le dijo que trabajaba en una empresa de suministros eléctricos llamada Ace Electric, alrededor de la Calle 20 Oeste en Manhattan. Ella nunca visitó el lugar, nunca conoció a ninguno de sus compañeros de trabajo y ni siquiera sabía con exactitud cuál era su trabajo. Sabía que era algo que involucraba viajes. Él le había explicado que el «potencial de viajes al extranjero» asociado con su trabajo estaba aumentando con el tiempo, aunque nunca mencionó países específicos, lo que el trabajo implicaría o cuándo podría comenzar. El único trabajo del que hablaba mucho era el que tenía en la década de 1930, en una estación de radio en Nueva York. Eso fue cuando vivía en la Calle 72ª Oeste 311, dijo. Ella no sabía que todo era falso.

Nacida en Brooklyn y criada en el Bronx con tres hermanos mayores, Jean era una mujer joven y fuerte que prosperaba en el ambiente urbano neoyorquino. Aun así, admitió que nunca cuestionó las historias que Koval le contó. Además, de lo que más hablaba era de beisbol. No eran los árboles en flor lo que hacían de la primavera en Nueva York su estación favorita: sino el regreso de su amado deporte. La temporada de 1948 comenzó a mediados de abril y desde entonces, en parte porque al parecer alguien en su lugar de trabajo le dio boletos, él y Jean rara vez se perdían un partido en la casa de los Yankees, en especial durante la racha de nueve victorias consecutivas del equipo ese agosto.

Durante sus casi siete meses juntos, Jean no visitó el departamento en la Avenida Valentine de Koval, que estaba a unos tres kilómetros de donde vivía con sus padres en la Avenida Morris en el Bronx. Más tarde recordó que estuvo fuera de la ciudad solo dos veces durante un periodo prolongado. La primera vez fue a finales de marzo, justo después de que se conocieron, y se fue a D. C. Dijo que allí se encontraría con viejos amigos de los años de la guerra y que planeaban asistir a «una exposición de arte con pinturas encontradas por las fuerzas de ocupación estadounidenses en Alemania y que se exhibían en un museo en alguna parte de Washington. Se fue por varios días.

Luego, en agosto, se fue de viaje al Medio Oeste, por «fines de negocio»,[7] le dijo. No estaba segura de adónde fue; posiblemente Kansas City, dijo. El viaje duró unos 10 días y, cuando regresó, sacó una copia del anuario de su escuela secundaria de su bolsa de lona. Cuando ella le preguntó si había estado en Sioux City, él dijo que no, pero que un amigo sí. Y eso fue todo lo que se dijo. Seguramente nunca se le ocurrió a Jean que estuviera enamorada de un espía soviético. Si hubiera sido así, entonces el aura de discreción y secreto ocasional de Koval definitivamente habría tenido sentido para ella, en especial en el verano de 1948 cuando el HUAC estaba una vez más a la caza de espías soviéticos,[8] con un fuerte enfoque en los que se especializaban en el espionaje de la bomba atómica.

En los meses posteriores a las acusaciones de los «Diez de Hollywood» de 1947, el HUAC había aliviado sus intensas persecuciones, siendo objeto de juicio mientras sus críticos lo llamaban públicamente un comité de oportunistas políticos a la caza de titulares. Aunque el representante de Misisipi, Rankin, había continuado con sus diatribas racistas, anticatólicas y antisemitas, su reemplazo como presidente del comité, J. Parnell Thomas, ahora atraía aún más la atención. Se estaba investigando al propio Thomas, basado en acusaciones de que recibía sobornos de su personal. La inminente acusación de Thomas, además de la reputación manchada del comité, hizo que el famoso HUAC fuera vulnerable a ser eliminado si los demócratas asumían control del Congreso. Por lo tanto, el comité evitó cualquier audiencia que llamara la atención, hasta finales del verano de 1948.

Fue entonces cuando regresaron las famosas bravatas del HUAC, de pronto reforzadas por nuevos jugadores y reinstauradas teorías de conspiración. El miedo a la dominación mundial del comunismo repleto de imágenes inquietantes de un complot rojo para derrocar al gobierno estadounidense nunca se había ido del todo. Tan solo había estado fuera del centro de atención. Después de todo, la mayoría de los miembros del HUAC todavía creía que todos los estadounidenses comunistas o de tendencia izquierdista eran espías que informaban a Moscú, a pesar de que la mayor parte de los espías soviéticos en Estados Unidos se mantenía alejada del Partido Comunista.

El antisemitismo también reapareció en el escenario, siempre escondido detrás del telón desde la Revolución rusa y el primer Terror Rojo en 1919 cuando los judíos en Estados Unidos fueron etiquetados de manera abierta como bolcheviques. Una vez más, después de la Segunda Guerra Mundial, a pesar de los horrores del Holocausto, los miembros del HUAC y otros señalaron con el dedo a los judíos como una fuerza siniestra que se organizaba para aplastar la democracia estadounidense. Seis de los Diez de Hollywood acusados,[9] así como 90% de los maestros incluidos recientemente en la lista negra, eran judíos. Fue un ataque a dos profesiones en las que prosperaban los judíos estadounidenses: el entretenimiento y la educación. En 1948 el Comité Judío Estadounidense, un grupo de defensa establecido en 1906, realizó una encuesta nacional que reveló que 21% de los estadounidenses creía que «la mayoría de los judíos son comunistas», y más de 50% vinculaba a los judíos con espionaje atómico.[10]

Cuando se les daba la oportunidad de probar cualquier parte de sus teorías, los miembros del HUAC aprovechaban el momento en parte para hacer cumplir su razón de ser, que era probar que los políticos del *New Deal* rebosaban de comunismo. Tales oportunidades eran cada vez más importantes a finales del verano de 1948, cuando el Comité estaba tratando de salvar su futuro como una entidad permanente en el Congreso demostrando ser crucial para garantizar las libertades estadounidenses y, por lo tanto, no verse afectado por ningún posible resultado de las elecciones presidenciales de 1948.

Así fue que el HUAC renovó su cacería de comunistas en el gobierno el 3 de agosto, cuando les dio la luz verde el testimonio de Whittaker Chambers, un agente soviético que desertó dos días después del pacto nazi-soviético en 1939 y ahora era editor de la revista *Time*. Ese día, Chambers testificó en una investigación ejecutiva privada de HUAC. Pero cuando reveló detalles sorprendentes, el comité lo trasladó a una sala de audiencia mucho más grande y abrió el testimonio al público, además de un gran número de periodistas, llamados en el último minuto. En breve, Chambers leyó una larga declaración que incluía nombres como el actual presidente del Fondo Carnegie para la Paz Internacional. Esa persona era Alger Hiss, exasistente del subsecretario de Estado de EUA.

Aunque Elizabeth Bentley había identificado a Hiss como espía años antes e Igor Gouzenko había señalado el puesto de Hiss en el Departamento de Estado de Roosevelt sin nombrarlo, el testimonio de Chambers ese día fue la primera confirmación de las afirmaciones anteriores. Así comenzó la infame confrontación de Hiss-Chambers: la misión del HUAC para obligar a Hiss a admitir que conocía a Chambers y exponer el papel que Hiss, a favor del *New Deal*, tuvo en 1930 como agente soviético. En agosto de 1948 casi a diario había historias de primera plana sobre espías soviéticos. Y había nombres «nombrados», como J. Peters, el hombre que dirigió una red soviética clandestina en los EUA (conocida como el «aparato secreto») hasta finales de la década de 1930 y que se había reunido con Lassen ocasionalmente en el Edificio Flatiron. Después de un mes de audiencias y publicidad, la reputación del HUAC estaba radiante, con una encuesta de Gallup que mostró que cuatro de cada cinco estadounidenses «aprobaron la última investigación de espionaje del HUAC y sintieron que debería continuar».[11]

Pero el drama de las audiencias del HUAC en D. C. no fue la única historia de espionaje que apareció en los titulares. El 12 de agosto la atención se encendió en la ciudad de Nueva York, donde, en la Calle 61ª Este 7, sede del consulado soviético,[12] Oksana Kasenkina, una ciudadana soviética que había estado enseñando química a los hijos de diplomáticos soviéticos en Nueva York, saltó por una ventana en el tercer piso. Los cables telefónicos interrumpieron su caída, probablemente salvándole la vida, cuando colapsó en un patio cubierto de hierba, rompiéndose ambas piernas y la pelvis.

En las semanas previas a este dramático evento Kasenkina había huido de Manhattan para buscar refúgio de un regreso obligatorio a Moscú escondiéndose en una granja cerca de Nyack, Nueva York, propiedad de la condesa Aleksandra Lvovna Tolstáya, hija del autor ruso León Tolstói.[13] El cónsul general soviético la encontró y la trajo de regreso, y anunció a la prensa que había sido secuestrada y retenida contra su voluntad por la Fundación Tolstói. La cuestión de su futuro se convirtió en una tormenta de controversia internacional.

Los soviéticos afirmaron que estaban protegiendo a Kasenkina del gobierno estadounidense, mientras que los funcionarios estadounidenses insistieron en ayudarla en lo que creían con firmeza que era su necesidad de asilo político. Para resolver el problema, fue citada a testificar ante el HUAC el 12 de agosto, pero las autoridades soviéticas no le permitieron salir del consulado. Por lo tanto, a las 4:19 p. m. de aquel día escapó de la única manera que pudo.

El gobierno soviético insistió en que su destino era un asunto consular y no de las autoridades de Nueva York, quienes se negaron a liberarla de la protección policial las 24 horas del día en el Hospital Roosevelt. Cuando recuperó la conciencia, proclamó su deseo de convertirse en ciudadana estadounidense y asestó un golpe contra la Unión Soviética cuando le dijo a la prensa: «Ellos lo llaman paraíso. Yo lo llamo cárcel».[14]

La guerra de palabras ampliamente publicitada continuó durante varias semanas. El embajador soviético emitió una demanda formal para que la maestra de 52 años fuera liberada de la supuesta protección de Estados Unidos mientras afirmaba que su salto fue un intento de suicidio instigado por los hostigamientos de los funcionarios estadounidenses. Pero el Departamento de Estado se negó. Al poco tiempo, el 23 de agosto, cientos de kilos de papeles y efectos personales metidos en bolsas de lona y cuero, cajas de cartón bien aseguradas y maletines negros fueron cargados en autos con chofer alineados frente al consulado en la Calle 61ª Este.[15] Conducidos al aeropuerto de Idlewild en Queens, los funcionarios consulares salían de Nueva York para regresar a casa. Luego, después de que el presidente Truman revocara las credenciales del cónsul general soviético, Stalin cerró los consulados soviéticos en Nueva York y San Francisco el 25 de agosto. También exigió que el consulado de Estados Unidos en el puerto de Vladivostok en el Pacífico de Rusia cerrara y canceló los planes para permitir un consulado de EUA en Leningrado.

El 26 de agosto el vicecónsul soviético en Nueva York le dijo a *The New York Times* que Amtorg, la agencia comercial rusa, «definitivamente permanecerá abierta. Las oficinas de Amtorg prevalecen, definitivamente».[16] Aun así, el cierre del consulado afectó de manera directa las operaciones de espionaje que había facilitado desde que abrió en abril de 1934, lo cual complicaría la vida de Koval, Lassen y todos los espías soviéticos que aún trabajaban en Manhattan.

Mientras se cerraban las puertas de los consulados soviéticos en Estados Unidos, el huac proseguía con su investigación, pues se había beneficiado en gran medida del incidente de Kasenkina, que confirmaba una imagen siniestra de la Unión Soviética. El comité ahora se movía con rapidez dentro del terreno de secretos de bombas atómicas robados, como revelaron los titulares de *The New York Times* durante las dos primeras semanas de septiembre. El 1.º de septiembre: «Personal planea analizar evidencia de espionaje para Rusia por parte de científicos atómicos». El 8 de septiembre: «Científico atómico convocado en investigación de espías». El 10 de septiembre: «Secretos de bombas atómicas insinuados por Groves». El 11 de septiembre: «Rusos obtuvieron datos sobre bomba». Al final de la segunda semana, el presidente del HUAC, J. Parnell Thomas, emitió un comunicado de prensa: «Lo que habíamos empezado a averiguar, lo hemos logrado».[17]

Tales noticias volvieron a poner la bomba atómica en la consciencia pública, despertando la curiosidad que probablemente atrajo a las multitudes a la exhibición «El hombre y el átomo» de un mes en el Grand Central Palace de Nueva York. Pero lo que hizo que Koval visitara la exposición, con Jean, la noche del 19 de septiembre fue la regla básica del espionaje: la de hacer contactos en lugares públicos. No fue a ver la exhibición de 50 trampas para ratones activadas con corchos que se accionaban en secuencia para demostrar la reacción en cadena de la fisión, o los modelos a escala originales de los laboratorios en Oak Ridge.[18] Solo le preocupaba una cosa: si sus contactos, que según le dijo a Jean, eran sus «compañeros de guerra de Oak Ridge», aparecerían o no.

Es posible que estuviera esperando conocer a alguien que tuviera información para llevar a cabo su inminente regreso a la URSS; tal vez era algo que había estado esperando recibir. Eso podría explicar por qué, meses después de obtener su pasaporte a mediados de marzo, aún no había salido de Estados Unidos. Ahora las cosas se estaban calentando y necesitaba irse, pero por alguna razón todavía estaba esperando.

El hecho de que sus supuestos compañeros de guerra no aparecieran envió un claro mensaje de profunda preocupación a Koval. El 26 de septiembre *The New York Times* señaló que el HUAC se estaba preparando para revelar los detalles de su extensa investigación sobre el espionaje atómico. Dos días después, cuando se publicó su enorme documento de 20 000 palabras, *The New York Times* publicó extractos que incluían los nombres de varios espías sospechosos. La médula del documento fue revelada al principio, en una cita del General Leslie Groves: «No tengo duda alguna al decir que hubo un espionaje continuo, persistente y bien organizado contra los Estados Unidos, y en particular contra el proyecto de la bomba atómica, por una potencia extranjera con la que no estábamos en guerra, y sus simpatizantes internos descarriados y traidores...».[19] La última línea de la transcripción extraída decía: «El Comité [HUAC] cree que aquellos que participaron en la conspiración de espionaje deben ser colocados de inmediato en un lugar donde ya no puedan poner en peligro la seguridad de los Estados Unidos».[20]

El presidente Truman calificó la demanda de acusaciones del comité como «una propuesta de los cazadores publicitarios durante el año electoral». Y el comité liderado por republicanos acusó a Truman de otorgar inmunidad a «los conspiradores comunistas en los Estados Unidos y los muchos agentes de espionaje soviéticos que todavía operan aquí».[21] Incluso las columnas de chismes se centraban en el tema de los espías soviéticos: una afirmaba que el candidato presidencial Henry A. Wallace y el presunto espía Alger Hiss estaban siendo eliminados de la «lista social»[22] de Washington, D. C.

En la edición del 4 de octubre de *Time*, un artículo de una página con el título «La cacería de espías atómicos» se centró en la pregunta que todos se hacían: ¿Adquirió la Unión Soviética secretos atómicos estadounidenses durante la guerra? Luego difundió la noticia del informe del HUAC, que respondía a esa candente pregunta: «Probablemente lo lograron».[23] Revelando ricos detalles del informe del comité, *Time* seleccionó la parte sobre «Arthur Alexándrovich Adams» y sus estrategias de espionaje ruso, en especial la manera en que se conectó con científicos, como Clarence Hiskey, activo en la investigación de la bomba atómica. El comité, decía el artículo, recomendó que Hiskey y Adams, entre otros, fueran procesados por conspiración para cometer espionaje. Para entonces, Hiskey enseñaba química en el Instituto Politécnico de Brooklyn. Adams, recién jubilado del GRU, vivía en Moscú con su esposa nacida en Boston, Dorothy Keen, y trabajaba para TASS, la agencia de noticias rusa.

La mención de nombres como Adams y Hiskey indudablemente trajo el tema de los espías de la bomba atómica soviética directo a la puerta del departamento de Koval. Al poco tiempo, Adams y otros cuatro vinculados a su red de espionaje fueron acusados de espionaje atómico, y Adams, señaló *Times*, fue «acusado de obtener información altamente secreta sobre la planta de bombas atómicas en Oak Ridge, Tennessee».[24] Si Koval leyó ese artículo, que probablemente lo hizo, debe de haber hecho las maletas de inmediato.

Seguramente Jean Finkelstein, que se había mantenido alejada de Koval desde su infeliz cita del 19 de septiembre en el Grand Central Palace, nunca relacionó estas noticias con Koval. Después de que los colegas de guerra de Koval no llegaron y su estado de ánimo se volvió helado, Jean se resistió a contactarlo, ya sea por correo o por teléfono, hasta el 7 de octubre. Debe de haberle parecido un buen momento para llamar, el día después de un apasionante primer juego en la Serie Mundial de 1948 de los Indios contra los Bravos. Pero fue entonces cuando Jean supo por la señora Gardner que Koval se había ido. Más tarde ese día, dijo la casera, un hombre no identificado había conducido hasta el edificio de departamentos en lo que parecía ser «un jeep del Ejército». Fue directo al departamento de Koval, abrió la puerta y se fue con una maleta grande.

Cuando Jean hizo la llamada, Koval estaba en algún lugar en medio del Atlántico en su camarote a bordo del SS *America*, un transatlántico pulido totalmente estadounidense con cubiertas de pino hechas de árboles de Oregón, platería de Rhode Island y murales y mosaicos de los estudios de artistas neoyorquinos.[25] Luego de casi dos semanas de viaje, Koval llegó al puerto de Le Havre en Francia, donde abordó un tren a París. Luego, solo unos días después, partió de París en el Expreso Oriental y, tras una serie de conexiones ferroviarias, llegó a Moscú en algún momento durante las dos primeras semanas de noviembre.

Antes de salir de Francia, Koval envió tres postales a Estados Unidos. Una fue para una profesora de ingeniería eléctrica en el CCNY, Sadie Silvermaster, aunque se desconocen los detalles. Otra fue para Herbie Sandberg con una simple nota: «Estoy en París. Todo está bien. G.».[26] Pero ningún registro documenta una dirección de devolución o fecha postal. Además, estaba la tarjeta enviada a Irving Weisman, excompañero de clase de Koval en el CCNY y colega en el ASTP. La fecha del matasellos en esta era el 21 de octubre de 1948, con la dirección del remitente como el Hotel Littre, un pequeño hotel de París en el distrito de Rive Gauche.

Ni Weisman, ni Sandberg, ni Silvermaster volvieron a tener noticias de su viejo amigo, o por lo menos eso le dijeron más tarde al FBI. Serían seis años después de que recibieron las postales que los agentes los contactaron por primera vez. Después de todo, al FBI le llevaría un largo tiempo descubrir a Koval.

El momento exacto de la fuga de Koval en otoño de 1948 fue brillante. Se fue de Nueva York antes de que Lassen fuera descubierto. Viajó entre los Estados Unidos y la Unión Soviética antes de que la escalada de la Guerra Fría complicara su viaje. Y llegó a Moscú cuando los científicos rusos trabajaban febrilmente en la primera bomba atómica de su país, que sería detonada en agosto de 1949.

Aun así, a pesar de su habilidad para escapar, Koval ahora enfrentaba nuevas incertidumbres y desafíos en Moscú. Como Longfellow, uno de los poetas favoritos de Koval, escribió: «Así, en la fragua en llamas de la vida, nuestra fortuna debe forjarse».[27]

PARTE III

LA CACERÍA

Incluso en cadenas, cada uno de nosotros debe completar ese círculo que los dioses nos han trazado.

Aleksándr Solzhenítsyn,
discurso de aceptación del Premio Nobel,
citando al filósofo ruso Vladímir Soloviov

CAPÍTULO 14

ALTO SECRETO

Por ocho años, George Abramovich Koval había vivido en un lodazal de mentiras sobre su pasado, su familia, su trabajo. Y después de escapar del estrés de semejante maraña, puede que haya esperado un nuevo comienzo. Pero cuando regresó a Moscú en noviembre de 1948, solo encontró una cultura torcida y temerosa infundida con propaganda y prejuicios, sobre todo contra judíos y estadounidenses. Como el corresponsal extranjero de *The New York Times*, C. L. Sulzberger, escribió en esa época, cualquiera «que fuera a Rusia siempre debe tener en cuenta la paradoja de que este país de revolución se ha convertido en el poder más reaccionario en la faz de la Tierra».[1]

Casi a diario, el periódico del Comité Central del Partido Comunista, *Pravda* («Verdad»), ofrecía a sus lectores ejemplos de lo que veía como la decadencia de un Estados Unidos venenoso. Todo lo estadounidense era malicia pura y motivo de ataque. Se les dijo a los lectores que las enciclopedias estadounidenses estaban llenas de información falsa recopilada sin otra razón que la de condenar las verdades socialistas. Coney Island, las películas de detectives y los cocteles se encontraban entre los muchos «opiáceos utilizados por los capitalistas para mitigar el descontento de los trabajadores» y definir el estilo de vida estadounidense. Incluso los libros de historietas fueron atacados. «Superman» y «Batman»,[2] muy populares en Occidente, fueron los ejemplos más flagrantes para exponer las llamadas condiciones degeneradas de Estados Unidos. Estos personajes y sus aventuras no hacían más que enseñar a los niños formas belicistas de tratarse unos a otros, habilidades necesarias para sobrevivir en un sistema capitalista.

Sin duda, la feroz propaganda antiestadounidense de Rusia en 1948 fue tan predecible como el furor anticomunista en Occidente. Pero mucho peor fue el antisemitismo ruso, cuya flama ardía una vez más hacia 1948. Para Koval, no parecía haber escapatoria de las garras del prejuicio. Tenía seis años en las inquietantes secuelas llenas de fanatismo de la Primera Guerra Mundial; y ahora, tres años después del final de la Segunda Guerra Mundial, a sus casi 35 años, estaría esquivando el daño potencial de una ola de antisemitismo soviético. En la misma semana en que regresó a Moscú, el Comité Antifascista Judío, que se estableció en la Unión Soviética durante la guerra para movilizar el apoyo de los judíos en todo el mundo, cerró de manera definitiva cuando el gobierno arrestó a casi todos sus miembros. El jefe del comité, que también era el director del Teatro Yidis Estatal de Moscú, había sido asesinado en enero. De la misma forma, había una remoción sistemática en curso de judíos de los puestos del gobierno soviético, en especial en los ministerios de política exterior, los servicios de seguridad y el Ejército Rojo.

Lo más dañino de todo, quizá, fue el creciente número de detalles y comentarios antijudíos que se incluían en las noticias y otros medios de comunicación; por ejemplo, los que describían que los judíos poseían lealtades nacionales duales y «capaces en tiempos de crisis de traicionar a la patria socialista y pasar del lado de sus enemigos».[3] Con la ayuda de las herramientas de los medios, un estereotipo vil estaba resurgiendo: los judíos como estafadores profesionales, operadores lisonjeros y explotadores naturales, reacios a trabajar, culpables de nepotismo y propensos a evadir el servicio militar.

La antigua tradición antisemita de Rusia volvía con entusiasmo, alimentada por la maquinaria de propaganda nazi, por el régimen totalitario xenófobo y antiintelectual de los soviéticos y por la necesidad del público de encontrar un chivo expiatorio para explicar las oscuras condiciones económicas de la Unión Soviética de posguerra. Como escribió un académico: «Todo lo que las autoridades tenían que hacer era canalizar la ira del pueblo hacia los judíos».

Cuando Koval regresó, había comenzado lo que podría describirse mejor como la «liquidación de la cultura judía». Los líderes de la intelectualidad judía, desde escritores y críticos literarios judíos hasta actores, compositores y artistas, fueron arrestados. Los judíos que ocupaban cargos importantes en editoriales, revistas literarias y diversas instituciones culturales fueron fustigados en artículos y acusados de ser antipatrióticos, «hostiles a la cultura soviética» y, lo peor de todo en ese momento, «cosmopolitas».[4] La campaña contra los cosmopolitas, es decir, aquellos que admiraban la cultura occidental, en particular los judíos, estaba en pleno apogeo, a través de la radio, la prensa, el cine, el teatro y las conferencias científicas. Los judíos eran vistos como los cosmopolitas que amenazaban la estabilidad del régimen de Stalin.

Entre los que sintieron el látigo de Stalin en 1948, estaban los residentes de Birobidján, hogar de los padres de Koval, su hermano mayor Isaiah y su esposa, y sus cuatro hijos: un hijo y tres hijas. El otrora próspero Teatro Yidis de Birobidján, su editorial judía, su biblioteca de libros en yidis y hebreo, sus escuelas judías y el periódico *Birobidján* fueron cerrados. Después de la guerra, hubo emigraciones judías a la región que trajeron al menos 10 000 nuevos residentes, con un alto porcentaje de ingenieros, médicos, agrónomos, técnicos y maestros, que pronto se convertirían en víctimas de la purga antisemita en todo el país, especialmente enfocada en los intelectuales. Y aunque el nuevo flujo de emigrantes de la región estaba compuesto en su mayoría por exiliados penales, la propaganda publicitaba una imagen vibrante de la región, describiéndola siempre como una tierra de prosperidad y relatando historias que mostraban «la vida feliz de los judíos que vivían allí».[5]

No está claro cuándo exactamente Koval se reunió con sus padres y su hermano. Su hermano menor, Gabriel, había muerto en 1943, luchando en el Ejército Rojo contra los alemanes. Mila le había enviado la noticia en una carta que pasó de contrabando a través del consulado de Nueva York a finales de 1943. Sin duda, Mila fue el primer miembro de la familia que Koval vio tras su llegada en noviembre. Una sobreviviente innata, considerando sus años durante la guerra trabajando en la fábrica de bombas en Ufa, Mila se había mudado a finales de 1945 con su madre a su anterior residencia en el departamento #1 en Bolshaia Ordynka #14, en Moscú, que alguna vez fue la casa de su abuelo.

Dados los duros prejuicios que prosperaban en la Rusia de 1948, las raíces judías y los orígenes estadounidenses de Koval bloquearon su camino hacia un alto puesto en el GRU o incluso hacia un reconocimiento menor. Sin duda, su trabajo durante la guerra se convirtió en un secreto perdurable. Nada parecía estar a su favor, excepto, como pronto se daría cuenta, la política del proyecto de la bomba atómica soviética.

Poco después de la llegada de Koval a Moscú, el GRU le indicó que escribiera un informe sobre la bomba atómica estadounidense, con base en su trabajo en Oak Ridge y Dayton, que posteriormente se enviaría a Lavrenti Beria, jefe del proyecto de la bomba atómica de los soviéticos y jefe de la policía secreta. Este incluiría partes de la información enviada a Moscú de manera previa, a través de su supervisor, en 1944, 1945 y 1946, como detalles sobre las funciones de las plantas de Oak Ridge K-25, Y-12 y X-10. Como escribió más tarde un historiador del GRU: «Todo lo que sucedía en los sectores de Oak Ridge lo sabía el lado soviético a través del agente Delmar».[6]

Después de que el teniente general Sudoplátov recibió los informes de Delmar en el «Departamento S», al menos los que llegaron a finales de 1945 y principios de 1946, se les quitó cualquier nombre y se enviaron al Consejo Científico y Técnico de la Primera Dirección Principal de la URSS (también llamado Comité Especial para el Problema del Uranio), y luego se enviaron a los profesionales de proyectos atómicos apropiados. Igor Kurchátov, director científico del proyecto, los había leído, pero sin conocer la identidad de la fuente. Como han señalado los historiadores rusos, los informes de Koval ayudaron a Kurchátov a formular instrucciones en el proyecto atómico soviético, en particular la decisión de estudiar la fisión del plutonio en una bomba diseñada para implosión. Aunque más tarde sería más elogiado por proporcionar detalles sobre el polonio, Koval, en su informe sobre la producción de plutonio en Oak Ridge, había confirmado lo que el físico nuclear Klaus Fuchs de Los Álamos ya había enviado a Moscú, en especial sobre la cantidad de plutonio que los estadounidenses planearon utilizar en la bomba de implosión. Y tal confirmación permitió a Kurchátov avanzar con la mejor estrategia y disipar sus sospechas de una posible desinformación, diseñada para impedir el progreso de los soviéticos.

El informe de 1949 de Koval constaba de al menos 100 páginas, 39 de las cuales fueron seleccionadas por el GRU para enviarlas directamente a un comité especial dentro del Consejo de Ministros de la URSS, que luego remitió las páginas a Beria el 1.º de marzo de 1949.[7] Beria recibió un diagrama de la planta X-10 en Oak Ridge junto con 18 páginas con el título «Centro atómico en Oak Ridge»; cuatro páginas bajo el título «Proceso para la producción de polonio en Dayton»; ocho páginas con el título «Tecnología de seguridad en las fábricas de Oak Ridge y la fábrica de producción de polonio en Dayton»; y nueve páginas tituladas «Condiciones de trabajo y seguridad en los sitios de Oak Ridge».

El viernes 4 de marzo Beria envió el informe, etiquetado como «Sovershenno Sekretno» (Alto secreto), a Kurchátov y otros líderes en el proyecto de la bomba atómica con una hoja de instrucciones para que se «familiaricen con los materiales [...][8] Consideren cómo se pueden usar. Informen sus conclusiones y sugerencias prácticas». Y aunque B. L. Vánnikov, el jefe de la Primera Dirección Principal bajo el Consejo de Ministros de la URSS, estaba bastante enfermo, Beria señaló al reemplazo de Vánnikov, M. G. Pervujin, que el informe debía enviarse a Vánnikov, cuya «enfermedad no podía servirle de excusa para eliminar su familiarización con este caso».[9]

Beria también le mostró partes del informe a su asistente adjunto, el teniente general Nikolái Sazykin, quien se había desempeñado como adjunto de Sudoplátov cuando este era jefe del «Departamento S» de 1944 a 1946; una época en la que les llegaban los informes del agente Delmar. Sazykin reconoció el contenido de partes del informe de 1949 de Koval e incluso pudo haber recordado la fuente, ya que vio el nombre en los despachos anteriores antes de que fuera eliminado de los informes y la información fuera enviada a Kurchátov.

Para marzo de 1949 el proyecto de la bomba atómica de la Unión Soviética había estado en operación durante seis años, desde principios de 1943, cuando se le ordenó a Kurchátov que reuniera un equipo de científicos jóvenes y decididos para construir la bomba en su laboratorio recién establecido. Pronto emplearía a 50 científicos, aunque en comparación con los 500 científicos del Proyecto Manhattan tan solo en Los Álamos en 1943, fue un esfuerzo bastante endeble. A finales de 1944 el equipo de científicos de Kurchátov había duplicado su tamaño.[10] Pero no fue hasta que Estados Unidos arrojó las bombas sobre Hiroshima y Nagasaki que Stalin, en un estado de ira, aceleró un proyecto a gran escala bajo el control general de Beria, con Kurchátov como supervisor científico, lo que resultó en un progreso drásticamente mayor. Los soviéticos construyeron su primer reactor nuclear en octubre de 1946 y realizaron su primera reacción en cadena en junio de 1948.

El 8 de febrero de 1948 el Consejo de Ministros de la URSS había ordenado la producción de suficiente plutonio para el 1.º de marzo de 1949, con el fin de realizar la primera prueba de la bomba atómica. Pero la orden no se cumplió a tiempo. Por lo tanto, la atmósfera política que rodeaba el proyecto atómico en el momento en que Koval escribió su informe para el GRU era tensa, descrita por un escritor ruso como «con un olor a tormenta».[11] Beria y Kurchátov, al ser los jugadores principales, tuvieron que explicarle a Stalin el fracaso para cumplir con la fecha límite; cada uno tratando de alejar la culpa de sí mismo. ¿Fue el trabajo de inteligencia ineficaz la razón del retraso? ¿O fue culpa de los científicos?

Para Beria fue una situación complicada. Era muy consciente de lo crucial que era Kurchátov para mantener un trabajo constante en la bomba, que estaba a punto de completarse. Así que ideó un plan que llamaría la atención sobre el valor de su propio trabajo como jefe de inteligencia sin denigrar a Kurchátov. Usó el informe de Koval de 1949 como una forma de mostrar la importancia de la inteligencia atómica que había sido enviada desde Occidente a los científicos nucleares soviéticos. Sin duda, el informe de marzo mostró cómo la inteligencia soviética había proporcionado información crucial que ahorraba tiempo, como las ventajas de usar el método del bismuto para producir polonio en lugar del proceso de dióxido de plomo, que podría producir solo cantidades minúsculas del valioso elemento. Tales detalles demostrarían a Stalin que el trabajo de inteligencia deficiente no podría ser el culpable de que no se cumpliera la fecha límite del 1.º de marzo.

El informe de Koval también fue el dispositivo de Beria para alertar a Kurchátov sobre «cuán importantes eran los materiales de Koval de 1945-1946 para el proyecto».[12] Podría cumplir el propósito de lo que un académico ha señalado como la posible intención de Beria de ordenar a Koval que espíe el trabajo de Kurchátov en la planta soviética donde un reactor, que se dice que es comparable al de Oak Ridge, estaba produciendo plutonio. Koval habría tenido que aceptar tal esquema. Y Kurchátov tendría que haber querido contratarlo. Pero ¿Kurchátov vería la necesidad de agregar otra persona a su equipo? Y un científico nacido en Estados Unidos, a pesar de su historial de espionaje soviético, probablemente nunca ganaría la confianza o la aprobación de Stalin.

No obstante, Beria concertó una reunión con Koval y seis de los principales actores del proyecto de la bomba atómica, todos los cuales habían recibido el informe del 1.º de marzo. La reunión fue diseñada para transferir información útil sin revelar la identidad de Koval. Los seis líderes, mejor descritos como los jefes del proyecto atómico, se sentaron en una habitación mientras que Koval estaba solo en otra. Separado e invisible, respondió preguntas escritas a mano en hojas de papel que le entregaban los expertos.

Koval, para entonces, tenía la habilidad de aplicar una combinación profesional de riesgo y lógica para sobrevivir. Estaba claro que conocía los peligros de trabajar para Beria en una misión clandestina y, al ser científico, no habría querido traicionar a Kurchátov. Sin embargo, al final, Kurchátov no pidió contratar a Koval y, por lo tanto, Beria liberó al espía nacido en Estados Unidos.

A partir de entonces los secretos sobre lo que Zhorzh Abramovich Koval había logrado en su «viaje de negocios» en Estados Unidos durarían casi hasta el final de su vida. Cualquier filtración de la verdad podría convertirlo en un objetivo de venganza en la comunidad de inteligencia estadounidense. Y sus orígenes estadounidenses podrían ponerlo a él y a su familia en riesgo de ser acusados de traición por los soviéticos. Debido al antisemitismo soviético a finales de 1948, el GRU no lo contrató y no podía revelar lo que había logrado para el GRU en un currículum o en una entrevista para un trabajo.

En julio de 1949 Koval fue dado de baja del Ejército Rojo como fusilero sin entrenamiento y sin medallas distinguidas por sus logros. Haber estado en el Ejército Rojo durante casi una década, sin haber superado nunca el rango de soldado raso, no fue útil para establecer una posición sólida en el Moscú de la posguerra. Koval estaba al borde de la quiebra. Pero desde una perspectiva positiva, sus padres aún estaban vivos y Mila lo había esperado. Asimismo, nunca había perdido su pasión de toda la vida por la ciencia y la educación. Ahora mantendría un perfil bajo y se matricularía en Mendeleev, y tomaría cursos de química como preparación para su doctorado.

Más tarde ese verano, el 29 de agosto de 1949, en el noreste de la República Socialista Soviética de Kazaj (Kazajistán), en la estepa al oeste de la ciudad de Semipalátinsk, la Unión Soviética probó con éxito su primera bomba atómica, denominada «Primer Rayo». Apodada «Joe-One» (en honor a Stalin) en Estados Unidos, la bomba era un duplicado de la bomba estadounidense a base de plutonio con el iniciador de polonio-berilio, probada como Trinity cuatro años antes.

En Estados Unidos la noticia fue recibida con incredulidad. ¿Solo cuatro años después de Hiroshima? Esto no era posible, en especial después de que los expertos militares y de inteligencia aseguraron al público en numerosas ocasiones que para que los soviéticos alcanzaran a Estados Unidos tomaría de cinco a 10 años. Entre agosto de 1945 y agosto de 1949 docenas de artículos reportaron dicho rango. En noviembre de 1947 el editor militar de *The New York Times*, el venerado Hanson Baldwin, había escrito un artículo titulado «¿Rusia tiene la bomba atómica? Probablemente no». El subtítulo era «La mejor opinión estadounidense es que necesitará años para desarrollarla». La conclusión de Baldwin se basó en «autoridades gubernamentales responsables».[13]

Menos de dos años después el secretario de Defensa de los EUA, Louis Johnson, se negó a aceptar la verdad sobre la repentina entrada de los soviéticos en la carrera armamentista y afirmó que los sonidos reportados por las fuentes de inteligencia como una bomba nuclear eran en realidad la explosión de un reactor soviético. Tal escepticismo hizo que la Comisión de Energía Atómica reuniera un comité de expertos para investigar lo que acababa de suceder. Estaba encabezado por Vannevar Bush, el asesor científico presidencial de Roosevelt, al que más tarde se le atribuyó la creación de la Fundación Nacional de Ciencias. Entre sus miembros se encontraban Robert Oppenheimer del Proyecto Manhattan, así como el director del programa británico de bombas atómicas. El comité especial pronto concluyó que los soviéticos en efecto habían detonado una bomba atómica.[14] No obstante, el presidente Truman y el secretario de Defensa Johnson mantuvieron sus dudas, razón por la cual Truman no informó al público estadounidense hasta el 23 de septiembre de 1949.

Aun así, el escepticismo persistió. El general Walter Bedell Smith,[15] exembajador ante la Unión Soviética, fue citado en un artículo de *The New York Times* en el que dijo que Rusia tardaría al menos 10 años en alcanzar el nivel de Estados Unidos en la carrera de la bomba atómica. Las técnicas estadounidenses y las habilidades industriales, dijo, eran «mucho mejores que lo mejor que pueden ofrecer los soviéticos». Pero, en respuesta, un grupo de destacados científicos estadounidenses escribió a *The New York Times* para decir: «Nosotros, los abajo firmantes, somos conscientes de los problemas que implica la producción a gran escala de bombas atómicas. Lamentablemente tenemos que decir que la declaración anterior, atribuida por *The New*

York Times al general Bedell Smith, no tiene ningún sustento en hechos».[16]

Los científicos estadounidenses eran muy conscientes de la cantidad de físicos soviéticos que en la década de 1930 habían hecho contribuciones significativas a los crecientes estudios internacionales sobre la fisión nuclear, varios de los cuales ganaron premios Nobel más tarde. También sabían que Igor Kurchátov había construido el primer ciclotrón de la Unión Soviética y de Europa. Fue terminado en 1932, después del de Berkeley, patentado en 1932 por Ernest O. Lawrence.

Si bien la fortaleza de los científicos soviéticos se cimentaba en el conocimiento teórico crucial para desarrollar la energía nuclear, languidecían en la aplicación práctica de tal conocimiento para la construcción real de una bomba atómica. Esa brecha entre las capacidades teóricas y técnicas fue llenada por las redes de espionaje soviéticas en Gran Bretaña, Canadá y Estados Unidos. Con los secretos de la bomba atómica introducidos de contrabando en la Unión Soviética durante la guerra, los soviéticos ahorraron una inmensa cantidad de tiempo al eliminar experimentos improductivos. Kurchátov incluso diría más tarde que el espionaje soviético representó «50% del éxito del proyecto».[17] Sin duda, la detonación de 1949, más rápida de lo esperado, fue evidentemente una combinación de destreza científica soviética e información transmitida por las redes de espionaje soviéticas en Occidente.

En los meses que siguieron al anuncio de Truman la inquietante realidad de que Estados Unidos perdería su monopolio nuclear provocó la predecible reacción de señalar con el dedo a todo el mundo. Entre los objetivos estaba el Informe Smyth de 1945.[18] Aunque el general Groves había asegurado a sus colegas y lectores que contenía un equilibrio de «suficiente omisión para la seguridad, suficiente información para una discusión sólida»,[19] los críticos afirmaron que proporcionó a los soviéticos amplia información para acelerar la construcción de bombas.

Al mismo tiempo el director del FBI, J. Edgar Hoover, culpó al espionaje atómico soviético durante la guerra en Estados Unidos, al que llamó «el crimen del siglo».[20] Cuatro años después George Koval se sumaría a la lista de culpables de Hoover.

CAPÍTULO 15

POSTALES DESDE PARÍS

En la edición de agosto de 1952 de *Reader's Digest*, J. Edgar Hoover escribió un artículo titulado «Espías rojos expertos en Estados Unidos», en el que informaba al público estadounidense que «el FBI hoy en día no tiene ningún trabajo más importante que el de proteger a los Estados Unidos contra la amenaza del espionaje soviético. Es una tarea que requiere mucho tiempo y personal. Deben cubrirse reuniones, descubrirse identidades de nuevos agentes y distribuir informantes clandestinos. Los soviéticos son operadores astutos, pacientes y meticulosos; el FBI debe serlo aún más».[1]

Cuatro meses antes la astuta, paciente y meticulosa labor de numerosos agentes del FBI había identificado al espía «Faraday» con el minorista de electrónica de Manhattan e ingeniero eléctrico Benjamin William Lassen, también conocido como Lassoff. El FBI había estado al tanto de la «inteligencia del Ejército Rojo operando una red ilegal, con sede en la ciudad de Nueva York, durante algunos años, bajo un líder cuyo nombre en clave era Faraday», decía el informe de la agencia de la ciudad de Nueva York emitido el 20 de marzo de 1952. Y ahora, varios análisis de escritura a mano, detalles biográficos, cronogramas de viajes, solicitudes de pasaporte, manifiestos de barcos, registros de cuentas bancarias, entrevistas y más habían convencido a la agencia en su declaración de que Lassen era Faraday. «Nada lo ha negado»,[2] decía el reporte, que incluía numerosos memorandos «ultrasecretos» que mostraban detalles tales como hallazgos recientes de una investigación sobre los hábitos bancarios de Lassen, lo cual demostraba que se le pagaba una comisión de manera regular desde el Banco de Ahorros de Broadway; que tenía numerosas cuentas de Raven Electric en otros bancos; y que las hojas de contabilidad de esos bancos mostraban depósitos y retiros muy fuera de línea con la cantidad relativamente pequeña de negocios realizados en Raven.

Uno de esos memorandos había sido emitido a finales de enero de 1952 desde Washington a la oficina de Nueva York. Sellado como «SECRETO», señalaba que en abril de 1951 el FBI concluyó, como declaró Hoover en una carta del 9 de abril, que «los antecedentes de Lassen concuerdan favorablemente con todos los principales datos de antecedentes proporcionados sobre Faraday».[3] La evidencia continuó acumulándose a medida que los agentes recolectaban innumerables detalles y juntaban cronologías reveladoras. Entrevistaron a testigos que recordaron las reuniones de Lassen con espías de renombre como Jacob Golos, sus conversaciones discretas sobre ser un agente soviético en Polonia y Hungría antes de la guerra, sus frecuentes viajes hacia y desde los bancos y el uso de varios alias como Rossoff, Roseff y Losev.

Un exempleado de una tienda en Raven Electric les dijo a los federales que Lassen afirmó que ganó su dinero en el mercado de valores. El hombre recordó haber ayudado a Lassen a traer efectivo de un banco un día y les contó a los federales sobre la experiencia: «Entramos en el edificio del banco y luego subimos a un ascensor hasta el piso 16 donde Lassen presentó una libreta de cheques y obtuvo los fondos necesarios. No me dejó ir con él a la ventana donde presentó la libreta. Me dijo que ese banco siempre tenía todo el dinero que necesitaba. Pero era una cuenta lejana. Y lo convencí de que debería tener una cuenta bancaria local para fines comerciales y de nómina, así que ese mismo día abrió otra cuenta, una en el banco en la 28ª y Broadway. Debe de haber tenido una docena de cuentas por lo menos».[4]

El memorando de Hoover de enero de 1952 discutía brevemente los «papeles que parecían estar cifrados encontrados en la billetera de Lassen en 1943 por dos prostitutas»,[5] y los 10 000 dólares en efectivo que «Lassen negó que le pertenecieran con firmeza». Luego, el memorando ordenaba a la oficina de Nueva York que revisara toda la información de antecedentes en sus archivos que fuera relevante tanto para Gertrude como para Benjamin Lassen y que «instituyan de inmediato una investigación de tipo fugitivo para localizarlos». El memorando finalizaba con órdenes de que todas las oficinas del FBI debían enviar informes sobre el caso dentro de los 14 días posteriores a la recepción del memorando de enero y cada 14 días a partir de entonces «hasta que la Agencia indique lo contrario». Dos meses después, Hoover envió otro memorando a la oficina de Nueva York, ordenando: «Es imperativo que se determine el paradero actual [de Lassen]».[6] Pero no pudieron encontrar a Lassen.

El 4 de abril de 1952 la CIA entró de manera oficial en el caso y la búsqueda comenzó a extenderse por todo el mundo con la ayuda de los representantes de enlace de la agencia en Alemania, Inglaterra y Francia. Esta fue una decisión inteligente teniendo en cuenta que Lassen había navegado a Le Havre, Francia, en diciembre de 1950, y probablemente tomó un tren a París, donde parecía haberse hospedado en el Hotel Des Londres, en el distrito de Rive Gauche, durante al menos un mes.

Desde París a principios de 1951, al igual que sus compañeros espías, Lassen envió dos postales a Estados Unidos.[7] Una fue para «Pyne, Kendall y Hollister» con dirección a la Quinta Avenida 525, sin el nombre de una persona. Esta era la misma ubicación que la oficina de Jacob Aronoff, el abogado que ideó el plan exitoso para llevar de regreso a los EUA a Arthur Adams desde la Unión Soviética a través de Canadá a finales de la década de 1930 y que hizo trabajo legal para el CPUSA. Y estaba justo al otro lado de la calle de la oficina de Eric Bernay para Keynote Recordings, Inc., donde Arthur Adams había trabajado encubierto.

La otra tarjeta fue enviada a un amigo en Nueva Jersey a quien, según los registros, Lassen conocía desde 1928, en París. Más tarde, el FBI señaló que el destinatario de la tarjeta era «Clyder». Y si la «r» fue simplemente el resultado de un movimiento de la pluma al final del nombre, el destinatario de la postal habría sido «Clyde». El nombre del hombre en la dirección de Nueva Jersey a la que se envió era «Carl Hyder».

Cuando Lassen llegó a París, su hijo Seymour había vivido allí desde el verano. Egresado del MIT en Ingeniería Eléctrica en junio de 1950, Seymour había sido un ferviente miembro de la organización Juventud para Wallace y de Jóvenes Progresivos de Estados Unidos durante sus días de estudiante. Un informe del FBI señaló más tarde que en París, durante los meses de otoño de 1950, Seymour había tomado cursos de ciencias en la Universidad de París. Y unos tres meses después de haberse reunido con su padre, su madre se unió a la familia en París, después de navegar a Cherburgo desde el Puerto de Nueva York el 6 de abril de 1951. Tras su llegada, Gertrude envió una postal con la foto de la Torre Eiffel a Benjamin Loseff, el joyero que dirigía la tienda encubierta en Nassau Street en Manhattan. Estaba firmada por Seymour, Gertrude y Benjamin.[8]

El último registro conocido de alguien en Estados Unidos que supo de los Lassens ocurrió en diciembre de 1951, cuando Benjamin envió una tarjeta de Navidad desde París a un antiguo compañero de clase en el MIT. Se trataba de Philip Alger, quien más tarde le dijo al FBI que había presentado a Lassen a «funcionarios internacionales de GE cuando Lassen intentaba representar a GE en Polonia años antes».[9]

Durante varios meses después de la partida de su esposo, Gertrude se quedó en Nueva York para concluir los asuntos financieros de Raven Electric. Si bien parecía que sobre todo se encargaba del papeleo generado por la quiebra de Raven, también estaba drenando fondos de las numerosas cuentas bancarias vinculadas a las operaciones de Lassen y erradicando la mayor cantidad posible de historial de cuentas. Y estaba vendiendo los artículos excedentes del Ejército de EUA que Lassen había comprado: en su mayoría mapas y mochilas, además de al menos un vehículo.[10]

Pero no fue hasta que Gertrude se fue de Nueva York, aproximadamente un año después, que el FBI, a través de un abogado que representaba a los acreedores de Raven, comenzó a investigar un gran paquete de registros financieros y de personal de Raven, incluida una lista de todos los que habían trabajado allí o habían realizado negocios con Raven desde 1942 hasta finales de 1950. Había cientos de hojas de contabilidad y varios «directorios telefónicos».

Fue entonces, quizá a finales de la primavera de 1952, en respuesta a la enérgica orden de Hoover de cazar a Lassen, que el FBI compiló otra lista de personas consideradas «socios» de Lassen/Faraday. Incluía a Arthur Adams y otros, pero no se mencionaba a George Koval. No fue hasta que la lista de empleados de Raven se comparó con las listas de trabajadores en agencias gubernamentales y sitios del Proyecto Manhattan que salió a la luz su nombre. No está claro exactamente cuándo se descubrió esa coincidencia. Sin embargo, el 19 de julio de 1954, el FBI emitió un informe de la oficina de Nueva York ordenando una investigación a fondo «para determinar el paradero actual y el empleo de George Koval».[11] La cacería había comenzado, casi seis años después de que Koval dejara los Estados Unidos.

Para el verano de 1954 terminaron las persecuciones, capturas, juicios y condenas de los espías soviéticos que habían operado en redes conectadas a la célula de Koval en Nueva York. Harry Gold, un recluta de Jacob Golos —que se convirtió en mensajero soviético para varios espías en Los Álamos, entre ellos

Klaus Fuchs— cumplía su cuarto año de una sentencia a prisión por 30 años. Fuchs, encarcelado en Inglaterra con una sentencia de 14 años, también estaba en su cuarto año. Para 1954 David Greenglass, arrestado con evidencia proporcionada por Gold, había estado encarcelado por tres años de su sentencia de 15 años. Su hermana y su cuñado Ethel y Julius Rosenberg, a quienes había denunciado, fueron condenados en 1952; sus apelaciones fueron denegadas en 1952 y trágicamente fueron ejecutados el 19 de junio de 1953. Para 1954 Alger Hiss había estado en prisión por perjurio durante aproximadamente tres años y medio, y fue liberado al poco tiempo, en noviembre de ese año.

Ahora venía la intriga de un nuevo caso: George Abramovich Koval, #65-16756 en la oficina local de la ciudad de Nueva York y #65-62911 en las oficinas centrales del FBI en D. C. Su búsqueda a nivel nacional involucró al menos a tres docenas de agentes de las oficinas locales en Nueva York, D. C., Newark, Boston, Baltimore, Filadelfia, Búfalo, Cincinnati, Chicago, San Luis, Kansas City, Omaha, Nueva Orleans, Houston, Miami, Phoenix, San Francisco y Los Ángeles. Después se extendería a Francia y Rusia, entre otras naciones, a través de la participación de la CIA, con el objetivo de recopilar un rastro de pistas que se habían perdido a lo largo de los años.

Al principio los agentes siguieron el extenso rastro de documentos de Koval, desde registros en la Administración de Veteranos hasta archivos de seguridad del Proyecto Manhattan en la Comisión de Energía Atómica, documentos de pasaporte del Departamento de Estado de los EUA y mucho más. Al poco tiempo localizaron e intentaron entrevistar a todas aquellas personas cuyos nombres había enumerado como referencias en sus registros y solicitudes oficiales. La lista incluía a Herbie Sandberg; Tillie Silver; dos profesores del CCNY, Harry Hanstein y Harold Wolf; y Sarah Rose, una de las hermanas del joyero

Benjamin Loseff. Cuando se le preguntó, Rose negó haber conocido a Koval y no tenía idea de por qué un extraño usaría su nombre como referencia.

A medida que se desarrollaba el primer año completo de la investigación, los agentes se adentraron cada vez más en el pasado de Koval, desenmarañaron su historial laboral, desenterraron cada detalle sobre Atlas Trading Corporation, su fraternidad del CCNY y otros clubes de los que fue miembro, su acta de arresto en Sioux City, sus colegas en Oak Ridge y sus familiares. Para sus primos, tías y tíos, en Sioux City y Los Ángeles, fue el comienzo de muchas horas con agentes federales que a menudo hacían las mismas preguntas una y otra vez, que siempre terminaban en «¿Dónde está George ahora?». A lo que seguían las respuestas vacías: «No lo sé». «No lo he visto ni he oído nada de él en años». «Se fue en 1932. Nunca más lo volví a ver». «Lo vi en la esquina de una calle en Nueva York en 1946, mirando al vacío. Fue la última vez que lo vi».[12]

Las entrevistas con sus compañeros de clase del CCNY y colegas de Oak Ridge a menudo se enfocaban en buscar una respuesta a la pregunta que parecía obsesionar a Hoover: ¿cómo fue posible que un espía entrenado por el Ejército Rojo obtuviera la autorización de máxima seguridad de los EUA y terminara en el sitio de la bomba atómica ultrasecreto de la nación, en Oak Ridge? Era una pregunta que el FBI no podía responder, sin importar la cantidad de información que obtuviera.

Hoover, sin embargo, en su artículo del *Reader's Digest* de 1952, publicado unos años antes de que se abriera el caso Koval, puede haber respondido a su propia pregunta tan bien como cualquiera. «Por su cuenta, puede que este agente en Estados Unidos sea un "principal" responsable de toda una red de espionaje [...] El anonimato es una práctica estándar».[13]

En su análisis detallado de las maquinaciones de las redes de espionaje soviéticas, Hoover dio a sus lectores un resumen sobre los fundamentos del espionaje: «Si se hubiera concertado una cita para el martes a las 7:30 p. m. en la Quinta Avenida y la Calle 15ª pero no pudo llevarse a cabo, la cita se aplaza automáticamente a una semana más tarde en la Avenida 16 y la Calle 16ª, mientras que una tercera fecha automática sería la semana siguiente a la segunda en la Séptima Avenida y la Calle 17ª. La hora se pospondría de manera similar». Y si ocurriera una emergencia inesperada que exigiera que el espía se conectara con su jefe ruso a quien el espía no sabe cómo localizar, entonces «tales contingencias se prevén con mucha anticipación. A un espía, por ejemplo, se le dijo que pusiera este anuncio en un periódico local: "Bioquímico, de 33 años, desea un puesto en la industria o la investigación. Interés principal por calidad del trabajo". Al leer ese periódico todos los días como procedimiento de rutina, los rusos sabrían que el agente deseaba una reunión de emergencia. La hora y el lugar ya habrían sido determinados».

Pero él y su equipo «astuto, paciente y meticuloso» no pudieron descubrir suficientes detalles para atrapar a Koval. Incluso cuando los agentes del FBI pensaron que podrían atraparlo, estaban equivocados. En agosto de 1954 los agentes visitaron al único George Koval que figura en la guía telefónica del Bronx. Fue alrededor de dos semanas después de la investigación oficial del FBI. Este George Koval vivía en el Bronx y había asistido al CCNY, aunque en su mayoría tomaba cursos de economía —nunca ingeniería eléctrica o química— y solo en 1935. Este señor Koval nunca había trabajado para Raven Electric, ni era un veterano del Ejército de los EUA. En el momento de su primera entrevista con el FBI, en 1954, era un bombero que trabajaba en Manhattan en Engine Company 35, en la Calle 119ª Este, entre la Segunda y Tercera Avenida. Les dijo a los agentes que en numerosas ocasiones durante los últimos años, tal vez desde principios de 1949, estaba seguro de que lo estaban confundiendo con otra persona. Pero nunca supo por qué. Sobre todo en 1949, cuando recibió «numerosas llamadas telefónicas de mujeres que le indicaban que lo habían conocido en varias ciudades de los Estados Unidos».[14] La esposa del bombero había hablado con algunas de las mujeres que llamaron, dos de las cuales describieron a alguien que «había estado usando un uniforme de la Marina de algún tipo». La señora Koval y las personas que llamaron concluyeron que «el otro George Koval» debe de haber estado empleado durante la década de 1940 como marino mercante.

En una ocasión la esposa del George Koval equivocado les contó a los agentes sobre una mujer que había conocido a «George» en Albuquerque. Esto, intervino el bombero, fue un problema al principio porque él había estado fuera de la ciudad al mismo tiempo que la mujer dijo que se había encontrado con el otro Koval. También dijo que en 1949 había comenzado a recibir una revista de la sociedad de ingeniería eléctrica a la que no tenía motivos para suscribirse, así como ejemplares de *National Guardian*.

Meses después, cuando los agentes contactaron de nuevo al bombero y a su esposa, la pareja agregó un detalle que habían olvidado durante la primera entrevista: que en la primavera de 1950, 1951 o 1952, *New York Journal-American* nombró a «George Koval» como ganador de 500 dólares en el sorteo irlandés. Sabían que no habían participado, por lo que no intentaron reclamar el premio. Al parecer, los agentes nunca le dijeron a la pareja que esto podría haber sido un mensaje codificado escrito por un antiguo camarada, quizá en busca del espía desaparecido.

Al comienzo del segundo año de la investigación, Hoover envió un memorando a la oficina local de Nueva York en el que reprochaba a los agentes por los errores gramaticales y fácticos que había notado en un informe reciente para el caso Koval.

Criticó el descuido y luego los presionó para obtener más progreso. «Esta investigación es de considerable importancia y hay pistas sustanciales que deberían ser un desafío para el interés y la iniciativa»,[15] escribió. Dos meses después los agentes encontraron las actas de arresto de Koval de 1931 en la oficina del comisario del condado de Woodbury, Iowa, y descubrieron los artículos en el *Sioux City Journal* de septiembre de 1931 sobre la protesta por la pobreza que provocó su arresto.

En junio de ese año Hoover extendió la búsqueda a Francia, cuando envió un memorando a la embajada de Estados Unidos en París con un informe adjunto sobre la investigación de Koval y solicitando registros franceses sobre la llegada del sujeto a Le Havre en 1948 y cualquier evidencia de su posible salida de Francia. También buscó contactos conocidos que Koval pudiera haber tenido en Francia y cualquier indicio de su paradero actual.

Asimismo, ese año la oficina desmanteló las cuentas bancarias de Raven Electric y Hoover envió un memorando de nuevo a la oficina local de Nueva York, probablemente para inspirar el progreso, el cual comenzaba con nuevos datos que podrían ser útiles: «El 25 de mayo de 1945, Lassen escribió al empleado de Raven, W. A. Rose, Ridge Road 71, Rutherford, Nueva Jersey, con respecto a "la venta de *Mexican twins*" (gemelos mexicanos)».[16] Una semana después se envió una corrección: «*twins* debería haber dicho «*twine*» (cordel). «Códigos», indicaba el memorando.

Pero el año de mayor actividad en la investigación sería 1956, cuando los agentes enviaron docenas de extensos informes de campo y entrevistaron a casi 100 personas, a menudo más de una vez. Ese fue el año en que la CIA intervino en el caso, con un memorando en mayo de Hoover al director de la CIA, Allen Dulles: «Como saben, estamos muy interesados en determinar el paradero actual de George Koval [...]».[17] También fue el año en que Hoover colocó «una notificación de gran urgencia»[18] sobre Koval en el archivo masivo de huellas dactilares de los federales, para que se llamara a la oficina «inmediatamente» en caso de que hubiera una coincidencia en cualquier parte del país.

Una de las primeras entrevistas a principios de enero fue con su excolega del SED, Arnold Kramish, quien para entonces vivía en D. C. y trabajaba como empleado de alto rango en la División de Física de la Corporación (RAND). Kramish había sido uno de los compañeros de clase del CCNY de Koval en el ASTP que fue asignado a Oak Ridge, aunque por menos tiempo que Koval. Le dijo al agente que era «muy cercano»[19] a Koval tanto en el CCNY como en Oak Ridge. Comentó que su amigo era el mayor de los miembros del ASTP y «una persona que bebía mucho, le gustaban las mujeres y conocía la ciudad de Nueva York mejor que cualquiera del grupo». No podía recordar ninguna ocasión en que Koval se hubiera involucrado en una discusión política, y nunca había cuestionado la lealtad de Koval a Estados Unidos. La última vez que vio a Koval fue en 1946, dijo, en un departamento sobre la Avenida Valentine en el Bronx.

Otro excolega de Oak Ridge entrevistado ese año fue Seymour Block, el primero en comentar sobre la posible importancia para los rusos de los informes de Koval sobre cuestiones de seguridad. En 1946 Block trabajó en el sitio de Livermore del Laboratorio de Radiación de la Universidad de California. En Oak Ridge lo habían asignado a la división de física de la salud. Les dijo a los agentes que él y Koval, en sus rutinas de física de la salud, habían estado expuestos a información clasificada específica, por ejemplo, los detalles de por qué y cómo se produjo el plutonio, adónde se envió, lo que se sabía sobre los grandes reactores en Handford, Washington. Los datos de física de la salud estaban clasificados, dijo, y cualquiera que trabajara en la división tenía que haber sabido que Oak Ridge era parte del proyecto para crear una bomba atómica.

Block también habló a detalle sobre la importancia de lo que Koval sabía sobre instrumentación, tolerancias y técnicas de monitoreo de radiación. Aunque la física de la salud no contribuyó de manera directa al desarrollo de la bomba, fue «muy importante» para el éxito del proyecto, dijo. Las amenazas y los peligros de perder técnicos y científicos expuestos a la radiación fueron un riesgo mortal para el proyecto en todas las etapas, en especial a medida que se acercaba la prueba de la bomba cuando podría ser difícil reemplazar con rapidez a expertos bien informados.

La bomba estadounidense «podría haberse hecho más rápido si todas las respuestas de la física de la salud se hubieran conocido desde el principio»,[20] dijo Block, quien confiaba en que «si los soviéticos obtuvieran información sobre nuestro programa de física de la salud, su desarrollo de la bomba hubiera sido acelerado». Sabía que Koval incluso había publicado un artículo bien documentado «sobre la contaminación del aire por radiación», que podría haber sido «muy útil», dijo.

Pero lo que llenó ese año con innumerables pistas provino de las entrevistas del agente con Jean Mordetzky, cuyo nombre de soltera era Finkelstein.[21] Herbie Sandberg, en su primera reunión con los agentes en abril de 1956, fue quien los guio hacia Jean. Para entonces vivía en La Verne, California, un suburbio de Los Ángeles, con su esposo de cuatro años, Alexander Mordetzky. Durante cinco o más largas entrevistas, en febrero, mayo y octubre, los agentes incitaron sus recuerdos con preguntas que esculpieron el perfil de un hombre que probablemente había tratado de olvidar. Cuando cayó en cuenta de su inocencia, la curiosidad pareció impulsarla y descubrió tantos detalles como pudo para ayudar con la investigación.

Jean describió el boliche donde su hermano, ahora Leonard Field (antes, Finkelstein), le había presentado a Koval y cómo le impresionó que fuera un admirador tan ferviente de Walt

Whitman. Habló sobre el amor de Koval por el beisbol, sus compañeros de tenis en Boston, sus viajes a Kansas City y D. C., un amigo en el Departamento de Zoología de Columbia y muchos detalles más. Mientras narraba una historia, de repente aparecía otra, y luego otra. Le contó a un agente sobre la dedicación de Koval a su fraternidad, Eta Kappa Nu, y cómo los miembros habían buscado su paradero publicando una solicitud de información sobre él en la revista oficial de la fraternidad. Ella pensó que eso pudo haber sido en 1949. También había una foto que ella había guardado de Koval con otra mujer a la que Jean no conocía, pero creía que él le había dicho que fue tomada durante el verano de 1947. Les dio la foto a los agentes. Mostraba a Koval y a una hermosa joven recostados el uno contra el otro, sonriendo en un día soleado mientras estaban sentados en un parque. Herbie Sandberg luego identificó a la mujer y dijo que George la había conocido en una fiesta en el departamento de Herbie en 1947. El FBI la entrevistó más tarde mientras intentaban encontrar a todas las mujeres que habían salido con Koval.

No hay evidencia de que Jean haya preguntado a los agentes sobre la ubicación actual de Koval o por qué el FBI había iniciado a buscarlo tan urgentemente. Pero debe de haber tenido innumerables preguntas más por cada una que respondió o no pudo responder. No sabía los nombres de sus compañeros de tenis en Boston, ni siquiera si jugaba al tenis en sus viajes a Boston. Beisbol sí, pero no, nunca había visto a Koval en una cancha de tenis. ¿A quién conoció en D. C. ese marzo, o planeaba reunirse en el Grand Central Palace la noche de su última cita? Ella no lo sabía. Como en un sueño, o una pesadilla, su memoria tenía bordes borrosos con algunos detalles imposibles de recuperar.

Pero pronto la oficina pasó de Jean a una nueva pista: la traducción de una carta escrita por el padre de George, Abram

Koval. Con fecha del 20 de mayo de 1956, estaba dirigida a la hermana de Abram, Goldie Gurshtel, que, junto con su esposo, Harry, vivía en Sherman Oaks, California. Y contenía hechos que cambiaron drásticamente la dirección de la cacería de Koval por parte del FBI, de modo que las órdenes de «Encuéntrenlo» cambiaron a «Tráiganlo de *regreso* a Estados Unidos».

CAPÍTULO 16

LAS CARTAS DE MARZO DE 1953

La carta escrita por Abram Koval el 20 de mayo de 1956 les informaba a su hermana y cuñado, los Gurshtel, sobre el lado de la familia que vivía en la Unión Soviética. «Ahora tengo unos 75 y me siento vivo y de maravilla», escribió Abram. «Han pasado veinte años desde que nos vimos y durante ese tiempo han tenido lugar varios cambios en nuestra familia».[1]

Abram escribió que su hijo menor, «Geybi» [Gabriel], había sido asesinado el 30 de agosto de 1943, en medio de «una batalla contra los fascistas alemanes». La esposa de Abram y madre de George, Ethel, había muerto de cáncer el 28 de agosto de 1952. Por el lado positivo, su hijo mayor estaba casado y tenía cuatro hijos, tres niñas y un niño: Gita, Sofiya, Galina y Gennadi. «Todos son buenos niños», escribió. Pero fue lo que vino después lo que causó revuelo en la sede del FBI: «George vive en Moscú, todavía trabaja para el Instituto Químico Mendeleev [...] Vive con su esposa Lyudmila (los vieron una vez en Moscú) pero no tienen hijos».

La carta puso en marcha interminables entrevistas de seguimiento en el caso Koval. Volverían a estar los Gurshtel; Jean de nuevo, Arnold Kramish, Herbie Sandberg e Irving Weisman, uno de los destinatarios de las postales de Koval en 1948, todos interrogados al menos por tercera, cuarta o quinta vez. Más detalles podrían facilitar una comprensión más profunda de lo que Koval había hecho con exactitud durante ocho años en Estados Unidos. Y debido a que los federales creían que Koval era ciudadano estadounidense, podría ser posible extraditarlo y acusarlo de traición.

Sin duda, la estrategia del FBI pronto se redujo a un solo enfoque: el complicado proceso de extradición. Hoover quería forzar el regreso de Koval a su país de origen para que afrontara un interrogatorio oficial. Al dar este paso, Hoover solicitó la ayuda de otras agencias y divisiones gubernamentales. Cualquier acción, escribió en un memorando, «se creía justificada en consideración de las actividades conocidas [de Koval] en los EUA, 1940-1948, lo que sugiere con firmeza su participación en el espionaje soviético durante ese periodo [...] Se cree que cualquier enfoque práctico que pueda efectuar la desnaturalización [de Koval] debe explotarse por completo [...] Esto parecería particularmente deseable si el enlace necesario plantea una situación de "lo máximo que se puede ganar frente a nada que perder"».[2]

No había ninguna prueba legal documentada de que Koval hubiera renunciado a su ciudadanía estadounidense. Sin embargo, en 1932, cuando salió de Estados Unidos con sus padres y dos hermanos para vivir en la Región Autónoma Judía, la ley soviética de ese momento establecía que si ambos padres se convertían en ciudadanos de la Unión Soviética, sus hijos también adquirirían la ciudadanía soviética si no habían llegado a la edad de 14 años, como el hermano menor de Koval, Gabe. Si eran mayores de 14 años, solo se requería el consentimiento de los hijos a través de sus padres. Por lo tanto, era bastante probable que Koval hubiera adquirido la ciudadanía soviética en 1932. La única forma de confirmar esto, desde el punto de vista de Hoover, era entrevistar a Koval, en persona, en la embajada de Estados Unidos en Moscú. Entonces, a principios de 1959, Hoover envió un memorando al director de la Oficina de Seguridad del Departamento de Estado de EUA solicitando que él [el director] «haga arreglos para que [Koval] sea entrevistado en Moscú con el fin de determinar su estado de ciudadanía actual y para determinar si planea permanecer en Moscú o si planea regresar a los Estados Unidos. Esta Agencia estaría interesada en determinar si Koval ha cometido un acto que lo expatriaría».[3]

El 21 de mayo, después de encontrar el lugar de trabajo de Koval en el Instituto Mendeleev, Lewis W. Bowden, cónsul de la embajada estadounidense en Moscú, le escribió a Koval pidiéndole que fuera a la embajada para ser entrevistado. «Los archivos de la Embajada indicaron que usted es un ciudadano estadounidense que reside en la URSS. Le agradeceríamos que llamara a la Embajada a su conveniencia para que se aclare su estado de ciudadanía. La Embajada está ubicada en Calle Chaikovski 19/21 y está abierta de 0900 a 1800 los lunes, martes, jueves y viernes y de 0900 a 1300 los miércoles y sábados».[4]

Dos meses después, la embajada recibió una respuesta por escrito de Koval en la que se negaba a «discutir su estatus de ciudadanía estadounidense con el consulado estadounidense en la URSS». Y escribió: «He sido ciudadano de la URSS desde 1932».[5] En noviembre, el jefe de la División de Adjudicaciones Extranjeras del Departamento de Estado de EUA envió una carta a Hoover reconociendo que «se han tomado todas las acciones lógicas para efectuar la expatriación [de Koval]». La carta de Koval de julio de 1959 fue «suficiente para negarle el reconocimiento como ciudadano de los EUA hasta el momento en que pueda presentarse en la Embajada en Moscú y someterse a un interrogatorio apropiado».[6] Dicho esto, sugirió que se cerrara el caso de extradición. Sin embargo, Hoover insistiría en que el «aviso de alerta» expedido a los funcionarios de aduanas en todo el país se mantuviera con firmeza en caso de que Koval intentara ingresar a Estados Unidos.

Lo que sucedió a continuación fue bastante predecible: no una interrupción dramática de la caza, sino una lenta deriva hacia la oscuridad. Hoover conocía el papel crucial del buen momento en el fino arte de la autopromoción tan bien como Koval en el oficio del espionaje. A finales de 1959 debe de haber sido obvio que Koval, como Lassen, estaba fuera de alcance. Los objetivos habían huido del país años antes y al parecer nunca regresaron. Y haber pasado por alto a un espía entrenado por el Ejército soviético con autorización de máxima seguridad de los EUA que conducía un jeep del Ejército en las inmediaciones de un proyecto de armas ultrasecreto durante la guerra solo podía traerle vergüenza al FBI. Lo mejor era dejar que el caso, los nombres y las pistas simplemente cayeran en las grietas de la historia. Si algún día surgía de repente un detalle revelador o sorprendente, lo revisarían, pero en silencio.

Después del memorando final sobre el esfuerzo de extradición, se cerró «el caso civil contra Koval»,[7] aunque la investigación de Koval no se cerró. Desde 1961 hasta 1966 se colaron algunos informes que presentaban nuevas pistas y direcciones. Por ejemplo, en 1961, el FBI comenzó un análisis de las actividades conocidas de varios «ilegales», entre ellos Koval, para ayudar a idear «métodos de enfoque lógico para el problema de detección de ilegales soviéticos en los EUA».[8] Esto incluyó una investigación sobre el posible uso soviético de la estación del Servicio Selectivo de Bronx 126 donde Koval fue procesado para ingresar al Ejército de los EUA, donde recibió una trajeta de registro del Servicio Selectivo y donde Lassen presentó solicitudes para el aplazamiento de Koval. La Agencia encontró a otro trabajador de Raven que había recibido su tarjeta de servicio selectivo en el Bronx 126. Y eso instigó una investigación más profunda sobre los tratos de Raven Electric con una investigación renovada de sus exempleados, que aún estaban siguiendo el rastro de pistas del espionaje de Koval.

Ese fue también el año en que un informante le dijo a un agente que, según una de sus fuentes, Koval no había hecho nada por los soviéticos mientras estuvo en Estados Unidos, excepto perder tiempo y dinero del GRU.[9] El informante fue descrito como «a veces confiable y a veces no». Pero si la pista del informante hubiera sido cierta, entonces Koval, una vez que regresó a Moscú en medio de un duro periodo antisemita y se enfrentó a un jefe de inteligencia conocido por sus tratos viles, en especial con los agentes ineptos, habría sido liquidado o enviado al gulag. En cambio, el GRU lo había ayudado.

El archivo del FBI que contenía la afirmación de la incompetencia de Koval no incluía la carta del GRU de marzo de 1953 que probaba el error de tal escepticismo. Después de que Koval fue dado de baja del Ejército Rojo en junio de 1949 comenzó su trabajo para obtener un título avanzado en química en Mendeleev. Y a finales de septiembre de 1952 había defendido su tesis doctoral y estaba listo para que el comité de colocación laboral le encontrara un puesto docente. Pero en la primavera de 1953, después de meses de espera, le habían dicho en repetidas ocasiones que había pocas vacantes, si es que había alguna, para científicos en su campo. Su historial en el Ejército Rojo, a disposición del comité de empleo, era escaso, anodino y poco impresionante. Debido a que se le había ordenado que nunca revelara lo que había hecho para el GRU durante la guerra, no pudo explicar su historial militar. Al mismo tiempo, el antisemitismo ruso solo había empeorado. Como un académico ruso describió la situación de Koval: «Rusia en la primavera de 1953 estaba tan saturada de antisemitismo que la única esperanza de salvación era un intento de encontrar protección haciendo contacto en lo más alto».[10]

Luego, el 5 de marzo murió Stalin y corrieron rumores sobre un posible plan para purgar a los judíos y enviarlos a Siberia. Así fue como el día después de la muerte de Stalin, mientras los soviéticos se agolpaban en el Kremlin para ver el cuerpo, Koval escribió el primer borrador de una carta al jefe del GRU, en la que les pedía a los oficiales que se pusieran en contacto con Beria, quien sabía todo sobre sus contribuciones al proyecto de la bomba atómica y sobre su «conversación en 1949».[11] Quería ayuda con desesperación para conseguir un puesto académico, pero solo el GRU podía liberarlo del silencio que bloqueaba su futuro. El 10 de marzo, el día después del funeral de Stalin, envió la carta:

Estimado camarada:

Le escribo por la difícil situación en la que me encuentro. A finales de septiembre de 1952, obtuve mi título de posgrado. Debí de haber sido enviado a un trabajo, pero el comité que debería haberme enviado no hizo nada y dejó la pregunta abierta. No quería molestarlo, pero los 10 años [1939-1949] que trabajé para usted ahora son un espacio en blanco en mi biografía porque no puedo decirle a nadie lo que hice en el Ejército. Solo usted conoce el desafío y la responsabilidad de mi trabajo para con ustedes y cómo fue que lo completé con honestidad.[12]

Según un relato, la carta era «una cubierta decorativa para la verdadera súplica de salvarle la vida».[13] Terminó con una solicitud para reunirse en persona. Señaló que se le podía localizar a través del número de teléfono de su esposa, VI3440.

A pesar del sorprendente caos de los primeros días después de la muerte de Stalin, la respuesta del GRU fue inmediata. El 16 de marzo el ministro soviético de educación superior recibió una carta del director del GRU, en la que le decía que «empleara lucrativamente»[14] a George Koval. «Según el acuerdo de confidencialidad de la seguridad militar, no puede explicar los detalles de lo que hizo bajo condiciones especiales. Si este hecho tuviera algún efecto en que el Ministerio no le diera un buen trabajo, entonces enviaremos a nuestro representante, quien le dará los detalles que necesite». Poco tiempo después Koval fue contratado en Mendeleev como asistente de laboratorio, y pronto se convertiría en profesor de química durante casi 35 años.[15] Esta no era la forma en que el GRU habría tratado a un espía cuya misión hubiera fracasado.

Otras pistas del FBI en el caso de Koval durante la década de 1960 eran que la oficina de Nueva York recibió un aviso anónimo en 1966 de que el GRU estaba reactivando viejos agentes y puede que lo haya estado haciendo desde 1956. Esto aceleró un recordatorio para que los servicios de inmigración y los puertos de entrada de la nación estén atentos a Koval. Pero no lograron nada con eso. Nadie apareció. Y durante los siguientes 12 años no se agregó un solo informe a los archivos del caso #65-16756.

Luego, en 1978, un extraño detalle sobre Koval surgió de repente con la publicación de la primera versión sin censura de la novela de Aleksándr Solzhenítsyn, *El primer círculo* en ruso, con el título *En el primer círculo*. En la novela, Solzhenítsyn usó incidentes reales y personas de la vida real con las que se había encontrado en sus ocho años como prisionero soviético.[16] En el primer capítulo usó un nombre que había escuchado, «Georgy Koval», posiblemente bajo la impresión de que era un nombre en clave para un espía.

Para 1978 Solzhenítsyn era un autor reconocido a nivel internacional a quien se le había asignado dar el discurso de graduación en la Universidad de Harvard esa primavera. En 1970 ganó el Premio Nobel de Literatura, «por la fuerza ética con la que ha perseguido las tradiciones indispensables de la literatura rusa». Luego, poco después de la publicación en París durante 1973 de su obra maestra de no ficción, *Archipiélago Gulag*, en la que narra la vida en el sistema soviético de campos de trabajos forzados, fue deportado de Rusia a Alemania Occidental y pronto se mudó a Estados Unidos para vivir por casi dos décadas.

Archipiélago Gulag se basó en el testimonio de al menos 250 exprisioneros y en la propia sentencia de ocho años de Solzhenítsyn en el gulag, a partir de 1945. Varios de esos años los pasó en uno de los sharashkas del sistema gulag. Estos eran laboratorios de investigación especiales atendidos por presos con capacitación en ingeniería, matemática o ciencia a quienes se les ordenó ayudar a avanzar en las tecnologías militares y de inteligencia soviéticas. Su sharashka estaba en la ciudad de Marfino, en las afueras de Moscú, dentro de una iglesia adaptada que alguna vez tuvo un nombre que se traducía como «Alivia mis penas».

Durante su tiempo allí Solzhenítsyn estuvo en un equipo al que se le asignó trabajar en un dispositivo de reconocimiento de voz con el fin de identificar a un traidor soviético en una cinta enviada al sharashka. La cinta, que contenía una llamada interceptada posiblemente en diciembre de 1949 a la embajada de EUA en Moscú, mostraba a un diplomático soviético de voz ansiosa que trataba de advertirle a un agregado estadounidense sobre un espía soviético que estaba planeando una reunión de espionaje con un mensajero soviético en una tienda de radio en Manhattan para revelar secretos sobre la bomba atómica estadounidense. El nombre del espía era «Georgy Koval».

Solzhenítsyn usaría los detalles de lo que se escuchó en la cinta como tema central de *En el primer círculo*. Al comienzo del libro, en una cabina telefónica en la estación de metro de Moscú, el diplomático soviético llama a la embajada de los EUA y después de batallar para comunicarse con un agregado, dice: «¡No cuelgue el teléfono! ¡Esto es un asunto de vida o muerte para su país! ¡Y no solo su país! ¡Escuche! Dentro de los próximos días un agente soviético llamado Georgy Koval recogerá algo en una tienda que vende piezas de radio».[17]

Después de algo de vacilación en el otro extremo, grita con desesperación: «¡Escuche! ¡Escuche! Dentro de unos días, el agente soviético Koval hará la entrega de información tecnológica importante sobre la producción de la bomba atómica, en una tienda de radio...». El clic en el auricular y una repentina desconexión indicaron al diplomático soviético que la policía secreta estaba escuchando la llamada.

Para que esa primera versión del libro pasara por los censores soviéticos, Solzhenítsyn recortó nueve capítulos y alteró varias escenas esenciales, incluida la del espía atómico. Incluso para encontrar un editor para la versión atenuada tuvo que sacar el manuscrito de contrabando del país a los EUA, donde apareció por primera vez en 1968 con el título *El primer círculo*, publicado por Harper & Row. Diez años después se publicó por primera vez la edición original sin cortes, titulada *En el primer círculo*, cuya trama se centraba en la persecución del diplomático soviético errante que había traicionado a su nación al exponer al agente soviético Koval. La precisión histórica de la narración, aunque quizá desfazada por uno o dos años, su acción y su entorno fueron lo suficientemente cercanos al trabajo de Koval en los EUA para causar revuelo tanto en la CIA como en el FBI.

El 2 de marzo de 1978 el recién nombrado director del FBI, William Webster, envió un memorando a las oficinas de la ciudad de Nueva York y Albany, en Nueva York, para alertarlos sobre un memorando de la CIA que mencionaba el libro recién recibido en las oficinas centrales del FBI. Les recordó sobre Koval, «el ilegal soviétivo del GRU que operó en los EUA aproximadamente desde 1938 [*sic*] hasta 1948».[18] Y dijo que una entrevista con Solzhenítsyn en su casa de Vermont «estaría justificada por razones históricas y operativas». A continuación, Webster ordenó a la agencia de Nueva York que seleccionara a su «Agente Especial con más conocimientos y experiencia» para realizar la entrevista, el 19 de abril.

Ese día, antes de que comenzara formalmente la sesión, Solzhenítsyn preguntó por el propósito de la entrevista y pidió que no se tomaran notas en ningún momento. Le dijeron que la entrevista se refería a la conversación telefónica descrita al comienzo de la versión sin censura de *En el primer círculo*: el intercambio entre un desconocido y la embajada de Estados Unidos en Moscú, sobre un espía llamado Koval. El autor «parecía muy reacio a conversar sobre este tema y preguntó por qué debería explicar estos detalles en abril de 1978».[19] Luego se le preguntó si tenía un temor personal de represalias por parte del KGB. Pero no respondió.

La entrevista duró una hora, y cuando se le preguntó si estaría de acuerdo en tener otra reunión pronto, Solzhenítsyn dijo que no sería necesario. Aseguró a su interrogador que no podía recordar más detalles que los del libro. Sí confirmó la fecha como diciembre de 1949 o 1950, un detalle que preocupaba al FBI, considerando que no había constancia de que Koval hubiera regresado a Estados Unidos después de su salida documentada en 1948. El FBI sabía que durante ese periodo la tienda Raven Electric estuvo abierta y Faraday todavía estaba en Nueva York; de hecho, hasta el 16 de diciembre de 1950. Si alguna vez se pudiera probar que Koval había continuado su trabajo como espía después de regresar a Moscú, los soviéticos podrían haber usado la información de la cinta para advertir con rapidez a Koval que cancelara los planes de viaje a Estados Unidos.

Había otras explicaciones posibles: que la persona que llamó a la embajada de EUA estaba tratando de desertar de la Unión Soviética e inventó una historia urgente sobre un espía cuyo nombre había escuchado en la embajada soviética; que los funcionarios de seguridad soviéticos habían creado una cinta falsa, utilizando la llamada telefónica como una forma de probar el progreso de la investigación de reconocimiento de voz en el sharashka; o que la llamada grabada pudo haber ocurrido en 1947 o 1948, pero no se envió al sharashka hasta 1949.

Unos años después de la entrevista de 1978, Lev Kópelev, el compañero de equipo de Solzhenítsyn que trabajaba en los dispositivos de reconocimiento de voz en el sharashka, publicó sus memorias *Ease My Sorrows* («Alivia mis penas», publicadas en 1981 en ruso y en 1983 en inglés). En el capítulo «Fonoscopía, cazando espías»,[20] Kópelev mostró que su recuerdo del incidente que expuso al espía Koval coincidía con el relato de Solzhenítsyn de *En el primer círculo*.

Pero la discrepancia entre la fecha de 1949 y los registros de Koval quizá nunca se resuelva. Sin embargo, lo que fue de importancia duradera fue el hecho de que tanto Solzhenítsyn como Kópelev confirmaron haber escuchado una cinta que identificaba a George Koval como un espía atómico en Estados Unidos. El misterio del calendario de diciembre de 1949 nunca descartaría la precisión de nombrar a Koval.

Koval nunca fue entrevistado de manera formal sobre *En el primer círculo* ni sobre ninguno de los detalles de la historia de Solzhenítsyn. Sin embargo, uno de sus alumnos estrella de Mendeleev, el autor ruso Yuri Lébedev, recordó más tarde haberle preguntado a Koval sobre su presencia en el libro. Fue en una reunión de amigos cercanos, y Lébedev, que había esperado mucho tiempo por el momento adecuado para sacar el tema de la novela de Solzhenítsyn, rompió el silencio. Cuando lo hizo, Koval tan solo sonrió y dijo: «¿De dónde lo sacaste?».[21]

Cuando se publicaron las memorias de Kópelev en inglés, el caso del FBI #65-16756 se había cerrado en Nueva York y en todo el país: en silencio, sin previo aviso. No más entrevistas por parte de agentes del FBI en busca de rastros para desentrañar los detalles indetectables en apariencia. No más informes que exponían pistas perdidas por compañeros de clase, novias o colegas del Proyecto Manhattan. No más intentos de atrapar, o incluso localizar, al agente encubierto Delmar.

Pero la cacería no había terminado.

CAPÍTULO 17

EXPUESTO

La gran apertura de la recién construida embajada de los Estados Unidos en Moscú, en mayo de 2000, fue uno de esos eventos que parecen exaltar y avergonzar de manera simultánea. El orgullo debe de haber inundado las paredes mientras se soltaban los discursos y se chocaban las copas, pues no había duda de que el edificio posmoderno de piedra y vidrio era un logro arquitectónico y político impresionante. Al mismo tiempo, la ocasión fue un perturbador recordatorio de que el proyecto entero había tomado más de 30 años para completarse, tiempo durante el cual tantas metidas de pata del personal de alto rango le habían ameritado a la embajada estadounidense en Moscú imágenes en los titulares como «torpes y topos».[1]

Después de un acuerdo en 1969 para proceder con una nueva embajada, la construcción finalmente comenzó en el otoño de 1979 con directivas que exigían que la Unión Soviética usara su propia mano de obra y materiales para construir la estructura básica. Al país anfitrión también se le otorgó el derecho de revisar los dibujos arquitectónicos del marco del edificio «para asegurarse de que cumpliera con los códigos y estándares de construcción locales (soviéticos)».[2] Pero seis años más tarde los trabajadores soviéticos fueron expulsados del lugar y se suspendió el trabajo, luego de que se encontraran dispositivos de escucha soviéticos implantados en pilares de concreto en el armazón estructural del edificio.[3] Luego, los EUA y la URSS tardarían muchos años más en llegar a un acuerdo sobre una solución para lidiar con tales sistemas de espionaje permanentes, mientras los estadounidenses debatían el sensible tema del escrutinio descuidado. Como dijo el exsecretario de Defensa y jefe de la CIA James Schlesinger al momento del descubrimiento: «El culpable es la complacencia estadounidense, la tendencia a asumir que los rusos son técnicamente inferiores a nosotros y que podemos controlarlos». En su testimonio, después de investigar el error, lo llamó «el edificio con mejores micrófonos ocultos jamás construido».[4]

A lo largo de los años ha habido intentos de colocar dispositivos en la antigua embajada, que se inauguró en 1960, como el regalo de los soviéticos de una enorme réplica del Gran Sello de los Estados Unidos, el cual contenía un diminuto mecanismo de escucha que fue encontrado tras colgarlo en la pared del estudio del embajador de los Estados Unidos durante casi dos décadas.[5]

Luego, en la década de 1960, se encontraron 40 micrófonos en las paredes de la embajada,[6] y en la década de 1980 se descubrieron micrófonos ocultos en al menos una docena de máquinas de escribir eléctricas, una de ellas utilizada por el secretario del diplomático de la embajada en segundo rango.[7] Estos eran sensores capaces de recoger el contenido de documentos mecanografiados. También hubo casos de «engaño y seducción»,[8] por ejemplo, un escándalo que ocurrió casi al mismo tiempo que el impactante hallazgo en el sitio de construcción de la nueva embajada; este involucraba a un guardia de seguridad de la Marina arrestado y pronto condenado por espionaje después de su romance con una mujer soviética que trabajaba en la embajada de los Estados Unidos. La mujer tenía un agente supervisor en el KGB.

Quizá siempre hubo oídos en las paredes de la embajada, aunque lo que se aprendía de tan astutas escuchas no siempre lo recogía la prensa. En 1999, por ejemplo, una historia de espionaje un tanto significativa se movió por el escenario de la embajada, pero pasó inadvertida por los reflectores de los medios. A principios de junio George Koval, de 85 años, delgado, encorvado y con anteojos, ingresó a la embajada estadounidense sin previo aviso, 40 años después de que funcionarios estadounidenses lo invitaran allí. Para entonces, Koval se había retirado de su puesto como profesor estimado en el Departamento de Tecnología Química de Mendeleev, donde había estudiado o enseñado desde el otoño de 1949. En 1952 su madre había fallecido y en 1964 perdió a su padre, ambos habían vivido en la granja colectiva de la Región Autónoma Judía desde su llegada en 1932. En 1987 murió su hermano mayor, Isaiah, también en la JAR. Y el 26 de mayo de 1999, poco tiempo antes de su viaje a la embajada de los Estados Unidos, falleció Mila, su esposa de 63 años.

Durante el tiempo que estuvo a cargo del cuidado de Mila, a Koval se le informó sobre un beneficio especial disponible para los veteranos del Ejército de los EUA que habían servido en la Segunda Guerra Mundial. Su pensión del Ejército ruso se basaba en un registro que lo identificaba solo como un soldado raso del Ejército Rojo, no como un veterano de la inteligencia del Ejército Rojo que había llevado a cabo una misión valiosa en los Estados Unidos. Seguramente era una suma escasa, y el valor del rublo se había colapsado hacía poco, por lo que el dinero debe de haber sido el incentivo para que Koval se aventurara a la embajada. Específicamente, quería saber cómo solicitar el beneficio a la Administración del Seguro Social de EUA.

Es difícil localizar en documentos el momento exacto en que el GRU se enteró de que Koval había visitado la embajada estadounidense, aunque el relato de un historiador sugiere que debe de haber sido a principios del verano de 1999. Casi al mismo tiempo, la agencia alentó a un historiador del GRU a investigar el trabajo del Agente Delmar; lo cual probablemente no fue ninguna coincidencia. Luego, en agosto, un artículo de una revista rusa señaló a los «ilegales» del espionaje soviético que habían «salvado al planeta del terror nuclear». Delmar estaba en la lista.

El artículo fue escrito por Vladímir Lota, el seudónimo del historiador del GRU que también fue coronel del GRU y cuyo nombre real era Vladímir Ivánovich Boyko. Justo antes de la fecha límite para la publicación de agosto, Lota agregó varios párrafos sobre Delmar a la sección dedicada a Arthur Adams, nombre en clave Aquiles. Escribió: «Las acciones de Aquiles y Delmar fueron coordinadas por el jefe rezidente P. Melkishev de inteligencia militar, conocido como Molière, quien trabajó en Nueva York como viceconsulado bajo el nombre de Mijáilov». Y les dijo a los lectores que «Delmar está vivo. Tiene 85 años. Es doctor en ciencias. Y aún no es hora de revelar su nombre».[9]

Según el escritor ruso Lébedev, quien ha tratado de reconstruir este episodio en la vejez del espía, los viajes de Koval a la embajada ese verano habían «causado ansiedad» en el GRU, y a partir de la primera visita de Koval en junio la inteligencia militar rusa sabía cada uno de sus movimientos: cuándo llegó y cuándo salió de la embajada, así como cuándo envió y recibió sobres de los Estados Unidos y a veces, pero no siempre, su contenido. Mientras tanto, Koval probablemente era consciente de que estaba siendo observado. Pero no fue sino hasta después del 4 de septiembre, cuando llegó el sobre de la Administración del Seguro Social de EUA —el cual contenía los formularios de solicitud necesarios—, que la preocupación latente de la inteligencia rusa probablemente comenzó a hervir.

Lébedev afirmó que el GRU no estaba seguro de las intenciones de Koval, pero sabía que sus acciones podrían ser algo así como «una mancha negra para el GRU. Nadie consideró la posibilidad de que fuera un traidor, pero el hecho de que este exespía pudiera estar pidiéndole a los Estados Unidos una compensación monetaria podría ser considerado por los medios como un duro golpe para el GRU. El GRU temía que desacreditara la estructura de inteligencia a la que había entregado 10 años de su joven vida». Y quien fuera el encargado de resolver el problema de qué hacer con Koval decidió que llamarlo a la sede del GRU no era una buena idea. «No se atrevieron. Podría haber salido mal»,[10] escribió Lébedev. En cambio, tomaron la inteligente decisión de convertirlo en su aliado y, de alguna manera, cortejarlo. Le subieron la pensión. Comenzaron una entrega mensual de alimentos a su domicilio. Y lo agregaron a su comité asesor para veteranos de inteligencia.

Luego, en febrero de 2000, el GRU al parecer se enteró de que Koval había recibido otra carta de Estados Unidos, esta vez de la Oficina de Operaciones Centrales de la Administración del Seguro Social en Baltimore, Maryland. Con fecha del 7 de febrero, era la respuesta a su solicitud de la prestación especial. Consistía en una sola oración: «Le escribimos para informarle que no califica para los beneficios de jubilación».[11] Pero el GRU, según un relato, solo sabía que había recibido otra carta del gobierno de los EUA, no el contenido. A continuación decidieron honrarlo con una insignia distintiva que por lo general solo se entrega a los oficiales del GRU en funciones. Como comentó más tarde Lébedev, también fue una buena táctica de relaciones públicas, ya que demostró que el GRU se preocupaba por sus veteranos. Se planeó una ceremonia de premiación cerrada para finales de abril de 2000.

A continuación el GRU autorizó que se escribiera un libro sobre los años de Koval como espía en Estados Unidos: la historia de «una brillante operación del GRU para insertar a su propio agente en la operación atómica supersecreta».[12] El título sería *El GRU y la bomba atómica* y el autor sería Vladímir Lota, quien conoció a Koval por primera vez en la entrega de premios en abril de 2000.[13] Unos días más tarde, utilizando una contraseña sugerida por un veterano del GRU que conocía a Koval desde hacía muchos años, el escritor de 59 años lo visitó en su casa.[14] La reunión, sin embargo, duró apenas una hora.

A Koval no le encantaba la idea de que Lota lo convirtiera en el centro de atención. Con el tiempo, eso cambió, ya que Lota escribió sobre la vida y los logros de Zhorzh Abramovich Koval en seis artículos de revista y dos libros, en la mitad de los cuales solo usó el nombre en clave de Delmar y una identidad falsa, «Dmitri», mientras Koval estaba vivo.[15]

Varias semanas después de que Koval recibiera su insignia distintiva del GRU, un excolega en Estados Unidos reapareció en su vida: Arnold Kramish, el físico, historiador y autor que había sido compañero del ASTP de Koval en el CCNY y miembro del SED en Oak Ridge. Kramish luego le diría a la prensa que en Oak Ridge, Koval «tenía acceso a todo. Tenía su propio jeep. Muy pocos de nosotros teníamos nuestro propio jeep. Era bastante inteligente. Era un espía entrenado del GRU».[16] Se referiría a Koval como «el más grande»[17] de los espías atómicos, comentario que había que respetar ya que venía de un hombre experto en el tema, fluido en ruso, que conocía bastante bien a Koval. Y dijo que la mayor contribución de Koval al proyecto de la bomba soviética fue «arrojar luz sobre la producción y purificación de polonio».[18]

El currículum de Kramish en la labor científica y gubernamental era tan grueso como un libro, rebosante de logros intrigantes. Como dijo un escritor más tarde, Kramish «se codeaba con espías y científicos».[19] A principios de la década de 1950 trabajó con el renombrado físico Edward Teller en la bomba de hidrógeno y fue el único científico que participó en el interrogatorio del cuñado de Julius Rosenberg, David Greenglass. También fue el enlace de la Comisión de Energía Atómica con la CIA. Y cuando el FBI lo entrevistó en 1956 sobre Koval, trabajaba como empleado de alto rango en la Corporación RAND en D. C., que comenzó en 1946 como un grupo de expertos que se enfocaba en mantener la tecnología estadounidense por delante de todas las otras naciones, en especial la energía nuclear y sistemas de armas. Como escribió Richard Rhodes en su libro *The Making of the Atomic Bomb* («La fabricación de la bomba atómica»), Kramish era «un científico involucrado con las partes más clandestinas del gobierno».[20]

Como experto en inteligencia nuclear, Kramish escribió numerosos artículos y libros sobre este tema, como su libro de 1959, *Atomic Energy in the Soviet Union* («Energía atómica en la Unión Soviética) y *El grifo*, sobre la vida de un espía que trabajaba para los británicos en la Segunda Guerra Mundial y que indagó detalles sobre el desarrollo de la bomba atómica alemana. A los 67 años, Kramish estaba escribiendo sus propias memorias, «de las cuales mi amistad con Koval es una parte integral», como señaló en una carta al Instituto Mendeleev a finales de abril de 2000 dirigida al director del instituto, el profesor Pável D. Sarkísov. En la carta, Kramish describió a Koval como «mi viejo amigo». ¿Y podría la escuela ayudarlo a localizar a Koval? Para asegurarle al director su respetabilidad, Kramish agregó que un «doctor Serguéi Kapitsa» lo conocía y «proporcionaría una referencia personal y profesional»,[21] si fuera necesario. Kapitsa era un renombrado científico soviético que, en el momento de la carta, era el presentador de un popular programa de televisión en Moscú sobre los milagros de la ciencia llamado «¡Evidente pero increíble!».

En respuesta el profesor Sarkísov localizó de inmediato a Koval y envió por correo la información de contacto a Kramish, quien luego llamó a Koval. Se presentó y Koval dijo: «¡Ah, Arnold!». «¿Eres tú, George?»,[22] dijo Kramish. Hubo una pausa y luego ambos se echaron a reír, según Kramish, quien luego dijo: «Fue un momento emotivo para ambos».[23]

Lo que inspiró en parte la iniciativa de Kramish para volver a conectarse con Koval fue algo que había leído que lo despertó a ideas erróneas sobre quién hizo qué durante los años del espionaje soviético en el proyecto ultrasecreto de la bomba estadounidense. Conocedor de la historia del espionaje soviético y de la bomba atómica estadounidense, Kramish había descubierto una biografía reciente del espía atómico Theodore Hall, un joven y brillante físico de Los Álamos que compartió detalles sobre la bomba de plutonio con la Unión Soviética. Y aunque Kramish estaba impresionado con la erudición de sus autores, Joseph Albright y Marcia Kunstel, al haber trabajado tanto en Oak Ridge como en Los Álamos durante la guerra, creía que podía ayudarles a resolver el misterio.

En el libro, titulado *Bombshell*,[24] los autores describen un informe de inteligencia que «marcó una diferencia en la carrera armamentista».[25] Marcado como «Ultrasecreto», «había sido enviado a Beria el 1.º de marzo de 1949». El informe, que los autores habían obtenido de los archivos del Ministerio Ruso de Energía Atómica, «divulgó un proceso industrial para fabricar polonio 210, el isótopo que sirve como ingrediente clave en el mecanismo de activación de una bomba nuclear [...][26] Como reveló el informe a Beria, los estadounidenses estaban creando polonio 210 de manera artificial [...]».[27] El informe, escribieron los autores, continuaba describiendo el proceso de irradiar trozos de bismuto en el reactor nuclear en Hanford, Washington, y enviar el bismuto irradiado a una planta en Dayton, Ohio, donde el «polonio 210 fue recuperado por tratamientos con ácido dentro de tinas vitrificadas de un metro y medio de altura». Luego, «solo cuatro días después de recibir el informe sobre el procesamiento estadounidense de polonio, Beria se lo pasó a Igor Kurchátov y Boris Vannikov, el científico en jefe y principal administrador del proyecto de la bomba atómica soviética».

Los autores escribieron: «No hay evidencia que vincule a Ted Hall y sus amigos con nada de esto, ni en los archivos rusos desclasificados ni en ningún otro lugar». Pero si Hall no tuvo nada que ver con el informe, entonces «¿Quién sí?»,[28] preguntaron.

Kramish estaba seguro de poder responder a esa pregunta. La persona que escribió el informe tenía que ser su antiguo colega, Koval. Como sabía Kramish, Hall no estaba asignado a Oak Ridge ni a las operaciones de Monsanto en Dayton, ni era un experto en «tecnología de seguridad» o métodos para detectar la contaminación por radiación (dos de las secciones del informe). Hall no era un físico de la salud, pero Koval sí que lo era.

Después de su reunión telefónica en el 2000, Kramish y Koval comenzaron una correspondencia, primero por cartas y luego, por sugerencia de la sobrina nieta de este, Maya Gennadievna Koval, por correo electrónico. Dijo que quería escribir la biografía de Koval y esperaba que este cooperara. Aunque probablemente la reconexión fue una grata sorpresa, Koval mantuvo su distancia. En respuesta a los comentarios de Kramish sobre su trabajo y su vida, Koval escribió: «Es interesante».[29] Nunca negó su participación en el trabajo de espionaje, pero tampoco compartió ningún detalle. Y nunca dio una respuesta directa a las preguntas de Kramish. Era evidente que había tomado una decisión sobre qué revelar y cuándo guardar silencio.

Luego, en abril de 2003, Kramish envió a Koval una copia del libro sobre Hall y, al mismo tiempo, por separado, una carta fechada el 6 de abril de 2003. En la carta, Kramish explicó su descubrimiento del libro y su opinión sobre su importancia para Koval. «Te envié la biografía de Theodore Alvin Hall con quien trabajé en Los Álamos.[30] Murió hace tres años en Cambridge, pero antes fui a visitarlo a él y a su esposa. Tuvimos una conversación muy interesante, incluso sobre sus motivos. Los autores de este libro fueron escrupulosos en su investigación y redacción del texto. Pero creo que se equivocaron al señalar al autor de uno de sus reportajes. En las páginas 194-195 los autores dicen que hay razones para suponer que Hall les dio a los soviéticos alguna información secreta que afectó la carrera armamentista. Ese mismo invierno, cuando Hall se reunió con un agente soviético en las calles cubiertas de nieve en Nueva York, llegó a Moscú el informe del espía que describía los avances estadounidenses, lo que permitió a los soviéticos organizar una producción en masa de bombas atómicas. Puse dos páginas de este informe en el libro; creo que serán de gran interés para ti». En las dos páginas estaban las cuatro categorías del informe y la portada del memorando del 4 de marzo que Beria había enviado a los funcionarios del ministerio ordenándoles que leyeran el informe.

Poco después de enviar el libro y la carta, en 2003, Kramish le envió un correo electrónico a Koval respecto a la escritura de su biografía. «Para escribir tu biografía completa, tendré que hacerte preguntas que no querrás o no podrás responder [...] En particular, me gustaría preguntarte sobre los materiales de Dayton».[31] Kramish sabía qué preguntas hacer, pero comprendió que Koval podía decir poco sobre su trabajo como espía. Continuaron sus intercambios por escrito, pero nunca más se volverían a encontrar en persona. A finales de enero de 2006 Koval murió en su casa en Moscú, rodeado por sus familiares.

El 2 de febrero al mediodía un autobús partió de Mendeleev transportando a «aquellos que deseen despedirse de George Koval» a un velorio en la morgue del Hospital First City Gradskaya. El anuncio sobre el evento planeado lo describió como «un veterano de la Gran Guerra Patriótica, una persona de destino legendario, un maestro en la tecnología para el Departamento de Química General».[32] Fue incinerado y se agregó el nombre «Zhorzh Abramovich Koval» a la lápida compartida por Mila y su madre. No hubo obituarios.

Sin duda, al momento de su muerte pocas personas sabían sobre la intrigante doble vida de Koval. Debido a que fue lo suficientemente hábil como para que nunca lo atraparan en

Estados Unidos y debido a que fue golpeado con dureza por la política del prejuicio cuando regresó a la Unión Soviética, el papel que jugó en la historia de ambas naciones pasó desapercibido.

En Rusia, después de regresar a Moscú en 1948, Koval no recibió distinciones ni se le ofreció un puesto respetable en el GRU. Pero tal destino no fue porque le faltaran logros. Si su «viaje de negocios» de la década de 1940 en realidad hubiera sido un fracaso, habría sido castigado con dureza. Y el director del GRU no habría respondido tan rápido a la carta de Koval del 10 de marzo de 1953, en la que buscaba un reconocimiento oficial de su trabajo de espionaje como una forma de aumentar su seguridad laboral. Como había escrito Koval: «Solo usted conoce el desafío y la responsabilidad de mi trabajo para con ustedes y cómo fue que lo completé con honestidad». La carta del director del GRU al ministro soviético de educación superior, apuntaba sin mucho disimulo al historial impresionante, aunque oculto, de Koval: «Según el acuerdo de confidencialidad de la seguridad militar, [Koval] no puede explicar los detalles de lo que hizo bajo condiciones especiales. Si este hecho tuviera algún efecto en que el Ministerio no le diera un buen trabajo, entonces enviaremos a nuestro representante quien le dará los detalles que necesite».

Esos «detalles» habrían incluido hechos de los archivos del GRU que podrían probar la contribución de Koval al proyecto de la bomba soviética. Sus informes enviados al «Departamento S» contenían información sobre los sitios del Proyecto Manhattan, como las estructuras de la planta, los diseños y el número de trabajadores en Oak Ridge, y el volumen de producción de combustible tanto en Oak Ridge como en Dayton. También estaba su diagrama de X-10, la planta de Oak Ridge que producía plutonio e irradiaba el bismuto para producir polonio. Trabajando seguido en X-10 desde agosto de 1944 hasta junio de 1945, Koval había podido informar a Moscú sobre los detalles de la producción de plutonio. En consecuencia, Kurchátov pudo confiar en la información de inteligencia anterior sobre el plutonio enviada desde Estados Unidos y eligió la bomba de implosión de plutonio para la primera arma nuclear de la Unión Soviética.

La mudanza de Koval a Dayton en junio de 1945 «amplió en gran medida su oportunidad de recopilar nueva inteligencia», como señaló más tarde Lota, historiadora del GRU, especialmente en relación con los procesos para sintetizar y purificar el polonio del bismuto irradiado enviado a Dayton desde Oak Ridge y Hanford. Para los soviéticos, esta invaluable información eliminó ciertos experimentos que demandaban tiempo y costos elevados que los estadounidenses habían llevado a cabo en su búsqueda del combustible utilizado para iniciar la reacción en cadena de las bombas. La explicación de Koval del proceso industrial para hacer polonio en su informe de marzo de 1949 a Beria, dos historiadores lo describieron más tarde como alguien que «marcó una diferencia en la carrera armamentista».

También hubo contribuciones de Koval como físico de la salud en el nuevo ámbito de la investigación de la radiación. Como había comentado el físico Seymour Block, «si los soviéticos obtuvieran información sobre nuestro programa de física de la salud, su desarrollo de la bomba se habría acelerado». Y la obtuvieron de Delmar.

El espionaje de Koval pasó desapercibido en Estados Unidos porque se escapó. Siguió las reglas y no socializó con nadie en su red. Encajó con facilidad en la escena estadounidense, sin atraer nunca a la contrainteligencia. Como escribió más tarde un académico, Koval era más hábil para «predecir situaciones peligrosas y reaccionar de manera oportuna».[33] El FBI no lo descubrió sino seis años después de que abandonara Estados Unidos en 1948. Jamás pudieron traerlo de vuelta. Además, solo un pequeño porcentaje de los telegramas enviados entre Moscú y sus fuentes de inteligencia en Estados Unidos durante

la década de 1940, que fueron descifrados en el proyecto ultrasecreto estadounidense Venona, exponían a los espías del GRU.

Cualesquiera que fueran las razones, la doble vida de Koval
permanecería enterrada durante muchas décadas. Y aunque
Aleksándr Solzhenítsyn en su novela *En el primer círculo* y Lev
Kópelev en sus memorias *Ease My Sorrows* fueron los primeros
en nombrar al espía «Georgy Koval», la identidad de Koval
como agente Delmar fue expuesta por primera vez por el propio espía. Sucedió en una fiesta en Moscú en 2003 celebrando
su nonagésimo cumpleaños.[34] Dos de sus antiguos alumnos en
Mendeleev le pidieron que firmara copias del libro reciente de
Vladímir Lota, *El GRU y la bomba atómica*, que reveló al espía
con el nombre en clave Delmar, aunque nunca mencionó a Koval.[35] Su firma en ambas copias del libro fue «Zhorzh Abramovich (Delmar)».

Cuatro años más tarde, a Lota se le atribuiría el haber revelado la identidad de Delmar en un artículo de la revista de julio
de 2007 titulado «Lo llamaron Delmar». Su audiencia era en
gran parte lectores rusos. Sin embargo, en unos pocos meses
Koval sería conocido a nivel internacional como una estrella en
la historia del espionaje soviético: sus actos de espionaje fueron
una exitosa danza de piruetas magistrales.

EPÍLOGO

Una cierta tarde en el otoño de 2006 el presidente ruso Vladímir Putin visitó los nuevos cuarteles centrales del Departamento Central de Inteligencia rusa, el GRU, para la inauguración de una exhibición que contenía retratos de los héroes militares de la nación, entre ellos los espías de la Guerra Fría. Caminó de un salón a otro, seguido por una comitiva de guardaespaldas, funcionarios de gabinete de confianza y periodistas que se arremolinaban a su alrededor. Contaba con poco tiempo en su agenda y marchaba con paso ajustado mientras se movía con la cadencia de un líder confiado que había hecho apariciones de ese tipo en múltiples ocasiones. Así que cuando de pronto se detuvo y se dio la media vuelta, causó algo de alboroto.[1] Su séquito, como la ondulación de una capa real, giró junto con él mientras retrocedía hacia la exhibición anterior, donde se quedó de pie frente al retrato de un espía soviético, y dijo: «Kto eto?» («¿Quién es ese?»).[2]

Un año después, el 2 de noviembre de 2007, en Novo-Ogaryovo, la propiedad del presidente ruso en las afueras de Moscú, Putin otorgó a Zhorzh Abramovich Koval, el hombre del retrato, el honor civil más alto de Rusia, la medalla de oro para Héroe de la Federación Rusa, por su papel en la fabricación de la primera bomba atómica soviética.[3] En la ceremonia, después de entregar el premio póstumo de Koval al ministro de defensa de Rusia, Anatoli Serdiukov, Putin proclamó que Koval era «el único oficial de inteligencia soviético que penetró en las instalaciones atómicas secretas de EUA que producen el plutonio, el uranio enriquecido y el polonio utilizados para crear la

243

bomba atómica» y que los secretos estadounidenses que Koval
envió a Moscú «ayudaron a acelerar en medida considerable el
tiempo que le tomó a la Unión Soviética desarrollar una bomba
atómica propia, afianzando así la preservación de la paridad
militar estratégica con los Estados Unidos».[4]

La noticia sobre el premio conmocionó a las comunidades de
inteligencia de todo el mundo, en especial en Rusia y Estados
Unidos. Fue un recordatorio sorprendente de que la historia del
espionaje soviético durante la Segunda Guerra Mundial estaba
lejos de ser un capítulo cerrado, como bien sabían los expertos.
Esto fue particularmente cierto para los espías del GRU cuyas
actividades en Estados Unidos durante las décadas de 1930 y
1940 aún estaban guardadas en archivos rusos. Incluso los textos descifrados del proyecto Venona, que había publicado sus
hallazgos para acceso público en 1955, apenas mencionaban el
GRU. «No sabíamos casi nada sobre el alcance de la operación
de espionaje del GRU contra el Proyecto Manhattan hasta que
surgió el asunto de Koval»,[5] según John Earl Haynes, un respetado estudioso estadounidense de la historia de la Guerra Fría.

A medida que la conmoción se disipaba, las preguntas aumen-
taban. ¿Quién era este agente encubierto, esta «planta» de la
inteligencia militar soviética? ¿Cuál fue la magnitud de su espionaje? ¿Cómo era posible que pasara desapercibido durante
tantos años en Estados Unidos? Como comentó Haynes en
2007, «Koval era un agente entrenado, no un civil estadounidense. Era esa rareza, que se ve mucho en la ficción, pero rara
vez en la vida real: un agente durmiente. Un agente de penetra-
ción. Un oficial profesional».[6] Stewart Bloom, físico nuclear en
el Laboratorio Nacional Brookhaven en Long Island y excolega
del ASTP y el SED de Koval durante la guerra, dijo: «Jugaba beisbol y lo hacía bien. No tenía acento ruso. Hablaba inglés con
fluidez, inglés americano. Sus credenciales eran perfectas».[7]
Y cuando el gobierno de los Estados Unidos por fin lo descubrió,

después de su regreso a la Unión Soviética, no hubo fanfarria porque «habría sido muy vergonzoso para el gobierno estadounidense que esto se divulgara», explicó el historiador Robert S. Norris en una entrevista de 2007.[8]

Al mismo tiempo surgieron los detractores. Estaban los escépticos que sospechaban que Putin había embellecido la destreza y los logros de Koval para mejorar la imagen del GRU. Estaban los defensivos que, tras haber perdido el rastro de las pistas, quizá querían opacar el brillo de la carrera de Koval como espía. Y hubo otros que habían conocido a Koval, pero fueron menos indulgentes que su antiguo colega Kramish. «Oh, vaya, no creo que quieras escuchar lo que le diría»,[9] dijo James Schoke, un compañero del SED, cuando se le preguntó cómo respondería si volviera a ver a Koval. «Yo no sería muy amigable. No sería nada amigable, en definitiva, no tengo tolerancia para esas cosas, nada de nada», dijo.

En múltiples entrevistas con la prensa, Kramish solo mostró respeto por Koval, y moderación; nunca reveló detalles de su correspondencia en los últimos años. El único comentario que hizo Kramish que mostró siquiera un indicio de la profundidad de su vínculo fue: «Koval nunca se arrepintió. Creía en el sistema».[10] Lo que quería decir era doble: un sistema de científicos cuyas indagaciones y creencias trascendían la política y un sistema de idealismo colectivo que los padres de Koval le habían enseñado desde el principio.

En el verano de 2014 la sobrina nieta de Koval, Maya Koval, estaba acomodando libros en los estantes de su casa en Moscú, algunos de los cuales le pertenecieron a Koval.[11] Entre las obras en inglés había un conjunto de sonetos y obras de teatro de Shakespeare de 1911, una colección traducida de la poesía de Balzac, algunos libros de química y una desgastada edición de 1930 de *Hojas de hierba* de Walt Whitman, con la inscripción «George Koval, 1931».

También había un libro lleno de papeles escritos en ruso, uno de ellos marcado como «Sovershenno Sekretno» (Alto secreto), y una carta en inglés fechada en abril de 2003. Este era el libro que Kramish le había enviado a Koval. Debajo de la cubierta había copias de la primera página del informe del 1.º de marzo de 1949 escrito por Koval para el GRU y luego enviado a Beria, además del memorando de Beria del 4 de marzo de 1949 para altos funcionarios de los ministerios soviéticos, en el que les ordenaba que leyeran el informe de inteligencia completo del espía del Ejército Rojo que había ganado autorización de máxima seguridad en el Proyecto Manhattan. Esos eran los documentos soviéticos que Kramish habría mostrado al mundo para demostrar la importancia de Koval en la fabricación de la bomba soviética, si hubiera vivido para escribir la biografía de Zhorzh Abramovich Koval. Pero Kramish murió en 2010.

En la portada del libro había una inscripción escrita por Kramish en inglés: «George, la nuestra es una amistad forjada en tiempos de guerra, en barbecho durante una "Guerra Fría", ¡pero ahora renovada! En cierto modo, ha sido un "cierre del círculo", memorable y atesorado».[12]

Kramish no les contó a los periodistas sobre el libro que le envió a Koval en 2003 ni sobre el contenido de los documentos doblados debajo de la portada. Dirigió la atención a la personalidad de Koval, el trabajo de Oak Ridge, el jeep y las señales pasadas por alto. En el CCNY, durante la guerra, dijo, sus compañeros de clase notaron que Koval era 10 años mayor que los demás y se preguntaron por qué, pero nadie sospechaba que era un agente durmiente con intenciones ocultas. Como bien sabía Kramish, las pistas que deberían haber sido advertencias estuvieron ahí todo ese tiempo.

AGRADECIMIENTOS

Escribir un libro es un proceso que se realiza paso a paso y lo abarca todo; es un maratón, no una carrera de velocidad. Y la recompensa del autor por llegar a la línea de meta es redactar los agradecimientos, un honor especial que requiere recordar cada etapa del avance del libro para apreciar quién contribuyó a qué y cuándo. Para *El espía que robó la bomba atómica*, podría escribir un libro entero sobre el proceso y las personas involucradas, pero por ahora me limitaré a repartir algunas loas.

Primero, como siempre, está mi agente, Alice Matell, cuya sabiduría, diplomacia y diligencia son dones invaluables para sus escritores. También está la voz realista de Alice, que es una de mis mayores motivaciones. Tiene mi eterna gratitud. Asimismo, gracias a su asistente, Stephanie Finman.

Un editor excepcional respeta el estilo individual y la trayectoria de un escritor, y aun así es capaz de detectar posibles desviaciones y catástrofes en el momento oportuno. Ese es Bob Bender, mi editor, una fina mezcla de sensibilidad y aguda visión. Desde el comienzo entendió mi determinación por desentrañar las complejidades y por responder a las preguntas de antaño alrededor de la vida de George Koval. Toleró mis explosiones de entusiasmo después de los grandes descubrimientos, desaconsejó intentos ocasionales por cavar demasiado profundo y siempre supo los mejores momentos para inspirar perseverancia. Estoy muy agradecida con Bob y su asistente, Johanna Li.

Durante los largos y exigentes años del proyecto tuve la suerte de contar con las excelentes contribuciones de las siguientes personas:

El excelente trabajo de Masha Stepánova en la búsqueda y traducción de cartas, libros y artículos relevantes en ruso proporcionó detalles cruciales en la narración, como la historia del viaje de regreso de Koval a Estados Unidos en 1940 y las cartas de 1953 que revelaron el respeto de la inteligencia militar soviética por su trabajo de espionaje. En resumen, Masha, una bibliotecaria eslava de la Universidad de Miami, es una persona excepcional.

También se destaca Joanne Drilling, una hábil investigadora que nunca se da por vencida y descubrió detalles útiles, a menudo sorprendentes, en especial sobre el espía Arthur Adams y sobre vínculos enterrados en varias redes de espionaje soviéticas. Leal e invaluable, también indexó miles de páginas de informes del FBI y compiló numerosas cronologías, lo que me permitió descubrir eventos y ubicaciones que se cruzan entre los jugadores y las organizaciones en la narrativa.

La bibliotecaria de investigación Alison Gibson, a quien a menudo he llamado un tesoro nacional, descubrió publicaciones raras que ayudaron a desentrañar algunos acertijos, sobre todo aquellos relacionados con Benjamin W. Lassen. Y su astuto conocimiento de los recursos potencialmente útiles para la historia no tiene precio.

Otra preciada contribuyente es June Zipperian, que lee al menos un libro a la semana, lo que demuestra que el hábito de leer fomenta las habilidades de los expertos para criticar un escrito. Me siento honrada de que June haya sido la primera lectora de muchos capítulos que he escrito en cuatro de mis libros, entre ellos *El espía que robó la bomba atómica*.

Y un enorme agradecimiento a Marlay B. Price, que leyó innumerables páginas de informes del FBI para señalar detalles específicos y que me acompañó en varios de los viajes de investigación. Cuando un cónyuge comprende el trabajo diario de un compañero de escritura, las horas de aislamiento que parecen interminables en la vida de un escritor se transforman de soledad a satisfacción. Gracias, Marlay.

Además, agradezco a Duane M. Weise, quien fue colega militar de George Koval tanto en Oak Ridge como en el CCNY, y quien generosamente compartió sus historias y recuerdos conmigo. Agradezco a Bridget M. Vis quien, al comienzo de la investigación, le dio al libro su título provisional, *Desapercibido*. Además, en la etapa inicial del libro, Sari Ewing compartió su experiencia en manifiestos de barcos e investigación de ascendencia, además de su gran euforia por el tema. Agradezco en especial a Sari por darse cuenta de inmediato de que «Un hombre hercúleo es él» en el anuario de preparatoria de George Koval es una línea del poema de Henry Wadsworth Longfellow «El herrero del pueblo». Otro agradecimiento para Victoria Baird por sus excelentes traducciones de artículos rusos al comienzo del proyecto. Muchas gracias también a Robin Gilbert, Melody Kokensparger, Sonja Cropper y Ron Ralston, quienes ayudaron de manera generosa con las tareas en medio de plazos cruciales. Y una inmensa gratitud a James Ralston por compartir su conocimiento en física nuclear, a Josh Karpf por su habilidosa corrección de estilo y a Lisa Healy por su experiencia como editora de producción del libro.

A lo largo de la investigación los bibliotecarios y archiveros fueron muy útiles. Lo que el futuro puede saber sobre el pasado está claramente en sus manos: la evidencia documental de la historia en cartas, diarios, informes, documentos gubernamentales, registros personales, fotografías, periódicos, revistas, volantes y más. Estoy agradecida con las siguientes personas:

Amy Reytar, archivista de los Archivos Nacionales, en College Park, Maryland. El doctor Gary Zola, director ejecutivo, y la doctora Dana Herman, directora de investigación, en el Centro Jacob Rader Marcus de los Archivos Judíos Estadounidenses en el Colegio de la Unión Hebrea-Instituto Judío de

Religión en Cincinnati; y la bibliotecaria Alice Finkelstein en la Biblioteca Klau, del Colegio de la Unión Hebrea. La archivista Ilya Slavutskiy en el Centro de Historia Judía y el Instituto YIVO para la Investigación Judía, en la ciudad de Nueva York. El jefe de archivo del City College de Nueva York, Sydney C. Van Nort. El archivista David Clark en la Biblioteca Truman. Aaron Novelle en el Instituto de Ingenieros Eléctricos y Electrónicos. En Oak Ridge: Teresa Fortney en el Salón Oak Ridge en la Biblioteca Pública de Oak Ridge; D. Ray Smith, historiador del Complejo de Seguridad Nacional Y-12; Mark Dickey en el Laboratorio Nacional de Oak Ridge; y Robbie Meyer, en el Parque Histórico Nacional del Proyecto Manhattan. El curador Tom Munson en el Museo Público de Sioux City y Kelsey Patterson en la Biblioteca Pública de Sioux City.

Con respecto a la miríada de documentos enviados desde los archivos de la Oficina Federal de Investigaciones a través de la Ley por la Libertad de la Información (FOIA), debo agradecer a Leanna Ramsey, la oficial de información pública del FBI, quien siempre fue tan amable y eficiente como el sistema lo permitía. También agradezco al abogado Adam Marshall del Comité de Reporteros para la Libertad de Prensa por sus consejos sobre la mejor manera de usar la FOIA para apelaciones administrativas con respecto a archivos redactados por el FBI. Y un agradecimiento especial al abogado y autor Mark Cymrot.

Otras bibliotecas y archivos: Sala de lectura y mesa de referencias de la Biblioteca Pública de Nueva York, Sede Principal. La Biblioteca Municipal en la Calle Chambers 31 en la ciudad de Nueva York. El Departamento de Registros y Servicios de Información (DORIS) de la Ciudad de Nueva York. La Sociedad Histórica de Nueva York. Los archivos de la Universidad de Columbia, la Universidad de Wisconsin, la Universidad de Notre Dame, la Universidad de Chicago y el Instituto Tecnológico de Massachusetts. La Biblioteca Tamiment de la Universidad de Nueva York. Colecciones especiales de la Universidad de Washington. El archivo de la Fundación Histórica de Galveston. La Fundación del Patrimonio Atómico (AHF). La Biblioteca Pública Wright Memorial. El Museo Nacional de Ciencia e Historia Nuclear. Los archivos de la Academia Nacional de Ciencias (NAS). El Departamento de Estado de los EUA, Oficina de Pasaportes. El archivo de *The New York Times*. El Archivo Central para la Historia del Pueblo Judío (ACHPJ), en Jerusalén. Ancestry.com. El Museo de Ciencia y Energía Mound en Miamisburg, Ohio. El archivo digital de General Electric. El sitio de Registros de Tierras de Massachusetts. Los archivos de la Universidad del Norte de Ohio, Biblioteca Heterick Memorial. El archivo de la ciudad de Pinsk. Sala de lectura de la Ley por la Libertad de la Información: cia.gov/library/readingroom.

Con respecto a los recursos rusos, agradezco a Maya Koval, la sobrina nieta de George, en especial por enviarme fotos de la copia de George de *Hojas de hierba* con su firma en 1931 en el frontispicio. Y respeto a los académicos rusos Aleksándr Petróvich Zhúkov y Yuri Aleksándrovich Lébedev por su investigación y sus escritos sobre George Koval, además de un agradecimiento póstumo a Vladímir Lota, el historiador del GRU que también escribió de manera extensa sobre Koval.

Gracias también al doctor Stephen Norris, director del Centro Havighurst de Estudios Rusos y Postsoviéticos de la Universidad de Miami, y al profesor de idioma ruso, el doctor Benjamin Sutcliffe, también intérprete en el Centro; ambos fueron de gran ayuda.

Por su generosa ayuda en partes específicas de la investigación, agradezco a las siguientes personas: Don y Brian Connelly, Ron Ellis, Peter Fischer, Corey Flintoff, Matthew Francis, Richard Hacken, Peter Houk, David Katzman, Paul Lamberger, Mark Neikirk, Lori Stacel, Michael Stallo, Jim Tobin, Bill Tuttle, Jim y Ann Veith, Jon Warner y Jocelyn Wilk. Un agradecimiento especial también a: Chase Beach, Scott y Sarah Byers, Richard Campbell, Scarlett Chen, Jenny y Perry Clark, Nick y Nina Clooney, Jeremiah Costa, Jeffrey y Carol Donohoo, Ceílí Doyle, Lynn Fraze, Tim y Christine Gilman, Lisa Haitz, Pam Houk, Mark Jones, Tom y Alice Laurenson, Lois Logan, Keith McWalter, Joe Prescher, Chris Singer, Emily Williams, Joe Worrall; y un agradecimiento póstumo a George W. Houk.

Debo terminar con una nota de agradecimiento a mis editores de hace muchos años en *The Wall Street Journal* —Don Moffitt, Norm Pearlstine, Paul Steiger y Steve Adler—, de quienes aprendí la disciplina perdurable de una rutina diaria de escritura y el valor de la humildad.

NOTAS

Desenterrar la verdad de la vida de cualquier persona requiere una investigación extensa de los motivos, deseos, miedos, creencias y esperanzas que influyen en las decisiones y logros personales. Sepultados en cartas, diarios, postales, recortes de periódicos, anuarios escolares, fotos, mapas, expedientes fiscales, manifiestos de barcos, pasaportes e incluso inscripciones en libros, estos detalles no siempre son fáciles de encontrar. Contar la historia de un espía es doblemente difícil porque los jugadores principales de la narrativa han utilizado su experiencia para bloquear todos los caminos viables hacia la verdad, durante su vida y hasta el final de los tiempos. Al investigar la biografía de George Koval surgió la complicación de que además era un espía para el GRU (la inteligencia militar soviética), cuyos expedientes laborales en Estados Unidos durante la década de 1940 siguen siendo en gran parte inaccesibles. Como se señala en el epílogo de esta obra, el experto en la Guerra Fría John Earl Haynes —un prolífico escritor que se especializa en el proyecto de contrainteligencia estadounidense, nombre en clave «Venona», para descifrar los intercambios de los espías soviéticos— ha dicho que «casi nada» se sabía sobre el papel del GRU en el Proyecto Manhattan antes de que Koval saliera a la superficie. Y como escribió el historiador de inteligencia soviética Jonathan Haslam en su libro de 2019 *Vecinos cercanos y distantes*, la historia del GRU «aún no ha alcanzado la atención del público».

Entonces, ¿cómo es posible investigar la vida de un espía atómico desapercibido en Estados Unidos en la década de 1940?

Sigue hacia adelante consciente de que la historia del espionaje soviético en Occidente durante la Segunda Guerra Mundial está en sus etapas tempranas de descubrimiento. Y acepta que habrá preguntas sin responder. Luego, sigue avanzando con metas exhaustivas y decididas para explorar las principales fuentes y registros, busca informes de casos del FBI, recopila cronologías detalladas de los jugadores principales de la narrativa, realiza un bosquejo de las direcciones de las tiendas encubiertas y residencias, elimina coincidencias y estudia excelentes libros y artículos escritos por los expertos en espionaje hasta ahora.

Para este libro, los extensos archivos del expediente del FBI para George Koval, Benjamin Lassen y Arthur Adams —también varios cientos de páginas de los informes de Nathan Gregory Silvermaster y una multitud de memorandos de J. Edgar Hoover— fueron de gran ayuda, especialmente en relación con las entrevistas con personas en un vasto paisaje de antiguos colegas, jefes, empleados, caseros, compañeros de clase, novias, parientes y maestros. También hubo encuestas exhaustivas de los agentes del FBI de documentos oficiales, como solicitudes de pasaporte, registros del Ejército, archivos de seguridad y registros legales de todo tipo. Escudriñar las casi 7 000 páginas de informes de hecho condujo a importantes fuentes primarias, así como a enlaces para las cronologías y descripciones de los principales protagonistas de la narración. Sin embargo, hay que decir que los archivos contienen contradicciones y errores ocasionales, así como repeticiones y redacciones. Los hechos a menudo deben verificarse más de una vez.

También consulté fuentes secundarias excepcionales, como se enumeran en la bibliografía seleccionada, algunas con notas de investigación casi tan estimulantes como los textos y quizá dignas de un libro futuro que revele los mejores métodos y recursos para una investigación extensa sobre el espionaje soviético durante tiempos de guerra en Estados Unidos. Y, como se indica en los agradecimientos, revisé muchos documentos en colecciones de archivos de todo el país.

Mi objetivo era acercarme lo más posible a la verdad, por supuesto, y responder al menos algunas de las preguntas persistentes sobre el «viaje de negocios» de Koval para el GRU en Estados Unidos. Por ejemplo, la narración muestra que no fue pura suerte que Koval terminara en el sitio de Oak Ridge del Proyecto Manhattan en agosto de 1944. Además, las dificultades de Koval después de regresar a Moscú en 1948 no tenían nada que ver con una misión fallida, y sus conocidos informes a la inteligencia soviética en Moscú sobre el sitio de Oak Ridge, la producción de polonio y los esfuerzos de seguridad radiológica ayudaron a acortar el proyecto de los soviéticos para construir su primera bomba atómica.

Pero existe la frustración de las preguntas sin respuesta. ¿Cuántos informes envió Koval a la inteligencia militar soviética y exactamente cuándo? ¿Estaban los destinatarios de las postales de Koval en 1948 relacionados con su trabajo de espionaje, o al menos eran conscientes de su doble vida? ¿Será que el mensajero «Clyde» era otro nombre en clave para Benjamin Lassen? Y ¿a quién no se habrá encontrado Koval en el Grand Central Palace en septiembre de 1948? Este es el tipo de libro que provoca obsesión. Pero siempre debe haber un punto para detenerse.

Mi esperanza es doble: que *El espía que robó la bomba atómica* profundice la comprensión del lector de la psicología intrigante de un espía y de los costos imperecederos de la opresión; y que sea útil para futuros investigadores al contribuir al proceso paso a paso de abrir los capítulos cerrados de la historia del espionaje soviético en Estados Unidos.

PRÓLOGO

[1] Robert W. Potter, «Three Big Shows for City's Jubilee», *The New York Times*, 6 de junio de 1948, p. 13; William L. Laurence, «Public to Witness Atom Explosions: First Demonstration of Actual Uranium Blasts Scheduled Here for Golden Jubilee», *The New York Times*, 9 de agosto de 1948; «Far Star to Open City Jubilee Show», *The New York Times*, 16 de agosto de 1948; Associated Press, «Starlight of 50 Years Ago to Open New York Exhibit», *Kingston Daily Freeman* (Kingston, N. Y.), 20 de agosto de 1948, p. 1; Paul Blauvelt, «Visitors at Exposition to See Atom-Splitting», Brooklyn Daily Eagle, 22 de agosto de 1948, p. 3; Walter Sullivan, «City's Exposition for Jubilee Opens in Blaze of Lights», *The New York Times*, 22 de agosto de 1948, p. 1.

[2] Sullivan, *op. cit.*, p. 21.

[3] Bob Considine, International News Service, 16 de septiembre de 1948, p. 14.

[4] C. P. Trussell, «House Body Plans to Expose Details of Atomic Spying», *The New York Times*, 18 septiembre de 1948, p. 1.

[5] Caso del FBI #65-16756, entrevistas de los agentes con Jean a lo largo de marzo de 1956 y una vez en octubre de 1956; detalles adicionales en el caso del FBI #65-14743, informes en enero, febrero y marzo de 1954. El boliche «cerca del CCNY» estaba en el Upper West Side en el sótano de Riverside Church, que se construyó con dos pisos subterráneos que contenían cuatro boliches, un teatro y un auditorio. De Peter J. Paris, ed., *The History of the Riverside Church in the City of New York* (Nueva York: Prensa de la Universidad de Nueva York, 2004).

[6] Caso del FBI #65-16756, entrevista con Leonard Finkelstein en marzo de 1956.

[7] *Ibid.*, entrevista con Jean Finkelstein Mordetzky.

[8] Blauvelt, *op. cit.*, p. 3.

[9] Caso del FBI #65-16756, marzo de 1956.

[10] *Idem.*

[11] Irving Spiegel, «Clark Holds Spies in U. S. Are "On Run"», *The New York Times*, 19 de septiembre de 1948, p. 28.

[12] Caso del FBI #65-16756, entrevistas con la casera, abril de 1955 y Jean Mordetzky, en marzo de 1956.

[13] *Ibid.*, marzo de 1956.

PARTE I. EL SEÑUELO

CAPÍTULO 1. EL SUEÑO EN VIRGINIA STREET

[1] *Sioux City Journal*, 18 de junio de 1924, p. 7. Susan Marks Conner, ed., *I Remember When... Personal Recollections and Vignettes of the Sioux City Jewish Community, 1969-1984* (Sioux City, Iowa: Federación Judía de Sioux City, 1985), pp. 30-35.

[2] Bernard Marinbach, *Galveston: Ellis Island of the West* (Albany: SUNY Press, 1984), p. 26.

[3] «S/S Hannover (2), Norddeutscher Lloyd», Norway Heritage, norwayheritage.com/p_ship .asp?sh=hann2.

[4] Fechas de su viaje de Telejani a Bremen a Galveston a Sioux City a bordo del SS *Hannover* están en los reportes del FBI, en relación con el caso #65-609, 17 de abril de 1955.

[5] El nombre y destino de Abram Koval tal como estaba escrito en su formulario de inmigración en Galveston: Presentado en el Tribunal de Distrito del Condado de Woodbury después de su llegada a Sioux City el 5 de mayo de 1910. Su fecha de nacimiento fue confirmada en sus documentos de naturalización, petición #853, presentada en la misma corte de distrito, el 8 de mayo de 1919. Su certificado de naturalización, #1247809, fue emitido el 4 de septiembre de 1919, y se convirtió oficialmente en ciudadano estadounidense el 8 de septiembre de 1919.

[6] Marinbach, *Galveston*. Marinbach, *op. cit.*, al describir las nuevas comunidades judías en Occidente, menciona en la p. 188 que Abram Koval llega a Sioux City en 1910, «al puerto de Galveston».

[7] Más sobre el Movimiento Galveston: Edward Allan Brawley, «When the Jews Came to Galveston», *Commentary*, abril de 2009, pp. 31-36. *Galveston Daily News*, 22 de marzo de 1931, p. 1; Henry Cohen, «The Galveston Immigration Movement: A 1909 Report», *B'nai B'rith Messenger*, Los Ángeles, 26 de marzo y 16 de abril de 1909; papeles de Henry Cohen en el Centro Jacob Rader Marcus de los Archivos Estadounidenses Judíos, caja 1, fólder 4, Movimiento Galveston, pp. 1907-1916.

[8] Cyrus L. Sulzberger, «Immigration Restriction: Its Fallacies», *The Menorah: A Monthly Magazine for the Jewish Home*, Nueva York, abril de 1906, pp. 193-202.

[9] *Ibid.*, p. 35.

[10] Brawley, «When the Jews Came to Galveston», p. 33.

[11] Inna Shtakser, *The Making of Jewish Revolutionaries in the Pale*

of Settlement: Community and Identity during the Russian Revolution and Its Immediate Aftermath, 1905-07, Palgrave Studies in the History of Social Movements (Londres: Palgrave Macmillan, 2014), pp. 1-18; Azriel Shohat, *The Jews of Pinsk*, 1881 to 1941 (Stanford, California: Prensa de la Universidad de Stanford, 2013).

[12] Descripciones del abogado neoyorquino Sidney Naishtat en el caso del FBI #65-14743, enero de 1954.

[13] John D. Klier y Shlomo Lambroza, eds., *Pogroms: Anti-Jewish Violence in Modern Russian History* (Nueva York: Prensa de la Universidad de Cambridge, 1992). Nótese que en la p. 220 de ese libro hay una foto tomada en 1905 del cuerpo de autodefensa del Bund en Pinsk, la ciudad cerca de Telejany, y uno de los caballeros se parece mucho a Abram Koval, aunque no se identifican individuos. Véanse también Hilary L. Rubinstein, Dan Cohn-Sherlock, Abraham J. Edelheit y William D. Rubenstein, *The Jews in the Modern World: A History Since 1750* (Londres: Hodder Education, 2002), y Henry Jack Tobias, *The Jewish Bund in Russia* (Stanford, California: Prensa de la Universidad de Stanford, 1972).

[14] Victoria Khiterer, «The October 1905 Pogroms and the Russian. Authorities», *Nationalities Papers* 43, núm. 5 (2015), pp. 788-803.

[15] Tobias, *The Jewish Bund in Russia, op. cit.*, p. 237.

[16] A. Lébedev, *Dva vybora... ob istorii verbovok Zh. A. Kovalia* [*Dos elecciones... La historia de los reclutamientos de George Koval*], Moscú: RKhTU, 2014.

[17] Herman Bernstein, «Expulsion of Jews from Russia Begins Afresh», *The New York Times*, 17 de abril de 1910, p. 8; «The New Martyrdom of the Jews in Russia», *The New York Times*, 5 de junio de 1910, p. 14.

[18] «Expulsion of Jews Goes On, German Jews Association Makes the Charge», *Vossische Zeitung* (Berlín), 21 de mayo de 1910.

[19] «Jews Sent into Exile», United Press Wire, 21 de mayo de 1910.

[20] Marinbach, Galveston, *op. cit.*, pp. 187-89; Conner, ed., *I Remember When..., op. cit.*, pp. 10-56; Bernard Shuman, *A History of the Sioux City Jewish Community, 1869 to 1969* (Sioux City, Iowa: Jewish Federation, 1969); William L. Hewitt, «So Few Undesirables», *Annals of Iowa 50*, núm. 2 (otoño de 1989), pp. 158-79.

[21] Abram Koval, la casa en Virginia Street 619 el 30 de diciembre de 1992. La escritura se dio de alta el 7 de marzo de 1923 en la Corte del Condado de Woodbury (Iowa).

[22] Expediente de la Corte del Condado de Woodbury (Iowa).

CAPÍTULO 2. «NADA MÁS QUE LA VERDAD»

[1] Detalles vienen de varios relatos de amigos de la infancia y parientes entrevistados por agentes del FBI para el caso #65-16756, diciembre de 1954 y marzo de 1955.

[2] Hewitt, «So Few Undesirables», *op. cit.*, p. 158.

[3] Marcia Poole, *The Yards: A Way of Life* (The Lewis and Clark Interpretive Center Association, Sioux City, Iowa: 2006), pp. 98-101.

[4] Ann Hagedorn, *Savage Peace: Hope and Fear in America, 1919* (Nueva York: Simon & Schuster, 2007), pp. 185-87, 222-23.

[5] Linda Gordon, *The Second Coming of the KKK: The Ku Klux Klan of the 1920s and the American Political Tradition* (Nueva York: Liveright, 2017), p. 195.

[6] Robert J. Neymeyer, «In the Full Light of Day: The Ku Klux Klan in 1920s Iowa», *The Palimpsest*, verano de 1995, p. 59.

[7] Hewitt, «So Few Undesirables», pp. 177-79.

[8] Albert Lee, *Henry Ford and the Jews* (Nueva York: Stein & Day, 1980), p. 150.

[9] *Ibid.*, p. 14.

[10] Boris Brasol, *The International Jew* (Dearborn, Míchigan: The Dearborn Publishing Company, pp. 1920-1922).

[11] El anuncio de toda la página de los hermanos Barish: *Sioux City News*, 30 de septiembre de 1921.

[12] Lee, *Henry Ford and the Jews, op. cit.*, pp. 80-81.

[13] Entrevistas de amigos de preparatoria, en reportes del FBI relacionados con el caso #65-16756, marzo de 1955.

[14] *Maroon & White* (Sioux City, Iowa: Anuarios de Central High School, 1929), vol. 25, p. 51.

[15] «Youngest Member of Central High Graduating Class an Honor Student», *Sioux City Journal*, 1.º de junio de 1929, p. 7; *Maroon & White, op. cit.*, p. 30.

[16] *Maroon & White, op. cit.*, p. 119.

[17] Henry Wadsworth Longfellow, *El herrero del pueblo* (Nueva York: E.P. Dutton, 1890), p. 10.

[18] Ingresó a la Facultad de Ingeniería el 19 de septiembre de 1929 y asistió hasta mayo de 1932, según informa Octavia Pratt en la Oficina de Registro de la Universidad de Iowa. La entrevista de Pratt es de un informe del FBI sobre el caso #65-16756, diciembre de 1954.

[19] *Objects and Purposes of the American Vigilant Intelligence Federation* (Chicago: AVI, 1900).

[20] Federación Americana de Inteligencia Vigilante, Chicago, 28 de agosto de 1930; también publicadas en «Investigation of Communist Propaganda», Congreso de los EUA, Cámara de Representantes,

Comité Especial para Actividades Comunistas en Estados Unidos (1930), pp. 94-95.

[21] Regin Schmidt, Red Scare: FBI and the Origins of Anti-communism in the United States, 1919-1943 (Copenhague: Prensa del Museo Tusculanum, Universidad de Copenhague, 2000), pp. 326-27.

CAPÍTULO 3. EL ARRESTO

[1] Allen Parker Mize Jr., «High Mercury Blamed for Hopper Army», Des Moines Tribune, 27 de julio de 1931, pp. 1, 3; Associated Press, «Planes May Be Used to Kill Pests», Iowa City Press-Citizen, 29 de julio de 1931, p. 1.

[2] Stanley Lebergott, «Labor Force, Employment, and Unemployment, 1929-39: Estimating Methods», Oficina de Estadísticas Laborales de los EUA, www.bls.gov/opub/mlr/1948/article/pdf/labor-force-employment-and-unemployment-1929-39-estimating-methods.pdf; véase la tabla 1 en la p. 2.

[3] Ferner Nuhn, «The Farmer Learns Direct Action», The Nation, 8 de marzo de 1933, pp. 254-56.

[4] Linda Mason Hunter, «The Farmer Feeds Us All: Making Do During the Great Depression», The Iowan, marzo-abril de 2004, pp. 13-20.

[5] Harvey Klehr, The Heyday of American Communism: The Depression Decade (Nueva York: Basic Books, 1984), p. 50; Labor Unity (el órgano oficial de la Liga de la Unión de Sindicatos, una organización madre industrial y sindical del Partido Comunista de los EUA desde 1929 hasta 1935), 8 de febrero de 1930, p. 8.

[6] Mucho tiempo antes de Newspapers.com, el FBI descubrió un archivo con los artículos de noticias sobre el arresto de Koval en una agencia de investigación privada, The Lewis System, dirigida por Paul Lewis, en Sioux City. Los artículos fueron citados textualmente en un informe del FBI sobre el caso #65-16756, marzo de 1955.

[7] Masha Gessen, Where the Jews Aren't: The Sad and Absurd Story of Birobidzhan, Russia's Jewish Autonomous Region (Nueva York: Schocken, 2016); Henry Felix Srebrnik, Dreams of Nationhood: American Jewish Communists and the Soviet Birobidzhan Project, 1924-1951 (Brighton, Massachusetts: Prensa de Estudios Académicos, 2010); Robert Weinberg, Stalin's Forgotten Zion: Birobidzhan and the Making of a Soviet Jewish Homeland (Berkeley: Prensa de la Universidad de California, 1998).

[8] A. Rovner, The «Icor» and the Jewish Colonization in the U.S.S.R. (Nueva York: ICOR, 1934), p. 13.

[9] M. J. Wachman, Why the Jewish Masses Must Rally to the Defense of the Soviet Union (Nueva York: ICOR, 1932), p. 16.

[10] De la revista *Birobidjan*, publicada por ICOR (en el Instituto para Investigación Judía YIVO en el Centro de Historia Judía), p. 1; Rovner, *The «Icor»*, *op. cit.*, p. 4.

[11] Shtakser, *op. cit.*, pp. 1-18; Azriel Shohat, *The Jews of Pinsk*, 1881 to 1941 (Stanford, California: Prensa de la Universidad de Stanford, 2013).

[12] Entrevista con Morris Lefho, reporte del FBI relacionado con el caso #65-16756, marzo de 1955.

[13] Transacción en septiembre de 1931, registro de lotes #367, p. 419. El terreno está registrado como lote 5, bloque 48, Middle Sioux City Addition. Luego, en mayo de 1932, registro de lotes #167, p. 467, expediente #4139.

[14] Compañías navieras viajando a Birobidján, mostradas en anuncios, en el Anuario de ICOR, 1932.

[15] IU. A. Lébedev, *Vetvleniia sudby Zhorzha Kovalia* [Branches of Fate of George Koval] (Moscú: Tovarishchestvo Nauchnykh Izdanii KMK, 2019), vol. 1, p. 247.

PARTE II. EL ENGAÑO

CAPÍTULO 4. «EL VIAJE DE NEGOCIOS»

[1] *Nailebn* (*New Life*), vol. 9, núm. 2, 1935, p. 45. Cabe destacar que Mendeleev ahora es la Universidad D. Mendeleev de Tecnología Química de Rusia.

[2] Henry Srebrnik, «The Other Jewish State», *Jewish Advocate*, 7 de septiembre de 1972, pp. A21-22.

[3] *Ibid.*, p. A22.

[4] *Ibid.*, p. A21.

[5] Henry Srebrnik, *Dreams of Nationhood*, *op. cit.*, pp. 249-53; también, Paul Novick, *Jews in Birobidzhan* (Nueva York: 1937), disponible en los Papeles de Paul (Pesakh) Novick, Instituto de Investigación Judía YIVO, Centro de Historia Judía, RG1247, Carpeta 17.

[6] Julia Older, «Jewish Pioneers Creating Rich, Fertile Homeland, Secure Future with Soviet Aid», *Moscow News and Moscow Daily News*, 7 de noviembre de 1936, pp. 4, 30-31.

[7] Entrevistas del FBI con Harry y Goldie Gurshtel sobre su viaje a Rusia ese verano; informe del FBI sobre el caso #65-16756, enero-septiembre de 1958.

[8] De su ensayo autobiográfico, escrito en noviembre de 1938 y del mismo por George para el GRU en agosto de 1939. A. P. Zhukov, *Atmosfera deistvii: Zhorzh Abramovich Koval (1913-2006) [The*

Atmosphere of Action: George Abramovich Koval (1913-2006)] *(Moskva: RKhTU, 2013).*

[9] Reportes del FBI en relación con el caso #65-16756, abril de 1958.

[10] A. Lébedev, «Paradoksy sud'by» [«Paradojas del destino»], *Vesti* (Tel Aviv), 10 de enero de 2008, pp. 18, 22.

[11] Michael Ellman, «Soviet Repression Statistics: Some Comments», *Europe-Asia Studies* 54, núm. 7 (noviembre de 2002), pp. 1151-72.

[12] Zhukov, *Atmosfera deistvii, op. cit.,* pp. 92.

[13] *Idem.*

[14] Jonathan Haslam, *Near and Distant Neighbors: A New History of Soviet Intelligence* (Nueva York: Farrar, Straus & Giroux, 2015), p. 85.

[15] V. I. Lota, «Zvezda "Del'mara"» [«La Estrella de "Delmar"»], *Rossiiskoe Voennoe Obozrenie,* núm. 10, pp. 40-44 y núm. 11 (2008), pp. 34-49; y Lébedev, *Dva vybora [Dos opciones], op. cit.,* p. 38.

[16] *Idem.*

[17] *Idem.*

[18] *Ibid.,* p. 39.

[19] *Idem.*

[20] *Idem.*

[21] *Idem.*

[22] Viktor Suvorov, *Inside Soviet Military Intelligence* (Nueva York: Macmillan, 1984), pp. 77-78.

[23] V. I. Lota, «Spetskomandirovka [...] v Ok-Ridzh» [«Special Assignment... to Oak Ridge»], *Krasnaia Zvezda* 238 (25 de diciembre de 2013), p. 6; Lébedev, *Dva vybora* [Dos opciones], p. 40.

[24] Zhukov, *Atmosfera deistvii, op. cit.,* p. 86.

CAPÍTULO 5. INFILTRADO EN EL BRONX

[1] De una carta escrita en «tres hojas amarillas» y encontrada por el académico ruso Yuri Lébedev en los archivos de la familia Koval. Lo incluyó en sus escritos publicados sobre la vida de George Koval. La carta de George comienza «Mila, probablemente estés preocupada». George le dio la carta al capitán del barco para que la enviara a Mila cuando el barco regresara a Vladivostok. IU. A. Lébedev, *Vetvleniia sudby Zhorzha Kovalia [Branches of Fate of George Koval],* 2 vols. (Moscú: Tovarishchestvo Nauchnykh Izdanii КМК, 2019), vol. 1, p. 246.

[2] A lo largo de las entrevistas del FBI en el caso núm. 65-14743, «Faraday» y el caso núm. 65-16756, «George Abramovich Koval», hay informantes ocasionales que confirman los nombres que usó

Koval. Uno, en el archivo Koval de julio de 1958, decía que a veces se hacía llamar «Sam». Y en el caso del FBI #65-14743, marzo de 1954, algunos exempleados de Raven Electric recordaron su nombre cuando llegó por primera vez a la ciudad de Nueva York como «George Rose». No hay prueba de ninguna de las afirmaciones.

³ Detalles de Servicios Selectivos: Orden #12928, serie #2987. Del reporte del FBI relacionado con el caso #65-16756, octubre de 1954.

⁴ *Idem.*

⁵ David Margolick, «Workmen's Circle: 85 Years of Aid to Jews», *The New York Times*, 10 de noviembre de 1985; *Reform Advocate*, vol. 44, núm. 2, 24 de agosto de 1912, p. 15; Oliver B. Pollak, «Keeping Yiddish Alive: The Workmen's Circle in Des Moines, Iowa, 1930-1952», Shofar 16, núm. 3 (primavera de 1998), pp. 118-31.

⁶ Detalles de reportes del FBI relacionados con el caso #65-14743, abril de 1952.

⁷ Svetlana Lokhova, *The Spy Who Changed History* (Londres: William Collins, 2018), pp. 215-16. Lokhova escribe que la major descripción de la estructura de una célula puede encontrarse en la novela de Fiódor Dostoyévski *Los endemoniados.*

⁸ *Ibid.*, 27 de enero de 1954.

⁹ Reportes del FBI relacionados con el caso #65-14743, octubre de 1951 y marzo de 1952; la compensación de Lassen proveniente de Broadway Savings Bank del reporte de febrero de 1950. Los bancos incluían Manufacturers Trust Company en Broadway, a una cuadra de la Calle 24ª Oeste; el Public National Bank and Trust Company en la esquina de Broadway y la Calle 24ª Oeste; Modern Insutrial Bank en la Calle 34ª Oeste 249; Corn Exchange Bank and Trust en la Calle 42ª Éste 1; y New York Trust Company en Broadway cerca de Vesey Street, a solo cinco minutos a pie de la joyería de Loseff.

¹⁰ Recopilada de su foto del anuario de 1912 de la Universidad del Norte de Ohio, de numerosas fotografías de pasaportes en igualmente numerosos informes del FBI, y de entrevistas del FBI con antiguos inquilinos y empleados de Raven Electric en el caso del FBI #65-14743. Febrero, marzo y mayo de 1952; septiembre de 1954; octubre de 1955.

¹¹ De entrevistas en reportes del FBI relacionados con el caso #65-14743, septiembre de 1954.

¹² De reportes del FBI relacionados con el caso #65-14743, febrero y marzo de 1952. Lassen se convirtió en un ciudadano bajo el nombre Lassoff el 15 de febrero de 1912, en el Tribunal de Demandas Comunes, Condado de Hardin, Kenton, Ohio, certificado #23435.

[13] Klier, *Pogroms: Anti-Jewish Violence in Modern Russian History*, p. 88.
[14] *Ada Record* (Ada, Ohio), 6 de marzo de 1912, p. 2.
[15] Anuario de la Universidad del Norte de Ohio, 1912, p. 43.
[16] *Idem*.
[17] De un archivo del 31 de enero de 1920 ubicado en cityrecord. engineering.nyu.
[18] Archivos digitales de Edison Tech Center, edisontc.org; reportes del FBI del caso #65-14743, febrero de 1950 y marzo de 1952; Stephen Millies, «GE's "Moral Fabric" and Its Forgotten Socialist Wizard», Workers World, 15 de abril de 2016.
[19] Charles P. Steinmetz, «The Soviet Plan to Electrify Russia», *Electrical World*, 30 de septiembre de 1922, pp. 715-19.
[20] De reportes del FBI relacionados con el caso #65-14743, marzo de 1952.
[21] Joseph Albright y Marcia Kunstel, *Bombshell: The Secret Story of America's Unknown Atomic Spy Conspiracy* (Nueva York: Times Books, 1997); John Earl Haynes y Harvey Klehr, *Early Cold War Spies: The Espionage Trials Rat Shaped American Politics* (Cambridge, Reino Unido: Prensa de la Universidad de Cambridge, 2006); Lokhova, *The Spy Who Changed History*; Henry L. Zelchenko, «Stealing America's Know-How: The Story of Amtorg», *American Mercury*, febrero de 1952, pp. 75-84.
[22] Archivos de la Suprema Corte, Condado de Bronx, Nueva York, 7 de septiembre de 1931.
[23] De archivos del FBI relacionados con el caso #65-14743, marzo y abril de 1952.
[24] De un memorando de Hoover fechado el 9 de noviembre de 1954. El mismo memorando establece que «el personal de inteligencia soviético enviado a los Estados Unidos era dirigido a "Faraday", quien les encontraba lugar en su negocio o en otro lado».
[25] *Ibid.*, septiembre de 1954.
[26] *Ibid.*, noviembre de 1954.
[27] Archivos del Departamento de Estado del estado de Nueva York, Albany, vol. 5645, núm. 92, certificado firmado.
[28] John Earl Haynes y Harvey Klehr, *Venona: Decoding Soviet Espionage in America* (New Haven, Connecticut: Prensa de la Universidad de Yale, 1999), pp. 93-97; Andrei Soldatov e Irina Borogan, *The Compatriots: The Brutal & Chaotic History of Russia's Exiles, Émigrés, and Agents Abroad* (Nueva York: Public Affairs, 2019), pp. 58-59; Haslam, *Near and Distant Neighbors, op. cit.*, pp. 132-34.
[29] Haynes y Klehr, *Venona*, pp. 79, 95.
[30] *Ibid.*, p. 87.

³¹ *Ibid*., p. 82.
³² *Ibid*., p. 93.
³³ Reportes del FBI relacionados con el caso #65-14743, abril de 1952.
³⁴ Soldatov y Borogan, *The Compatriots, op. cit.*, p. 59.
³⁵ El caso contra World Tourists y el juicio de Golos: Haynes y Klehr, *Venona, op. cit.*, pp. 93-96.
³⁶ Archivo del caso #65-56402 del FBI. La dirección está ubicada en el resumen de Nathan Gregory Silvermaster (parte 4 de 7) para el caso de Julius Rosenberg, p. 2.
³⁷ De reportes del FBI relacionados con el caso #65-14743, marzo de 1952.
³⁸ De la señora Madeline Scully, División de Archivos, Oficina de Registro, Universidad de Columbia, señalado en un reporte del FBI de noviembre de 1954, caso #65-16756. (Recibió un «Grado B»).

CAPÍTULO 6. QUÍMICA GENERAL

¹ *Columbia University Catalogue*, 1941-42, 1942-43.
² Archivos de la Universidad de Columbia con la asistencia de Jocelyn Wilk.
³ Laurence Lippsett, «The Manhattan Project: Columbia's Wartime Secret», *Columbia College Today*, primavera/verano 1995, p. 18.
⁴ *Ibid*., p. 20.
⁵ *Ibid*., p. 18.
⁶ *Ibid*., p. 20.
⁷ Para la carta, Linda Carrick Thomas, *Polonium in the Playhouse* (Columbus: Prensa de la Universidad Estatal de Ohio, 2017), pp. 30-31. Para los pasos que llevan a la carta: Richard Rhodes, *The Making of the Atomic Bomb* (Nueva York: Simon & Schuster, 1986), pp. 303-9.
⁸ *Ibid*., p. 314.
⁹ Los 6 000 dólares concedidos a Columbia serían 100 000 en 2020: la calculadora de inflación en saving.org/inflation/.
¹⁰ William L. Laurence, «Vast Power Source in Atomic Energy Opened by Science», *The New York Times*, 5 de mayo de 1940, pp. 1, 51.
¹¹ Doctor R. M. Langer, «Fast New World», *Collier's*, vol. 106, núm. 1 (6 de julio de 1940), pp. 18-19, 54-55.
¹² Laurence, «Vast Power», pp. 1, 51.
¹³ Lokhova, *The Spy Who Changed History, op. cit.*, p. 214.
¹⁴ *Ibid*., p. 305.

[15] *Audiencias en relación con Clarence Hiskey incluyendo el testimonio de Paul Crouch* (Estados Unidos: Oficina de Imprenta Gubernamental de los EUA, Congreso, Comité de Actividades Antiestadounidenses, 1949). La Fundación del Patrimonio Atómico (atomicheritage.org) también tiene varios artículos que hacen alusión al testimonio del HUAC, educación, crianza y vida personal de Hiskey. Asimismo, respecto a Hiskey en la comisión de reserva en el Servicio de Guerra Química: expediente del FBI #101-2118, un documento fechado el 21 de agosto de 1940, expedido por la División de Inteligencia Militar al FBI, en informe de septiembre de 1944.

[16] Hay 2 840 páginas de reportes del FBI en los que se hace referencia a Adams, la mayoría en el caso #100-16821 de la oficina de Nueva York. Los números de caso 100-6277, 100-17841, 100-63983 y 100-331280 son los números de caso para Adams en otras oficinas a lo largo del país. También se pueden encontrar detalles sobre Adams en relación con Lassen, en el caso del FBI #65-14743, marzo de 1952, julio de 1953, agosto y septiembre de 1954, y octubre de 1955. Algunas fuentes secundarias útiles en las que también se hace referencia a Adams son Haynes y Klehr, *Venona*; Lokhova, *The Spy Who Changed History*; Haslam, *Near and Distant Neighbors*; y Herbert Romerstein y Eric Breindel, *The Venona Secrets: Exposing Soviet Espionage and America's Traitors* (Washington, D. C: Regnery History, 2001).

[17] Un informante y antiguo miembro del GRU en un reporte del FBI con referencia al caso #65-14743, octubre de 1955.

[18] Robert Gottlieb, *Avid Reader: A Life* (Nueva York: Farrar, Straus & Giroux, 2016), pp. 313-14, 316. Algunos detalles, como varios números de pasaporte, también pueden encontrarse en el caso del FBI #100-16821, marzo de 1945.

[19] Un detalle documentado por la Legación Estadounidense en Riga, Latvia, con fecha del 12 de abril de 1923 y contenido en el reporte de caso del FBI #100-16821, marzo de 1945.

[20] El intento fallido de Sam Novick y la carta que mostraba el éxito de Jacob Aronoff para regresar a Adams a Estados Unidos en 1938 pueden encontrarse en reportes del FBI relacionados con el caso #65-14743, marzo de 1952.

[21] Hiskey fue entrevistado por agentes del FBI el 11 de junio de 1946 en la oficina local de Nueva York, momento en el que dijo que conoció a Adams «de manera casual» en la tienda de música en septiembre de 1941. Reportes del FBI para el caso #100-16821, junio de 1946.

[22] Los detalles pueden encontrarse en los reportes del FBI para el caso #65-16756, abril, mayo de 1954, marzo de 1956 y marzo de 1957.

[23] Mencionados en el caso del FBI #65-14743, septiembre de 1954.

[24] A. P. Zhukov, «Mendeleyevets v Oak-Ridge (st. Tennessee USA)» [«Un Mendeleevita en Oak Ridge (Tennessee USA)»], *Istoricheskii Vestnik RKhTU* 3, núm. 5 (2001), p. 32.

[25] En los reportes del FBI que hacen referencia al caso #65-14743 hay informes financieros de Raven Electric, la tienda encubierta de Lassen, octubre de 1955. Más información en los archivos del FBI para el caso #65-16756, abril de 1954, y en los registros de visitantes en Oak Ridge, marzo de 1957.

[26] Los detalles de las tierras vienen de la notificación a terratenientes en los condados de Roane y Anderson en Tennessee, fechada el 2 de noviembre de 1942.

[27] Rhodes, *Making of the Atomic Bomb*, *op. cit.*, pp. 427, 486.

[28] Thomas, *Polonium in the Playhouse*, *op. cit.*, p. 40.

CAPÍTULO 7. LAZOS Y MENTIRAS

[1] En reportes del FBI para el caso #65-14743, octubre de 1953. Hay entrevistas con el teniente Louis Sklarey, de la Oficina del Fiscal del condado de Essex, Nueva Jersey, quien estableció la fecha del incidente como el 8 de marzo de 1943, junto con el jefe de detectives del condado de Essex, Clarence Merrill. También se adjuntan informes de los archivos del Departamento de Policía de Nueva York y Newark.

[2] Con la inflación, 10 000 dólares valdrían aproximadamente 166 000 en 2020. Y los 4 000 gastados por Marian y su novio valdrían alrededor de 66 000 en 2020.

[3] Los reportes del FBI relacionados con el caso #65-14743, septiembre de 1954.

[4] *Idem*.

[5] Reportes del FBI relacionados con el caso #65-14743, febrero y marzo de 1952, y octubre de 1955.

[6] *Ibid*., marzo de 1952.

[7] *Idem*.

[8] Entrevistas con el exemplelado de Raven, Alexander Doniger tomadas de reportes del FBI relacionados con el caso #65-14743, noviembre de 1954 y junio de 1955.

[9] Rhodes, *Making of the Atomic Bomb*, *op. cit.*, p. 327.

[10] Albright y Kunstel, *Bombshell*, 74. Vale la pena recalcar que la información útil de *Bombshell* sobre los primeros trabajos de in-

teligencia soviéticos respecto a armas atómicas en Estados Unidos se basa en parte en fuentes primarias en las pp. 316-18 de ese libro.

[11] *Idem.*

[12] *Ibid.*, p. 75.

[13] *Idem.*

[14] *Ibid.*, p. 104.

[15] Del reporte para Ovakimian «About Use on a New Source of Energy-Uranium», *ibid.*, p. 76.

[16] *Idem.*

[17] J. A. Krug, «Production, War-time Achievements and the Reconversion Outlook», *A Report to the War Production Board* (Washington, D. C.: 9 de octubre de 1945), pp. 38-39.

[18] Los 61 telegramas descifrados y «grandes cantidades de datos sobre armas de la Junta de Producción de Guerra»: caso del FBI #65-56402, en el resumen de Nathan Gregory Silvermaster (parte 4 de 7).

[19] Haynes y Klehr, *Venona, op. cit.*, pp.136, 143.

[20] Reportes del FBI relacionados con los casos #63983 y #16821, julio de 1944.

[21] Haynes y Klehr, *Venona, op. cit.*, p. 175.

[22] En un memorando del 27 de febrero de 1945 para J. Edgar Hoover; el agente del FBI D. M. Ladd explica que el teniente coronel John Lansdale Jr., jefe de seguridad del Proyecto Manhattan, fue el primero en contarle a la agencia sobre Adams. Este memorando está archivado en el caso del FBI #331280. Febrero de 1948.

CAPÍTULO 8. EL HOMBRE DEL JEEP

[1] De reportes del FBI relacionados con el caso #65-553 (el caso de Koval afuera de Knoxville), febrero de 1954.

[2] Reportes del FBI relacionados con el caso #65-16756, marzo de 1956 y marzo de 1957.

[3] *Ibid.*, mayo de 1955.

[4] Dwight Ink, «The Army Goes to College», en *Ohio State Engineer*, vol. 27, núm. 1 (noviembre de 1943), pp. 15-16.

[5] El Programa de Entrenamiento Especializado del Ejército en el City College de Nueva York fue la Unidad de Entrenamiento Especializado del Ejército conocida oficialmente como «3225a Unidad "STAR"»: reportes del FBI relacionados con el caso #65-16756, octubre de 1955.

[6] El periódico semanal del CCNY, *The Campus*, 8 de febrero de 1943 y 6 de octubre de 1943; y el *Bulletin* del CCNY, 1942-1943.

[7] Caso del FBI #65-16756, julio de 1957.

[8] Arnold Kramish, en Michael Walsh, «George Koval: Atomic Spy Unmasked», *Smithsonian*, mayo de 2009, p. 44.

[9] *The Campus*, 25 de febrero de 1944, p. 1.

[10] *District Circular Letter to All Area Engineers and Division Heads* (Knoxville, Tennessee: Departamento de Guerra, Oficina de Ingeniería Estadounidense del Distrito de Manhattan, 1.º de septiembre de 1943), pp. 1-7. Este archivo estaba marcado como «CONFIDENCIAL» y puede encontrarse en la Sala Oak Ridge, Biblioteca Pública de Oak Ridge.

[11] Atomicheritage.org/history/special-engineer-attachment.

[12] Selección de miembros del SED en CCNY: Reportes del FBI relacionados con el caso #65-16756, febrero-agosto de 1957.

[13] *Idem.*

[14] De la entrevista con el coronel Raymond Cook, *ibid.*, febrero de 1957.

[15] *Ibid.*, marzo de 1958.

[16] Thomas, *Polonium in the Playhouse, op. cit.*, p. 54.

[17] Bertrand Goldschmidt, un químico francés, citado por Rhodes, *Making of the Atomic Bomb*, p. 605.

[18] Rhodes, *Making of the Atomic Bomb*, pp. 486-95; también, general Leslie M. Groves, *Now It Can Be Told: The Story of the Manhattan Project* (Boston: Prensa Da Capo, 2009), pp. 94-124; Charles W. Johnson y Charles O. Jackson, *City Behind a Fence: Oak Ridge, Tennessee 1942-1946* (Knoxville: Prensa de la Universidad de Tennessee, 1981); y Robert S. Norris, *Racing for the Bomb: The True Story of General Leslie R. Groves, The Man Behind the Birth of the Atomic Age* (Nueva York: Skyhorse Publishing, 2014).

[19] Debe mencionarse que el complejo S-50 ya había cerrado para ese entonces.

[20] Karl Z. Morgan, «The Responsibilities of Health-Physics», *Scientific Monthly* 63, núm. 2 (agosto de 1946), pp. 93-100.

[21] «Karl Z. Morgan: Man on a Mission», *ORNL Review* 9, núm. 4 (Otoño 1976), p. 44.

[22] Entrevista a K. Z. Morgan de reportes del FBI relacionados con el caso #65-16756, julio de 1955.

[23] W. H. Ray, «Health Physics Building Surveying at Clinton Laboratories», Distrito de Manhattan, 1946. Este documento escrito a máquina se puede encontrar en la Sala Oak Ridge, Biblioteca Pública de Oak Ridge. La «Hoja de desglose de trabajos» se encuentra en las pp. 7-11.

[24] Reportes del FBI relacionados con el caso #65-16756, noviembre de 1956.

[25] Johnson, *City Behind a Fence, op. cit.*, pp. 137-40.

[26] *Ibid.*, pp. 137-66.

[27] General Groves y el FBI: Norris, *Racing for the Bomb, op. cit.*, p. 270.

[28] *Ibid.*, pp. 145-46.

[29] *Security Manual: Manhattan District*, Oficina de Ingeniería de los EUA, 26 de noviembre de 1945, Archivos Nacionales Restringidos, College Park, Maryland, archivo #160259, 11. Desclasificado por el autor el 7 de abril de 2017.

[30] *Ibid.*, p. 30.

[31] *Ibid.*, p. 32.

[32] *Ibid.*, p. 34.

[33] G. Koval, «Determinación de la actividad de larga duración de las partículas transportadas por el aire», 22 de junio de 1945. Este documento fue publicado más tarde por la División de Información Técnica, Operaciones Oak Ridge, 1947.

[34] V. I. Lota, «Ego zvali "Del'mar"» [«Lo llamaban "Delmar"»], *Krasnaia Zvezda* 128 (25 de julio de 2007). Nótese que Lota afirmó que Koval se reunió con «Faraday» una vez antes de partir de la ciudad de Nueva York con rumbo a Oak Ridge y por lo menos una vez mientras estaba en Oak Ridge.

[35] El viaje de Koval a la ciudad de Nueva York City con su colega de Oak Ridge a finales de mayo o principios de junio de 1945: de una entrevista de la autora con Duane M. Weise en septiembre de 2020.

[36] Thomas, *Polonium in the Playhouse, op. cit.*, p. 72.

[37] V. I. Lota, GRU *i atomnaia bomba* [The GRU *and the Atomic Bomb*] (Moscú: Olma-Press, 2002), p. 255.

CAPÍTULO 9. EL SECRETO DEL TEATRO

[1] B. Cameron Reed, «Rousing the Dragon: Polonium Production for Neutron Generators in the Manhattan Project», *American Journal of Physics* 87 (5) (mayo de 2019), pp. 377-83.

[2] Thomas, *Polonium in the Playhouse, op. cit.*, p. 9.

[3] *Ibid.*, p. 51.

[4] *Ibid.*, p. 58.

[5] Harvey V. Moyer, ed., *Polonium* (Oak Ridge: Extensión del Servicio de Información Técnica para la Comisión de Energía Atómica de los EUA, TID-5221, julio de 1956); Rhodes, *Making of the Atomic Bomb, op. cit.*; Thomas, *Polonium in the Playhouse, op. cit.*; Keith V. Gilbert, *History of the Dayton Project* (Miamisburg, Ohio: Monsanto Research Corporation, 1969); Reed, «Rousing the Dragon», *op. cit.*

[6] George Mahfouz, un ingeniero que trabajó en la Unidad IV, Runnymede Playhouse, en una entrevista para Voces del Proyecto Manhattan, archivos de la Fundación de Patrimonio Atómico, manhattanprojectvoices.org/oral-histories/george-mahfouzs-interview.

[7] Rhodes, *Making of the Atomic Bomb, op. cit.*, p. 578.

[8] Reed, en «Rousing the Dragon», señala que el iniciador en la bomba de uranio no necesitaba ser tan fuerte como en la bomba de plutonio y los iniciadores en ambas bombas usaban el combustible de polonio/berilio.

[9] Gavin Hadden, ed., *Manhattan District History: Book VIII, Los Alamos Project (Y)*, vol. 3, capítulo 4: «Dayton Project», 1947, p. 4.

[10] *Ibid.*, p. 111.

[11] Thomas, *Polonium in the Playhouse*, p. 104.

[12] *Ibid.*, p. 88.

[13] *Ibid.*, p. 64.

[14] Moyer, *Polonium, op. cit.*, p. 3.

[15] Thomas, *Polonium in the Playhouse, op. cit.*; Charles Allen Thomas *Papers*, Colecciones Especiales de la Universidad de Washington; Gilbert, *History of the Dayton Project, op. cit.*; Hadden, ed., *Manhattan District History, op. cit.*; Howard Shook y Joseph M. Williams, «Building the Bomb in Oakwood», *Dayton Daily News Magazine*, 18 de septiembre de 1983; Jim DeBrosse, «Russian Spy Lived in Dayton, Stole Secrets», *Dayton Daily News*, 28 de abril de 2012.

[16] Shook y Williams, «Building the Bomb in Oakwood», *op. cit.*

[17] Thomas, *Polonium in the Playhouse, op. cit.*, p. 90.

[18] Entrevistas con fuentes; Traci Pedersen, «Polonium: A Rare and Highly Volatile Radioactive Element», Live Science, 6 de diciembre de 2018, livescience.com/39452-polonium.html; Moyer, ed., *Polonium, op. cit.*, p. 342.

[19] Monsanto Chemical Company-Unit III, «Progress Report», 1 al 15 de septiembre de 1945; Thomas, *Polonium in the Playhouse, op. cit.*, p. 116.

[20] Reportes del FBI relacionados con el caso #16756, abril de 1956.

[21] Thomas, *Polonium in the Playhouse, op. cit.*, p. 123.

[22] Rhodes, *Making of the Atomic Bomb, op. cit.*, p. 580.

[23] Reed, «Rousing the Dragon», *op. cit.*, p. 379.

[24] Thomas, *Polonium in the Playhouse, op. cit.*, p. 125.

[25] Gilbert, *History of the Dayton Project, op. cit.*, p. 6. 113 «Sabíamos que el mundo no sería el mismo»: Rhodes, *Making of the Atomic Bomb, op. cit.*, p. 676.

[26] Thomas, *Polonium in the Playhouse, op. cit.*, p. 141.

[27] Arthur Holly Compton, *Atomic Quest: A Personal Narrative* (Nueva York: Prensa de la Universidad de Oxford, 1956), p. 103.
[28] General Leslie M. Groves, *Now It Can Be Told: The Story of the Manhattan Project* (Nueva York: Harper & Row, 1962), p. 351.
[29] General Leslie R. Groves, prólogo a Henry DeWolf Smyth, *Atomic Energy for Military Purposes: The Oficial Report on the Development of the Atomic Bomb under the Auspices of the United States Government, 1940-1945.*
[30] General Leslie R. Groves, «The Atom-General Answers His Critics», *Saturday Evening Post*, 19 de junio de 1946, p. 101.
[31] *Ibid.*, p. 15.
[32] *Ibid.*, p. 101.
[33] Smyth, *Atomic Energy for Military Purposes*, prefacio.
[34] Groves, «The Atom-General Answers His Critics», *op. cit.*, p. 102.
[35] Alex Wellerstein, «Solzhenitsyn and the Smyth Report», *Restricted Data: The Nuclear Secrecy Blog*, 12 de febrero de 2016, blog. nuclearsecrecy. com/2016/02/12/solzhenitsyn-smyth-report/.
[36] Albright y Kunstel, *Bombshell*, 154; y también véase el capítulo 10 de *El espía que robó la bomba atómica* respecto al «Departamento S».
[37] Compton, *Atomic Quest, op. cit.*, p. 103.
[38] Hadden, ed., *Manhattan District History, op. cit.*, p. 9. Nótese que la producción de polonio continuó en el Laboratorio Mouno a 19 km al suroeste de Dayton hasta 1972.
[39] Harvey V. Moyer, ed., *Polonium* (Oak Ridge: Extensión del Servicio de Información Técnica para la Comisión de Energía Atómica de los EUA), TID-5221, julio de 1956. Nótese que la mayoría de los archivos del Proyecto Manhattan sobre el polonio estaba clasificada hasta 1983.
[40] Lota, GRU i atomnaia bomba, op. cit., p. 257.

CAPÍTULO 10. EL ARTE DEL ESPIONAJE

[1] *Security Manual* (Distrito de Manhattan: Oficina de Ingeniería de los EUA, 26 de noviembre de 1945), 35 y Muestra IV.
[2] Pável Sudoplátov y Anatoli Sudoplátov con Jerrold L. y Leona P. Schecter, *Special Tasks: The Memoirs of an Unwanted Witness-A Soviet Spymaster* (Nueva York: Little, Brown, 1994), pp. 184-87; Albright y Kunstel, *Bombshell, op. cit.*, p. 154-55; IU. A. Lébedev, «Novye dokumenty po istorii sovetskogo atomnogo proekta» [«Nuevos documentos sobre la historia del proyecto atómico soviético»], *Voprosy istorii estestvoznaniia i tekhniki* 37, núm. 4 (2016), p. 719.

[3] Lota, *GRU i atomnaia bomba, op. cit.*, p. 26.

[4] William Broad, «A Spy's Path: Iowa to A-Bomb to Kremlin Honor», *The New York Times*, 12 de noviembre de 2007, p. A18.

[5] Haynes y Klehr, *Venona, op. cit.*, p. 9.

[6] IU. A. Lébedev, «O doblesti, o podvige, o slave... Paradoksy syd'by Geroia Rossii Zhorzha Kovalia» [«Valor, hazaña, gloria... las paradojas del destino de George Koval, el héroe de Rusia»], *Istoricheskii Vestnik RKhTU* 28, núm. 3 (2009), p. 23.

[7] Thomas, *Polonium in the Playhouse, op. cit.*, p. 115; Lota, «Spetskomandirovka», *Krasnaia Zvezda*, núm. 238 (2013), p. 6, y núm. 4 (2014), p. 6; Lota, *Kliuchi ot ada [Las llaves al infierno]* (Moscú: Kuchkovo pole, 2008), pp. 255-56; y detalles provistos a Faraday: V. I. Lota, «Ego zvali "Del'mar"» [«Lo lamaban "Delmar"»], *Krasnaia Zvezda*, p. 128 (25 de julio de 2007).

[8] Lota, «Spetskomandirovka», *Krasnaia Zvezda*, núm. 238 (2013), p. 6, y núm. 4 (2014), p. 6.

[9] Lota, *GRU i atomnaia bomba, op. cit.*, p. 30; y Walsh, «George Koval», *Smithsonian, op. cit.*, p. 45.

[10] Compton, *Atomic Quest, op. cit.*, p. 103.

[11] Walter Goodman, *The Committee: The Extraordinary Career of the House Committee on Un-American Activities* (Farrar, Straus & Giroux, 1968); Haynes y Klehr, *Early Cold War Spies, op. cit.*; Haynes, *Red Scare or Red Menace, op. cit.*; Weinstein, Allen. *The Haunted Wood: Soviet Espionage in America-The Stalin Era* (Nueva York: Modern Library, 2000).

CAPÍTULO 11. DESERCIONES Y DETECCIONES

[1] Amy Knight, *How the Cold War Began: The Gouzenko Affair and the Hunt for Soviet Spies* (Nueva York: Basic Books, 2007), p. 5.

[2] *Ibid.*, p. 1

[3] *Ibid.*, p. 10.

[4] Romerstein y Breindel, *The Venona Secrets, op. cit.*, p. 16.

[5] Knight, *How the Cold War Began, op. cit.*, p. 6.

[6] Dickey, Christopher, «The "Red Spy Queen" Who Shocked America-and the Soviets», *Daily Beast*, 28 de julio de 2019.

[7] Sulick, Michael J., *Spying in America* (Washington, D. C.: Prensa de la Universidad de Georgetown, 2012), pp. 185, 191.

[8] Eric Bernay, The Music Room, Clarence Hiskey y Pavel Mijáilov, «ninguna acción para su arresto», y «El nombre real»: Howard Rushmore, «Russian Atom Spy Trailed by FBI Here», *New York Journal-American*, 3 de diciembre de 1945, p. 1.

[9] Del memorando de J. Edgar Hoover, 10 de abril de 1947, en el caso del FBI #100-331280, junio de 1947.

[10] Entrevista en marzo de 1949 con Edward T. Manning, un exempleado del Laboratorio Metalúrgico en Chicago, de los reportes del FBI relacionados con el caso #100-63983, noviembre de 1949.

[11] Memorando de J. Edgar Hoover a la oficina del FBI en Nueva York. El memorando está archivado bajo el caso del FBI #100-16821, 23 de diciembre de 1946.

[12] Las últimas horas de vigilancia de Arthur Adams por el FBI el 23 de enero de 1946: Reporte del FBI relacionado con el caso #100-63983, 5 de marzo de 1946.

[13] Ibid., marzo de 1946.

[14] Howard Rushmore, «Red Atom Spy Eludes FBI as Canada Nabs 22», New York Journal-American, 16 de febrero de 1946, p. 1.

[15] The New York Times, 5 de marzo de 1946, p. 1.

[16] Pie de foto, New York Journal-American, 15 de marzo de 1946.

CAPÍTULO 12. EL RECLUTA

[1] Memorando de Hoover, el reporte del FBI relacionado con el caso #100-16821, 24 de marzo de 1946. (El memorando incluye una reimpresión del artículo del New York Journal-American del 24 de marzo sobre una fuga de información en Oak Ridge).

[2] Albright y Kunstel, Bombshell, op. cit., p. 180.

[3] Sudoplátov, Special Tasks, op. cit., p. 213.

[4] Archivos del FBI relacionados con el caso #65-16756, junio y julio de 1956. Hay que tener en cuenta que varias personas en las entrevistas del FBI recordaron el liderazgo de Koval en la fraternidad, una de las cuales señaló que era presidente. Pero los registros del capítulo de la fraternidad fueron inaccesibles durante la investigación del libro, lo que impidió la confirmación de su publicación.

[5] Entrevista con Henry Hanstein, ibid., septiembre de 1956.

[6] Respecto a Hanstein, ibid., marzo de 1956.

[7] The Campus, 4 de octubre de 1945.

[8] Reporte del FBI relacionado con el caso #65-16756, abril de 1955.

[9] Wallace, Henry, New Republic, 21 de octubre de 1946.

[10] John C. Culver y John Hyde, American Dreamer: A Life of Henry A. Wallace (W.W. Norton, 2000), pp. 266-68.

[11] Reportes del FBI relacionados con el caso #65-16756, abril de 1957. Estas citas vienen de una entrevista el 22 de marzo de 1957, y de otra entrevista el 4 de abril de 1957.

¹² Robert Mayhew, *Ayn Rand and* Song of Russia: *Communism and Anti-Communism in 1940s Hollywood* (Lanham, Maryland: Prensa Scarecrow, 2004), p. 182.

¹³ El testimonio de Sam Wood's según la citas de la revista *Time*, «The Congress: From Wonderland», 27 de octubre de 1947, p. 4.

¹⁴ Declaración de Herbert J. Sandberg en el formulario de solicitud de pasaporte #170092, Departamento de Estado de los EUA, Oficina de Pasaportes, 15 de marzo de 1948.

¹⁵ Archivo del FBI #65-16756, enero y abril, 1955 y diciembre de 1956.

¹⁶ Confirmación de «Viktor» nombre en código en la CIA-DR-P00M0 1914R0010000040050-6, telegrama Venona decodificado y enviado por telegrama de Nueva York a Moscú, 6 de diciembre de 1944, con notas fechadas el 23 de junio de 1971, identificando a Viktor.

¹⁷ Telegrama Venona de 1944 decodificado: Wilson Center, wilsoncenter.org.

CAPÍTULO 13. EL ESCAPE

¹ Del archivo del FBI #65-16756, dos entrevistas en junio de 1954 y una en abril de 1955.

² Arnold Kramish, *ibid.*, noviembre de 1955.

³ Leonard Field, *ibid.*, marzo de 1965.

⁴ *Idem.*

⁵ Entrevista con Abraham Fuchs (no Klaus Fuchs), en el caso del FBI #65-2384, agosto de 1956. Nótese que la hermana de Abraham Fuchs salió con Koval.

⁶ En *The New York Times*, 19 de febrero de 1949, p. 2.

⁷ En el archivo del FBI #65-16756, las entrevistas de marzo de 1956 con Jean Finkelstein Mordetzky. Nótese que los tres hermanos de Jean eran Sheldon, Leonard y George.

⁸ Goodman, *The Committee, op. cit.*, pp. 227-71.

⁹ American Social History Project, *Who Built America?*, vol. 2 (Nueva York: Pantheon Books, 1992), p. 503; Michael Freedland, «Hunting Communists? They Were Really After Jews», *Jewish Chronicle*, 6 de agosto de 2009.

¹⁰ Laurence Bush, «McCarthyism and the Jews», *Jewish Currents*, 1.° de mayo de 2011.

¹¹ Allen Weinstein, *Perjury: The Hiss-Chambers Case* (Nueva York: Knopf, 1978), p. 51.

[12] Albright y Kunstel, *Bombshell, op. cit.*, p. 96.

[13] Oksana Kasenkina, *Leap to Freedom* (Filadelfia: Lippincott, 1949); y cobertura en *The New York Times* por varias semanas.

[14] *New York Daily News*, como parte de la serie «Big Town» sobre «Nueva York de antaño», 26 de julio de 1998.

[15] Alexander Feinberg, «3 Russians Go Home as Lomakin Stays», *The New York Times*, 23 de agosto de 1948, pp. 1, 5.

[16] *Ibid.*, 26 de agosto de 1948, p. 1.

[17] William A. Reuben, *The Atom Spy Hoax* (Nueva York: Action Books, 1955), p. 141.

[18] Blauvelt, *op. cit.*, p. 3.

[19] General Leslie Groves en el texto del 27 de septiembre de 1948, «Text of Report by House Committee on Un-American Activities Relating to Atomic Espionage», en *The New York Times*, 28 de septiembre de 1948, pp. 22-23.

[20] *Ibid.*, p. 23.

[21] William S. White, «Clark Agency Hits Spy Investigations, Bars Trials Now», *The New York Times*, 30 de septiembre de 1948, pp. 1, 15.

[22] *The New York Times*, 3 de octubre de 1948, p. 38.

[23] *Time*, 4 de octubre de 1948, vol. 52, núm. 14, p. 24.

[24] *The New York Times*, 30 de septiembre de 1948, p. 1.

[25] Sailing on the "All American" Team to Europe», united-states-lines.org/america-first-class.

[26] En el caso del FBI #16756, marzo y agosto de 1956.

[27] Longfellow, *El herrero del pueblo, op. cit.*, p. 20.

PARTE III. LA CACERÍA

CAPÍTULO 14. ALTO SECRETO

[1] C. L. Sulzberger, «Russia-A Land of Paradox», *The New York Times*, 2 de enero de 1949, p. 26.

[2] Harry Schwartz, «What Russians Read in Their Newspapers», *The New York Times*, 9 de enero de 1949.

[3] Benjamin Pinkus, *The Jews of the Soviet Union: The History of a National Minority* (Cambridge, Reino Unido: Prensa de la Universidad de Cambridge, 2008), p. 141.

[4] *Ibid.*, pp. 144, 149; además véase Oleg Yegorov, «Fighting the "Rootless Cosmopolitan": How Stalin Attacked Soviet Jews after WWII», Russia Beyond, www.rbth.com/history/327399-stalin-

versus-soviet-jews, 26 de enero de 2018; y Walter Bedell Smith, *My Three Years in Moscow* (Nueva York: Simon & Schuster, 1949), sobre el antisemitismo a inicios de 1949, pp. 273-75.

[5] Pinkus, *Jews of the Soviet Union, op. cit.*, p. 193.

[6] V. I. Lota, «Spetskomandirovka», *Krasnaia Zvezda*, núm. 238 (25 de diciembre de 2013), 6 y núm. 4 (15 de enero de 2014), p. 6.

[7] Descritos por Albright y Kunstel, *Bombshell, op. cit.*, p. 194; cabe resaltar que Albright y Kunstel obtuvieron el reporte de los Archivos del Ministro Soviético de Energía Atómica en Moscú el 19 de noviembre de 1993; se hace mención a detalle en Lébedev, *Vetvlenia sudby Zhorzha Kovalia, op. cit.*, p. 710.

[8] Lavrenti Beria, memorando al Consejo de Ministros de la URSS, 4 de marzo de 1949, *ibid.*, p. 711.

[9] Nota de Beria a M. G. Pervukhin, 4 de marzo de 1949, *ibid.*

[10] Michael I. Schwartz, «The Russian-A(merican) Bomb: The Role of Espionage in the Soviet Atomic Bomb Project», *Journal of Undergraduate Sciences* 3 (verano de 1995), p. 104.

[11] Lébedev, *Dva vybora* [*Dos opciones*], p. 3.

[12] Lébedev, «Novye dokumenty po istorii sovetskogo atomnogo proekta», pp. 22-24.

[13] Hanson W. Baldwin, «Has Russia the Atomic Bomb?-Probably Not», *The New York Times*, 9 de noviembre de 1947, p. E3.

[14] Vince Houghton, *The Nuclear Spies: America's Atomic Intelligence Operation against Hitler and Stalin* (Ithaca, Nueva York: Prensa de la Universidad de Cornell, 2019), p. 166.

[15] *Bulletin of the Atomic Scientists*, octubre de 1949, p. 264.

[16] *Idem.*

[17] Schwartz, *op. cit.*, p. 106.

[18] Houghton, *Nuclear Spies, op. cit.*, p. 153.

[19] Groves, «The Atom-General Answers His Critics», *op. cit.*, p. 102.

[20] J. Edgar Hoover, «The Crime of the Century: The Case of the A-Bomb Spies», *Reader's Digest*, mayo de 1951.

CAPÍTULO 15. POSTALES DESDE PARÍS

[1] Edgar Hoover, «Red Spy Masters in America», *Reader's Digest*, agosto de 1952, p. 87.

[2] En el caso del FBI #65-14743, 28 de marzo de 1952. Cabe resaltar que los reportes del FBI en el caso Lassen no estaban etiquetados con su nombre después de que se anunció la coincidencia entre él y

«Faraday». Todos estaban etiquetados «Sujeto desconocido; Faradej; Faraday; Espionaje R.».

[3] Carta de J. Edgar Hoover a la agencia de Nueva York, el 9 de abril de 1951, en *ibid.*, 12 de enero de 1952.

[4] *Ibid.*, 12 de marzo de 1952.

[5] *Ibid.*, 12 de enero de 1952, memorando.

[6] *Ibid.*, 20 de marzo de 1952.

[7] *Ibid.*, varios reportes en marzo de 1952.

[8] *Ibid.*, 23 de julio de 1953.

[9] *Ibid.*, enero de 1953. Nótese que Benjamin Lassen murió en Rusia en 1967, se desconoce el lugar exacto. Los destinos de Gertrude y su hijo Seymour, tras dejar París a finales de 1951 o principios de 1952, siguen siendo un misterio.

[10] De entrevistas con una excontadora de Raven Electric, Elizabeth Barry, *ibid.*, marzo de 1953.

[11] Memorando de Hoover, *ibid.*, 19 de julio de 1954.

[12] Todas del caso del FBI #65-16756, en muchas entrevistas en reportes archivados entre 1954 y la primera mitad de 1955.

[13] Hoover, «Red Spy Masters», *op. cit.*, pp. 83-84.

[14] Caso del FBI #65-16756, primeras entrevistas con el George Kovals «equivocado» en septiembre de 1954 y luego otras más en enero de 1956.

[15] Memorando de Hoover a la agencia de Nueva York, *ibid.*, 13 de enero de 1955.

[16] *Ibid.*, Hoover, dos memorandos en agosto de 1955.

[17] *Ibid.*, memorando de Hoover, 10 de mayo de 1956.

[18] *Ibid.*, memorando de Hoover, 6 de enero de 1956.

[19] *Ibid.*, 22 de enero de 1956.

[20] *Ibid.*, 19 de noviembre de 1956.

[21] *Ibid.*, a lo largo del mes de marzo de 1956.

CAPÍTULO 16. LAS CARTAS DE MARZO DE 1953

[1] En la carta fechada el 20 de mayo de 1956 de Abram Koval para los Gurshtel. Caso del FBI #65-6124, 26 de agosto de 1956.

[2] Memorando de Hoover, caso del FBI #65-16756, 24 de febrero de 1959.

[3] Memorando de Hoover, *ibid.*, 2 de abril de 1959.

[4] Carta fechada el 21 de mayo de 1959 de Koval para Lewis W. Bowden, cónsul en la embajada estadounidense en Moscú, *ibid.*, reporte de junio de 1959.

5 Carta de Koval en *ibid.*, julio de 1959.

6 *Ibid.*, noviembre de 1959.

7 Caso del FBI #65-16756, junio de 1962.

8 *Idem.*

9 Caso del FBI #65-16756, noviembre de 1962.

10 *Idem.*

11 Lota, GRU *i atomnaia bomba*, *op. cit.*, pp. 259.

12 *Ibid.*, p. 260.

13 Lébedev, «Paradoksy sud'by», *op. cit.*, pp. 18.

14 Carta del 16 de marzo, en Lota, GRU *i atomnaia bomba*, *op. cit.*, pp. 262.

15 De un correo electrónico que él envió a Arnold Kramish: Walsh, «George Koval», *Smithsonian*, *op. cit.*, pp. 47.

16 Michael Scammell, *Solzhenitsyn: A Biography* (Nueva York: W.W. Norton, 1984), pp. 262-65; y sobre las dos versiones de su *Primer círculo*: Alla Latynina, «"Genuine Occurrence" and "Overworked Soviet Plotline": The Two Versions of [*The First*] *Circle* as Viewed from the Present», *Russian Studies in Literature* 43, núm. 4 (Otoño 2007), pp. 82-97.

17 Aleksándr I. Solzhenítsyn, *En el primer círculo*, traducido por Harry T. Willets (Nueva York: HarperCollins, 2009), p. 5.

18 Memorando del director del FBI William Webster para las agencias de la ciudad de Nueva York y Albany, Nueva York, caso del FBI #65-16756, marzo de 1978.

19 *Ibid.*, 4 de mayo y 16 de mayo de 1978.

20 Lev Kópelev, *Ease My Sorrows: A Memoir*, traducido por Antonina W. Bouis (Nueva York: Random House, 1983), pp. 72-105.

21 Lébedev, «O doblesti», *op. cit.*, p. 16.

CAPÍTULO 17. EXPUESTO

1 De John Barron, junio de 1987, *op. cit.*, p. 100. «Our New Moscow Embassy», *Reader's Digest*, *op. cit.*

2 *Ibid.*, p. 5.

3 Detalles sobre la historia de los aparatos de espionaje, en Michael A. Boorstein. *History of the Construction of the American Embassy in Moscow: The History, Politics and Planning Behind the Construction of the Most Costly American Embassy in the World*. Conferencia impartida el 18 de noviembre de 1989, durante el Fellows Breakfast para el Fellows Program de la Universidad de Harvard en el Centro Weatherhead para Asuntos Internacionales en Cambridge, Massachusetts, p. 9.

[4] En Saul Pett, «Bugged U.S. Embassy Stands —for Now— as a Reminder of the Cold War», *Los Angeles Times*, 25 de febrero de 1990, p. 1.

[5] Albert Glinsky. *Reremin: Ether Music & Espionage* (Urbana: Prensa de la Universidad de Illinois, 2000), pp. 260-64.

[6] Harrison Salisbury, «"Bugged" Embassy in Moscow Was Viewed as Security "Dream"», *The New York Times*, 21 de mayo de 1964, p. 1.

[7] Stephen Engelberg, «Embassy Security», *The New York Times*, 19 de abril de 1987, pp. 1, 15.

[8] Boorstein, *op. cit.*, p. 9.

[9] V. I. Lota, «Kliuchi ot ada» [«Las llaves al infierno»], *Sovershenno Sekretno* 8, núm. 124 (1999), pp. 18 y 19.

[10] Lébedev, *Dva vybora [Dos opciones]*, *op. cit.*, p. 44.

[11] Solicitud #052-18-0975, Administración del Seguro Social, Oficina de Operaciones Centrales, Baltimore, Maryland, 7 de febrero de 2000. Más detalles sobre la solicitud de Seguro Social en Andrei Soldatov, «The Soviet Atomic Spy Who Asked for a U.S. Pension», en *Daily Beast*, 28 de mayo de 2016.

[12] Lébedev, *Dva vybora [Dos opciones]*, *op. cit.*, p. 45.

[13] Lota, GRU *i atomnaia bomba, op. cit.*, p. 17.

[14] Lota, «Ego zvali "Del'mar"» [«Lo llamaban "Delmar"»], *op. cit.*

[15] *Idem.*

[16] Broad, «A Spy's Path», *op. cit.*

[17] *Idem.*

[18] Andrei Shitov, «Agent Del'mar vykhodit na sviaz'» [«El agente Delmar hace contacto»], *Rossiiskaia gazeta*, núm. 4575, 30 de enero de 2008.

[19] Jascha Hoffman, «Arnold Kramish, Expert on Nuclear Intelligence, Dies at 87m», *The New York Times*, 15 de julio de 2010.

[20] *Idem.*

[21] Carta de Kramish al director de Mendeleev a finales de abril de 2000. From *Historical Bulletin of the Mendeleev Institute*, edición 3, núm. 5, vol. 3 (2001), p. 34.

[22] Lébedev, «O doblesti», 20; Zhukov, «Mendeleyevets v Oak-Ridge (st. Tennessee USA)», p. 32.

[23] Walsh, «George Koval», *Smithsonian, op. cit.*, p. 44.

[24] Cabe destacar que la biografía de Hall, *Bombshell*, reveló que Hall y su mensajero idearon un código para comunicar las fechas de encuentro utilizando versos de *Hojas de hierba* del poeta Walt Whitman, el mismo libro que Koval llevó consigo durante décadas, aunque nunca se ha establecido ninguna conexión adicional.

[25] *Bombshell*, p. 194.

[26] *Idem.*

[27] *Ibid.*, p. 195.

[28] *Idem.*

[29] *Ibid.*, p. 24.

[30] Carta de Kramish a Koval en 2003, *idem.*

[31] Correo electrónico de Kramish a Koval en 2003, *idem.*

[32] IU. A. Lébedev, «The Character of Solzhenitsyn», en *Historical Bulletin of the Mendeleev Institute 50* (2017), pp. 27-43.

[33] Lota, GRU *i atomnaia bomba, op. cit.*, p. 261.

[34] Lota, Vladímir: «They Called Him Delmar» en la revista *Red Star*, julio de 2007.

[35] Lébedev, *Dva vybora [Dos opciones], op. cit.*, p. 48.

EPÍLOGO

[1] Lota, «Ego zvali "Del'mar"» [«Lo llamaban "Delmar"»], *op. cit.*, p. 25.

[2] Walsh, «George Koval», *Smithsonian, op. cit.*, p. 40.

[3] «President Vladimir Putin Handed Over to the GRU (Military Intelligence) Museum the Gold Star Medal and Hero of Russia Certificate and Document Bestowed on Soviet Intelligence Officer George Koval», comunicado de prensa, presidente de Rusia: Portal Web Oficial, web.archive.org/web/20140116194923/archive.kremlin.ru/eng/text/news/2007/11/150176.shtml, 2 de noviembre de 2007.

[4] *Idem.*

[5] Walsh, «George Koval», *Smithsonian, op. cit.*, p. 40.

[6] *Ibid.*, pp. 40, 42.

[7] Broad, *op. cit.*, p. A18.

[8] *Idem.*

[9] «Entrevista a James A. Schoke (2014)», Voces del Proyecto Manhattan, 7 de noviembre de 2014, manhattanprojectvoices.org/oral-histories/james-schokes-interview-2014. 1/4/20.

[10] Walsh, «George Koval», *Smithsonian, op. cit.*, p. 47.

[11] Una lista de Maya Koval enviada a la autora en junio de 2020.

[12] El texto estaba escrito en inglés y, después de descubrirlo, Maya Koval lo tradujo al ruso para Lébedev, que lo agregó a sus libros *Dva vybora... ob istorii verbovok Zh. A. Kovalia* (*Dos elecciones... La historia de los reclutamientos de George Koval*) y *Vetvleniia sudby Zhorzha Kovalia* (*Las ramificaciones del destino de George Koval*) y luego Masha Stepanova lo tradujo de vuelta al inglés para que apareciera en este libro.

BIBLIOGRAFÍA SELECCIONADA

Akhmedov, Ismail. *In and Out of Stalin's GRU: A Tatar's Escape from Red Army Intelligence*. Frederick, Maryland: University Publications of America, 1984.

Albright, Joseph, y Marcia Kunstel. *Bombshell: The Secret Story of America's Unknown Atomic Spy Conspiracy*. Nueva York: Times Books, 1997.

Andrew, Christopher, y Oleg Gordievsky. *KGB: The Inside Story of Its Foreign Operations from Lenin to Gorbachev*. Nueva York: HarperCollins, 1992.

Andriushin, I. A., A. K. Chernyshev y IU. A. Iudin, «Khronologiia osnovnykh sobytii istorii atomnoi otrasli SSSR i Rossii» [«La cronología de eventos clave en la historia de la industria nuclear en la URSS y Rusia»]. En *Ukroshchenie iadra: stranitsy istorii iadernogo oruzhiia i iadernoi infrastruktury SSSR* [*Domando al núcleo: Las páginas de la historia de las armas nucleares y la infraestructura nuclear en la URSS*], editado por R. I. Il'kaev. Sarov y Saransk: Krasnyi Oktiabr', 2003.

Baggott, Jim. *The First War of Physics: The Secret History of the Atom Bomb, 1939-1949*. Nueva York: Pegasus Books, 2010.

Baldwin, Neil. *Henry Ford and the Jews: The Mass Production of Hate*. Nueva York: PublicAffairs, 2001.

Bird, R. Byron. *Charles Allen Romas, 1900-1982: A Biographical Memoir*. Washington, D. C.: Academia Nacional de las Ciencias, 1994.

Blum, Howard. *In the Enemy's House*. Nueva York: Harper Collins, 2018.

Bush, Vannevar. *Modern Arms and Free Men*. Nueva York: Simon & Schuster, 1949.

Campbell, Craig, y Sergey Radchenko. *The Atomic Bomb and the Origins of the Cold War*. New Haven, Connecticut: Prensa de la Universidad de Yale, 2008.

Chambers, Whittaker. *Witness*. Nueva York: Random House, 1952.

Cohen, Adam. *Nothing to Fear: FDR's Inner Circle and the Hundred Days Rat Created Modern America*. Nueva York: Penguin Press, 2009.

Cohen, Rabbi Henry II. *Kindler of Souls: Rabbi Henry Cohen of Texas*. Austin: Prensa de la Universidad de Texas, 2007.

Comité de Actividades Antiestadounidenses, Cámara de Representantes de los Estados Unidos. *The Shameful Years: Thirty Years of Soviet Espionage in the United States*, 30 de diciembre de 1951.

Compton, Arthur Holly. *Atomic Quest: A Personal Narrative*. Nueva York: Prensa de la Universidad de Oxford, 1956.

Conner, Susan Marks, ed. *I Remember When... Personal Recollections and Vignettes of the Sioux City Jewish Community, 1869-1984*. Basado en la historia de Oscar Littlefield. Sioux City, Iowa: Federación Judía de Sioux City, 1985.

Coryell, Julie E., editora. Entrevistas por Joan Bainbridge Safford. *A Chemist's Role in the Birth of Atomic Energy: Interviews with Charles DuBois Coryell*. Portland, Oregón: Promethium Press, 2012.

Culver, John C., y John Hyde. *American Dreamer: The Life and Times of Henry A. Wallace*. Nueva York: W. W. Norton, 2000.

Gentry, Curt. *J. Edgar Hoover: The Man and the Secrets*. Nueva York: W. W. Norton, 2001.

Gessen, Masha. *Where the Jews Aren't: The Sad and Absurd Story of Birobidzhan, Russia's Jewish Autonomous Region*. Nueva York: Schocken, 2016.

Gilbert, Keith V. *History of the Dayton Project*. Miamisburg, Ohio: Monsanto Research Corporation, 1969.

Glinsky, Albert. *Reremin: Ether Music & Espionage*. Urbana: Prensa de la Universidad de Illinois, 2000.

Goodman, Walter. *The Committee: The Extraordinary Career of the House Committee on Un-American Activities*. Nueva York: Farrar, Straus & Giroux, 1968.

Gordon, Linda. *The Second Coming of the KKK: The Ku Klux Klan of the 1920s and the American Political Tradition*. Nueva York: Liveright, 2017.

Gornick, Vivian. *The Romance of American Communism*. Nueva York: Basic Books, 1979.

Gottlieb, Robert. *Avid Reader: A Life*. Nueva York: Farrar, Straus & Giroux, 2016. Groueff, Stephane. *Manhattan Project: The Untold Story of the Making of the Atomic Bomb*. Nueva York: Little, Brown, 1967.

Groves, general Leslie M. *Now It Can Be Told: The Story of the Manhattan Project*. Nueva York: Harper & Row, 1962.

Hadden, Gavin, ed. *Manhattan District History: Book VIII, Los Alamos Project (Y)*. Volumen 3, Actividades Auxiliares, Capítulo 4, Proyecto Dayton. 1947.

Haslam, Jonathan. *Near and Distant Neighbors: A New History of Soviet Intelligence*. Nueva York: Farrar, Straus & Giroux, 2015.

Haynes, John E. *Red Scare or Red Menace? American Communism and Anti-Communism in the Cold War Era*. Chicago: Ivan Dee, 1995.

Haynes, John Earl, y Harvey Klehr. *Early Cold War Spies: The Espionage Trials Rat Shaped American Politics*. Cambridge, Reino Unido: Prensa de la Universidad de Cambridge, 2006.

———. *In Denial: Historians, Communism & Espionage*. San Francisco: Encounter Books, 2005.

———. *Spies: The Rise and Fall of the* KGB *in America*. New Haven, Connecticut: Prensa de la Universidad de Yale, 2009.

———. *Venona: Decoding Soviet Espionage in America*. New Haven, Connecticut: Prensa de la Universidad de Yale, 1999.

Herken, Gregg. *Brotherhood of the Bomb: The Tangled Lives and Loyalties of Robert Oppenheimer, Ernest Lawrence y Edward Teller*. Nueva York: Henry Holt, 2013.

Hoddeson, L., P. W. Henriksen, R. A. Meade y C. Westfall, *Critical Assembly: A Technical History of Los Alamos During the Oppenheimer Years*. Cambridge: Prensa de la Universidad de Cambridge, 1993.

Holloway, David. *Stalin and the Bomb: The Soviet Union and Atomic Energy, 1939-1956*. New Haven, Connecticut: Prensa de la Universidad de Yale, 1994.

Hoover, J. Edgar. *Masters of Deceit*. Nueva York: Henry Holt, 1958.

Houghton, Vince. *The Nuclear Spies: America's Atomic Intelligence Operation against Hitler and Stalin*. Ithaca, Nueva York: Prensa de la Universidad de Cornell, 2019.

Howe, Irving. *World of Our Fathers*. Nueva York: Open Road Media, 2017.

Johnson, Charles W., y Charles O. Jackson. *City Behind a Fence: Oak Ridge, Tennessee 1942-1946*. Knoxville: Prensa de la Universidad de Tennessee, 1981.

Kasenkina, Oksana. *Leap to Freedom*. Filadelfia: Lippincott, 1949.

Kelly, Cynthia, y Richard Rhodes. *The Manhattan Project: The Birth of the Atomic Bomb in the Words of Its Creators, Eyewitnesses, and Historians*. Nueva York: Black Dog & Leventhal, 2007.

Klehr, Harvey. *The Heyday of American Communism: The Depression Decade*. Nueva York: Basic Books, 1984.

———. *The Soviet World of American Communism*. New

Haven, Connecticut: Prensa de la Universidad de Yale, 1998.

Klehr, Harvey, y John Earl Haynes. *The American Communist Movement: Storming Heaven Itself.* Woodbridge, Connecticut: Twayne Publishers, 1992.

Klehr, Harvey, John Earl Haynes y Fridrikh Igorevich Firsov. *The Secret World of American Communism.* New Haven, Connecticut: Prensa de la Universidad de Yale, 1995.

Knight, Amy. *Beria: Stalin's First Lieutenant.* Princeton, Nueva Jersey: Prensa de la Universidad de Princeton, 1993.

Knight, Amy. *How the Cold War Began: The Igor Gouzenko Affair and the Hunt for Soviet Spies.* Nueva York: Basic Books, 2007.

Kópelev, Lev. *Ease My Sorrows: A Memoir.* Traducido por Antonina W. Bouis. Nueva York: Random House, 1983.

Kotkin, Stephen. *Stalin: Waiting For Hitler, 1929-1941.* Nueva York: Penguin Press, 2017.

Kramish, Arnold. *The Griffin.* Nueva York: Houghton Miffiin, 1986.

Krivitsky, W. G. *I Was Stalin's Agent.* Londres: The Right Book Club, 1939.

———. *In Stalin's Secret Service.* Nueva York: Enigma Books, 2000.

Latynina, Alla. «Istinnoe proisshestvie» y «Raskhozhii sovetskii siuzhet» [«Un evento real» y «Una historia soviética popular»], *Novyi mir*, núm. 6, 2006.

Lébedev, IU. A. *Dva vybora... ob istorii verbovok Zh. A. Kovalia* [*Dos elecciones... La historia de los reclutamientos de George Koval*]. Moscú: RKhTU, 2014.

Lébedev, IU. A. «Novye dokumenty po istorii sovetskogo atomnogo proekta» [«Nuevos documetos sobre la historia del proyecto soviético de la bomba atómica»], *Voprosy istorii estestvoznaniia i tekhniki* 37, núm. 4 (2016), 702-35.

Lébedev, IU. A. «O doblesti, o podvige, o slave... Paradoksy syd'by Geroia Rossii Zhorzha Kovalia» [«Valor, hazaña, gloria... las paradojas del destino de George Koval, el héroe de Rusia»]. *Istoricheskii Vestnik RKhTU* 28, núm. 3 (2009), 13-29.

Lébedev, IU. A. «Paradoksy sud'by» [«Paradojas del destino»]. *Vesti* (Tel Aviv), 10 de enero de 2008, 18, 22; 17 de enero de 2008, 20, 33; 14 de febrero de 2008, 38-39; 21 de febrero de 2008, 26-27.

Lébedev, IU. A. *Vetvleniia sudby Zhorzha Kovalia* [Ramificaciones del destino de *George Koval*]. 2 vols. Moscú: Tovarishchestvo Nauchnykh Izdanii KMK, 2019.

Lébedev, IU. A., y G. I. Koval. «Pishchat' nel'zia...» [«No se permite chillar»]. *Istoricheskii Vestnik RKhTU* 44, núm. 2 (2014), 20-21.

Lee, Albert. *Henry Ford and the Jews.* Nueva York: Stein & Day, 1980.

Lokhova, Svetlana. *The Spy Who Changed History.* Londres: William Collins, 2018.

Longfellow, Henry Wadsworth. *The Village Blacksmith.* Nueva York: E.P. Dutton, 1890.

Lota, V. I. «Ego zvali "Del'mar"» [«Lo llamaban Delmar"»]. *Krasnaia Zvezda* 128, 25 de julio de 2007.

Lota, V. I. GRU *i atomnaia bomba* [El GRU y la bomba atómica]. Moscú: Olma-Press, 2002.

Lota, V. I. «Kliuchi ot ada» [«Las llaves al infierno»]. *Soversshenno Sekretno* 8, no. 124 (1999).

Lota, V. I. *Kliuchi ot ada* [*Las llaves al infierno*] (Moscú: Kuchkovo pole, 2008).

Lota, V. I. «Operatsiia "Del'mar"» [«Operación "Delmar"»], *Krasnaia zvezda*, núm. 71 (23616), 19 de abril de 2002.

Lota, V. I. «Spetskomandirovka... v Ok-Ridzh» [«Asignación especial... a Oak Ridge»]. *Krasnaia Zvezda*, núm. 238 (diciembre 25, 2013), 6 y núm. 4 (15 de enero, 2014), 6.

Lota, V. I. «Vklad voennykh razvedchikov v sozdanie oteches-
tvennogo atomnogo oruzhiia, 1941-1945 gg» [«La contribución de los agentes de inteligencia militar para la creación
de las armas atómicas soviéticas. 1941-1945»], *Voennois-
toricheskii zhurnal*, núm. 11 (2006).

Lota, V. I. «Zvezda "Del'mara"» [«La estrella de "Del'mar"»].
Rossiiskoe Voennoe Obozrenie, núm. 10, 40-44 y núm. 11
(2008), 34-49.

Macintyre, Ben. *A Spy Among Friends: Kim Philby and the
Great Betrayal*. Nueva York: Crown, 2014.

Macintyre, Ben. *The Spy and the Traitor: The Greatest Espionage Story of the Cold War*. Nueva York: Crown, 2018.

Marinbach, Bernard. *Galveston: Ellis Island of the West*. Albany: SUNY Press, 1984.

Maroon & White, 1929, vol. 25. Anuario de Central High
School, Sioux City, Iowa.

Mayhew, Robert. *Ayn Rand and Song of Russia: Communism and Anti-Communism in 1940s Hollywood*. Lanham,
Maryland: Scarecrow Press, 2004.

McCullough, David. *Truman*. Nueva York: Simon & Schuster,
1992.

«Iz mendeleevtsev xx veka» [«Sobre los mendeleevitas del
siglo xx»], *Mendeleevets*, núm. 10 (2299), diciembre de
2013.

Moyer, Harvey V., ed. *Polonium*. Oak Ridge: Extensión del Servicio de Información Técnica para la Comisión de Energía
Atómica de los EUA, TID-5221, julio de 1956.

Norris, Robert S. *Racing for the Bomb: The True Story of General Leslie R. Groves, The Man Behind the Birth of the Atomic
Age*. Nueva York: Skyhorse Publishing, 2014.

Olmsted, Kathryn S. *Red Spy Queen: A Biography of Elizabeth
Bentley*. Chapel Hill: Prensa de la Universidad de Carolina
del Norte, 2003.

Ossian, Lisa L. *The Depression Dilemmas of Rural Iowa, 1929-1933.* Columbia: Prensa de la Universidad de Misuri, 2011.

Pinkus, Benjamin. *The Jews of the Soviet Union: The History of a National Minority.* Cambridge, Reino Unido: Prensa de la Universidad de Cambridge, 2008.

Pondrum, Lee G. *The Soviet Atomic Project: How the Soviet Union Obtained the Atomic Bomb.* Singapur; Hackensack, Nueva Jersey: World Scientific Publishing Co., 2018.

Reed, Thomas C., y Danny B. Stillman. *The Nuclear Express: A Political History of the Bomb and Its Proliferation.* Londres: Zenith Press, 2009.

Reuben, William A. *The Atom Spy Hoax.* Nueva York: Action Books, 1955.

Rhodes, Richard. *Dark Sun: The Making of the Hydrogen Bomb.* Nueva York: Simon & Schuster, 1995.

——. *Energy: A Human History.* Nueva York: Simon & Schuster, 2018.

——. *The Los Alamos Primer: The First Lectures on How to Build an Atomic Bomb.* Nueva York: Chump Change, 2018.

——. *The Making of the Atomic Bomb.* Nueva York: Simon & Schuster, 1986.

Richelson, Jeffrey T. *Spying On the Bomb: American Nuclear Intelligence from Nazi Germany to Iran and North Korea.* Nueva York: W. W. Norton, 2007.

Rockaway, Robert A. *Words of the Uprooted: Jewish Immigrants in Early 20th Century America.* Ithaca, Nueva York: Prensa de la Universidad de Cornell, 1998.

Romerstein, Herbert, y Eric Breindel. *The Venona Secrets: Exposing Soviet Espionage and America's Traitors.* Washington, D. C.: Regnery History, 2001.

Rovner, A. *The «Icor» and the Jewish Colonization in the U.S.S.R.* Nueva York: ICOR, 1934.

Rubinstein, Hilary L., Dan Cohn-Sherlock, Abraham J. Edelheit y William D. Rubenstein. *The Jews in the Modern World: A History Since 1750*. Londres: Hodder Education, 2002.

Sakmyster, Thomas. *Red Conspirator: J. Peters and the American Communist Underground*. Champaign: Prensa de la Universidad de Illinois, 2011.

Scammell, Michael. *Solzhenitsyn: A Biography*. Nueva York: W. W. Norton, 1984.

Schmidt, Regin. *Red Scare: FBI and the Origins of Anticommunism in the United States, 1919-1943*. Copenhague: Prensa del Museo Tusculanum, Universidad de Copenhague, 2000.

Schrecker, Ellen W. *No Ivory Tower: McCarthyism & the Universities*. Oxford: Prensa de la Universidad de Oxford, 1986.

Shitov, Andrei. «Agent Del'mar vykhodit na sviaz» [«El agente Delmar hace contacto], *Rossiiskaia gazeta*, núm. 4575, 30 de enero de 2008.

Shitov, Andrei. «Geroi Rossii ostalsia grazhdaninom SShA» [«El heroe de Rusia siguió siendo un ciudadano estadounidense»], *Rossiiskaia gazeta*, núm. 4676, 4 de junio de 2008.

Shtakser, Inna. *The Making of Jewish Revolutionaries in the Pale of Settlement: Community and Identity during the Russian Revolution and Its Immediate Aftermath, 1905-07*. Palgrave Studies in the History of Social Movements. Londres: Palgrave Macmillan, 2014.

Shteinberg, M. «Glavnyi atomnyi shpion» [«El principal espía atómico»], *Chaika Seagull Magazine*, núm. 23 (106), 1.º de diciembre de 2007.

Shuman, Bernard. *A History of the Sioux City Jewish Community, 1869 to 1969*. Sioux City, Iowa: Jewish Federation, 1969.

Smith, Hedrick. *The New Russians*. Nueva York: Random House, 2012.

Smith, Walter Bedell. *My Three Years in Moscow*. Nueva York: Simon & Schuster, 1949.

Smyth, Henry DeWolf. *Atomic Energy for Military Purposes: The Offcial Report on the Development of the Atomic Bomb under the Auspices of the United States Government, 1940-1945*. Princeton, Nueva Jersey: Prensa de la Universidad de Princeton, 1945.

Soldatov, Andrei, e Irina Borogan. *The Compatriots: The Brutal & Chaotic History of Russia's Exiles, Émigrés y Agents Abroad*. Nueva York: PublicAffairs, 2019.

Solzhenítsyn, Aleksándr I. *In the First Circle*. [*En el primer círculo*]. Traducido por Harry T. Willets. Nueva York: Harper-Collins, 2009.

——. *The First Circle* [*El primer círculo*]. Traducido del ruso por Thomas P. Whitney. Nueva York: Harper & Row, 1968.

——. *The Gulag Archipelago. 1918–1956: An Experiment in Literary Investigation*. [*Archipiélago Gulag*]. Nueva York: Harper & Row, 1973.

Srebrnik, Henry Felix. *Dreams of Nationhood: American Jewish Communists and the Soviet Birobidzhan Project, 1924-1951*. Brighton, Maryland: Prensa de Estudios Académicos, 2010.

Srebrnik, Henry. *Jerusalem on the Amur: Birobidzhan and the Canadian Jewish Movement, 1924-1951*. Londres: McGill-Prensa de la Universidad de Queen's, 2008.

Steinbeck, John. *A Russian Journal*. Nueva York: Viking, 1948.

Straight, Michael. *After Long Silence*. Nueva York: W. W. Norton, 1983.

Sudoplátov, Pável, y Anatoli Sudoplátov. Con Jerrold L. y Leona P. Schecter. *Special Tasks: The Memoirs of an Unwanted Witness-A Soviet Spymaster*. Nueva York: Little, Brown, 1994.

Sulick, Michael J. *Spying in America*. Washington, D. C.: Prensa de la Universidad de Georgetown, 2012.

Suvorov, Viktor. *Inside Soviet Military Intelligence*. Nueva York: Macmillan, 1984.

Theoharis, Athan G. *Chasing Spies: How the FBI Failed in Counterintelligence but Promoted the Politics of McCarthyism in the Cold War Years*. Chicago: Ivan Dee, 2002.

Theoharis, Athan G., y John Stuart Cox. *The Boss: J. Edgar Hoover and the Great American Inquisition*. Filadelfia: Prensa de la Universidad de Temple, 1988.

Thomas, Charles Allen, y John C. Warner. *The Chemistry, Purification and Metallurgy of Polonium*. Oak Ridge: Comisión de Energía Atómica, Oficina de Información Técnica, 1944.

Thomas, Linda Carrick. *Polonium in the Playhouse*. Columbus: Prensa de la Universidad Estatal de Ohio, 2017.

Tobias, Henry Jack. *The Jewish Bund in Russia*. Stanford, California: Prensa de la Universidad de Stanford, 1972.

Wachman, M. J. *Why the Jewish Masses Must Rally to the Defense of the Soviet Union*. Nueva York: ICOR, 1932.

Vaksberg, Arkady. *Stalin Against the Jews*. Traducido por Antonina W. Bouis. Nueva York: Knopf, 1994.

Van Der Rhoer, Edward. *The Shadow Network*. Nueva York: Scribner, 1983.

Van Nort, Sydney C. *The City College of New York*. The Campus History Series. Mount Pleasant, Carolina del Sur: Arcadia Publishing, 2007.

Weinberg, Robert. *Stalin's Forgotten Zion: Birobidzhan and the Making of a Soviet Jewish Homeland*. Berkeley: Prensa de la Universidad de California, 1998.

Weiner, Hollace Ava. *Jewish Stars in Texas: Rabbis and Reir Work*. College Station, Texas: Prensa de la Universidad de Texas A&M, 2006.

Weinstein, Allen. *Perjury: The Hiss-Chambers Case*. Nueva York: Knopf, 1978.

Weinstein, Allen. *The Haunted Wood: Soviet Espionage in America-The Stalin Era*. Nueva York: Modern Library, 2000.

Westcott, Ed. *Images of America: Oak Ridge*. Mount Pleasant, Carolina del Sur: Arcadia Publishing, 2005.

Whitman, Walt. *Leaves of Grass* [*Hojas de hierba*]. Nueva York: Doubleday, 1940.

Zhukov, A. P. *Atmosfera deistvii: Zhorzh Abramovich Koval (1913-2006)* [*La atmósfera de la acción: George Abramovich Koval (1913-2006)*]. Moscú: RKhTU, 2013.

Zhukov, A. P. «Mendeleyevets v Oak-Ridge (st. Tennessee USA)» [«Un mendeleevita en Oak Ridge (Tennessee EUA)»]. Istoricheskii Vestnik RKhTU 3, núm. 5 (2001), 31-35.